海外乡亲慈善捐赠研究
—— 以改革开放后的广州为例

Studies on the Charity Donations of Overseas Chinese
——A Case of Guangzhou after Reform and Opening-up

陈世柏 李 云 著

人民出版社

国家社科基金后期资助项目
出版说明

后期资助项目是国家社科基金项目主要类别之一,旨在鼓励广大人文社会科学工作者潜心治学,扎实研究,多出优秀成果,进一步发挥国家社科基金在繁荣发展哲学社会科学中的示范引导作用。后期资助项目主要资助已基本完成且尚未出版的人文社会科学基础研究的优秀学术成果,以资助学术专著为主,也资助少量学术价值较高的资料汇编和学术含量较高的工具书。为扩大后期资助项目的学术影响,促进成果转化,全国哲学社会科学规划办公室按照"统一设计、统一标识、统一版式、形成系列"的总体要求,组织出版国家社科基金后期资助项目成果。

全国哲学社会科学规划办公室

2014 年 7 月

目　　录

自　　序

　　改革开放以来特别是党的十四大以来,市场经济迅猛发展,富裕阶层愈来愈多。与此同时,经济结构的多元化、社会结构的多层次化使社会问题、社会矛盾日益复杂,经济社会的发展出现了新的不和谐。在众多的化解矛盾与调整利益的机制中,慈善事业无疑占有特别重要的地位并能够发挥出无可替代的作用。在中国大陆,慈善事业是一项新兴事业,侨乡的慈善事业引领着中国慈善事业的发展。海外乡亲(本书特指华侨华人、港澳同胞)在侨乡的慈善捐赠是中国慈善事业的重要组成部分。广州,广东省的省会,是全国重点侨乡大城市,是广东省接受海外乡亲捐赠最多的地区之一。海外乡亲历来具有爱国爱乡、热心捐赠公益事业的优良传统,尤其是改革开放以来他们慷慨解囊,造福乡梓,积极捐助和支持家乡各项公益事业,为加快广州地区经济社会发展起到了巨大的推动作用,为中国慈善事业的发展树立了极好的榜样。在中国现代化的历史进程中,广州是海外乡亲与侨乡发生关系颇具特色的一个地区。因此,笔者意图通过本研究,推进区域史研究和侨捐研究,为新形势下中国制定正确务实的侨务政策提供理论依据,为加强社会主义精神文明建设提供智力支持,从而更好地引导和推动海外乡亲在侨乡和中国慈善事业的发展。

　　本书试图以广州为个案,来研究海外乡亲的慈善捐赠,从宏观着眼,从微观入手,以微观支撑宏观。笔者认为,本书有以下几个鲜明的特点值得称道:一是史料翔实。笔者及课题组人员投入大量时间深入侨乡进行社会调查研究,取得了许多可贵的第一手资料,把有关的文献资料与第一手田野调查资料相结合,使得成果的史料组合极为丰富。二是研究理论和方法多样。本书尝试运用历史学、伦理学、社会学、文化学等多学科理论分析海外乡亲的慈善捐赠,跨学科研究特色明显。本书主题鲜明,条理清楚,结构严谨,论证充分,研究方法切实可行,力求在理论上和研究方法上加以创新,有研究的价值。三是提出了一些符合客观实际的论点和看法。本书突破了长期以来传统的"爱国爱乡"研究视野,从社会慈善事业的研究视野对广州地区的侨捐问题进行了较为全面、系统和深入的论述,提出了一些新观点和新看法。例如:海外乡亲慈善捐赠在本质上是一种社会行为,理念与动机是海外乡亲慈善捐赠行为的先导,海外乡亲慈善捐赠由行动系统构成,海外乡亲慈善捐赠是广州社会变迁的外部条件,海外乡亲在中国的慈善事业作为民间公益事业,必须坚持民办本色,建立慈善事业的市场机制。侨乡应以社区的需求为基础,对海外乡亲的慈善捐赠进行统筹规划和合理引导等等。正由于海外乡亲在侨乡的慈善捐赠研究是一项涉及多学科的综合性课题,因此,本书不可避免地存在一些缺点和不足,还有不少值得探索的问题有待于深入探讨。

绪论　走进广州侨乡的慈善世界

近年来侨乡研究已经成为学界研究的热点,侨乡研究的成果不断涌现。广州,作为广东省的省会,是中国南方大都市,同时又是中国典型的都市侨乡,理应成为侨乡研究的一块拼图。

一、研究的问题和概念的阐述

(一) 研究的问题

本书的主题是"海外乡亲慈善捐赠研究——以改革开放后的广州为例",因此,本书的问题主要包括三个方面:一是研究如何对海外乡亲慈善捐赠进行理论建构,围绕海外乡亲慈善捐赠是什么、他们为什么要慈善捐赠、海外乡亲慈善捐赠怎样进行等方面展开研究;二是考察改革开放后海外乡亲如何在广州开展慈善捐赠的实践活动,三是分析海外乡亲慈善捐赠存在哪些问题,根据这些问题如何提出相应的政策建议。

(二) 概念的阐述

为了更科学地解答研究的问题,更清楚地把握研究对象的范围和性质,本书需要对相关概念做出阐释。涉及的概念主要包括以下五个。

1."海外乡亲"概念

海外乡亲指定居在中国大陆之外的华侨华人和港澳台同胞。由于历史原因,台湾与大陆间的关系一直较为敏感,台湾同胞对广州侨乡捐赠很少,所以本书的海外乡亲特指华侨华人、港澳同胞,不包括台湾同胞。

2."慈善"概念

"慈善"一词由"慈"和"善"组成。"慈"是"爱"之义,所谓"慈,爱也,从心"。[1] "善"是"吉祥,美好"之义,所谓"善,吉也。良也,佳也"。[2] 善引申为善举,是指人与人之间的友爱和互助,所谓"怀有仁爱之心谓之慈,广行济困之举谓之善"。因此,慈善即"对人关怀,富有同情心"[3],是仁德与善行的统一。学者资中筠把慈善之义区分为中文之义和英文之义,她认为,

---

①　(清)张玉书等:《康熙字典》,生活·读书·新知三联书店1985年版,第434页。
②　(清)张玉书等:《康熙字典》,生活·读书·新知三联书店1985年版,第208页。
③　《现代汉语词典》,商务印书馆1983年版,第173页。

"'慈善'一词,在英文有两个字:'charity'和'philanthropy',其含义有所重叠,也有所区别。二者都是指出自爱心而帮助需要的人。不过前者的原意是基督之爱,在行动上表现为以宽厚仁慈之心乐善好施。后一词由两个拉丁字根'phil'和'anthropy'组成,意思是'爱人类',引申下去就是促进人类的福祉,较之前者社会性更强,覆盖面更广,更侧重长远效果。"①因此,慈善就是用仁慈之心从事善行之举。

3．"慈善事业"概念

对于慈善事业的概念,一直以来学术界有不同的理解。我国社会保障专家、中国人民大学郑功成教授在20世纪90年代就提出"慈善事业是建立在社会捐献基础之上的民营社会救助事业"②,这一观点目前越来越得到学术界的认可。"慈善事业,通常是指众多的社会成员建立在志愿基础上所从事的一种无偿的、对不幸无助人群的救助行为。它通过合法的社会组织,以社会捐助的方式,按特定的需要,把可汇聚的财富集中起来,再通过合法途径,用于无力自行摆脱危难的受助者。"③自愿捐赠、民间经营、社会救助是慈善事业的应有之义。

4．"公益事业"概念

公益事业顾名思义就是有关公共利益的事业。根据《中华人民共和国公益事业捐赠法》第一章第三条的规定,"公益事业是指非营利的下列事项:(一)救助灾害、救济贫困、扶助残疾人等困难的社会群体和个人的活动;(二)教育、科学、文化、卫生、体育事业;(三)环境保护、社会公共设施建设;(四)促进社会发展和进步的其他社会公共和福利事业。"④

5．"捐赠"概念

《中华人民共和国公益事业捐赠法》第一章第二条规定:"自然人、法人或者其他组织自愿无偿向依法成立的公益性社会团体和公益性非营利的事业单位捐赠财产,用于公益事业的,适用本法。"⑤根据这一规定,捐赠实质上就是指自然人、法人或者其他组织自愿无偿向依法成立的公益性社会团体和公益性非营利的事业单位捐赠财产,用于公益事业的一种慈善行为或者慈善活动。基于此,海外乡亲捐赠就是华侨华人、港澳台同胞个人或者团

---

① 资中筠:《财富的归宿:美国现代公益基金会述评》,世纪出版集团、上海人民出版社2008年版,第10页。
② 郑功成:《论慈善事业的本质规律》,《中国社会报》1996年9月26日。
③ 时正新:《中国社会福利与社会进步报告(1999)》,社会科学文献出版社2000年版。
④ 《中华人民共和国公益事业捐赠法》,法律出版社1999年版。
⑤ 《中华人民共和国公益事业捐赠法》,法律出版社1999年版。

体自愿无偿地向公益性社会团体、公益性非营利事业单位、政府部门捐赠财产用于中国的公益事业的一种慈善行为或者慈善活动。

二、学术回顾、研究意义和框架

（一）学术回顾

学界一开始并没有对侨捐进行单独和整体的研究，而是从研究海外乡亲与中国的关系中宏观上研究侨捐。学术界真正开始涉及侨捐研究是20世纪30年代陈达所著的《南洋华侨与闽粤社会》一书。陈达研究侨捐的社会学理论、田野调查的方法为学界进行侨捐研究开阔了新视野。新中国成立后尤其在"文化大革命"期间，侨捐研究没有大的进展。

改革开放后，侨捐研究重新复苏，并取得了较显著的成果。学术界对侨捐研究的成果主要表现在两方面：一是从研究海外乡亲与中国的关系中宏观地研究侨捐。如李国梁、林金枝和蔡仁龙主编的《华侨华人与中国革命和建设》，是我国第一部全面系统论述华侨华人、港澳同胞与中国革命和建设的论著，它概述了海外华侨和港澳同胞造福桑梓、建设家乡的事迹，评价了海外乡亲参与家乡建设的积极作用。杨学凌主编的《改革开放与福建华侨华人》一书，论述了改革开放以来华侨华人、港澳同胞在厦门、福建、晋江等地的捐赠。孙谦的《清代华侨与闽粤社会变迁》考察了清代华侨对闽粤社会变迁的作用。王本尊的《海外华侨华人与潮汕侨乡的发展》论述了海外华侨华人与潮汕侨乡发展的关系。庄国土的《华侨华人与中国的关系》阐述了海外华侨华人和港澳台同胞对祖国多方面的奉献，论述了改革开放以来华侨华人和港澳同胞在厦门捐赠的阶段、特点，提出了进一步推动华侨华人和港澳同胞在厦门捐赠的举措。张应龙主编的《华侨华人与新中国》是一部记录华侨华人与新中国关系的论著，生动地再现了华侨华人在新中国捐赠兴办公益事业的光辉事迹，剖析了侨捐事业的动因、模式及特点，解读了侨捐文化的内涵，评价了侨捐文化的作用，对笔者进行侨捐研究提供了有益的借鉴。任贵祥的《海外华侨华人与中国改革开放》是一部研究海外华侨华人与中国改革开放的学术著作，它全面系统深入地阐述了华侨华人对中国改革开放事业所作出的重大贡献，大大拓展了侨捐研究的领域。

二是注重侨捐的田野调查，从微观上研究侨捐。为了进一步深入研究海外乡亲慈善捐赠活动，许多学者注重建立在扎实的田野调查资料与详细的统计数据之上的微观研究。侨捐研究内容非常广泛，包括侨捐政策、侨捐活动、侨捐心理、侨捐文化等。学者们研究侨捐的重点集中在对海外乡亲捐赠活动的研究，包括对海外乡亲捐赠的原因、阶段、内容、方式、特点与作用的研究。教育、医疗卫生、基础设施、文化体育、社会福利、科技等侨捐活动都是学者们研究的对象,尤其以研究教育侨捐的为最多。但是已有的成果受研究传统和研究方法的限制,基本上从历史学的角度采取传统的叙述史实与统计数据的方法,理论性分析较少,尤其是很少运用社会学、人类学、经济学、伦理学、文化学、心理学、公共管理学等学科理论进行分析,因而致使成果停留在就事论事阶段,缺乏理论深度。

综上所述,学者们对侨捐的研究取得了一些成果,研究方法对笔者课题的研究具有启示意义。但笔者认为学者们对侨捐的研究也存在着不足与缺失,主要表现在以下几方面:

(1)从研究的内容来看,以往学界对侨捐的研究主要研究捐赠的原因、阶段、内容、方式、特点与作用,对海外乡亲捐赠的行为、理念与动机研究不足,缺乏深层次的理论思考。

(2)从研究的理论来看,以往学界对侨捐研究大多是纯历史型的研究,堆砌史料,描述现象以求重现历史,缺少理论的指导,缺乏人类学、文化学、伦理学、心理学、社会保障学、公共管理学跨学科的多视角研究,致使研究的许多成果只停留在表面层次上。

(3)从研究的资料来看,国内外学者大多数使用的是文献资料,他们往往采用计量统计分析法、史论结合法分析文献资料(包括统计数据)。把扎实的田野调查资料与详细的统计数据资料相结合进行侨捐研究的成果不多,即使有田野调查资料,只是一些侨捐数据,侨捐资料不丰富,难以深入研究。

因此,本书既借鉴前人研究的成果,同时又不拘泥于前人,开拓创新,以改革开放后海外乡亲对广州的慈善捐赠为主线,在田野调查的基础上,再结合所查询到的广东省华侨捐赠管理系统的数据资料,采用定性研究为主与定量研究为辅相结合的研究方法,以跨学科的多视角全面和整体性地研究广州海外乡亲的慈善捐赠行为,对侨乡慈善事业的研究作一些有益的探讨。

(二) 研究背景与意义

1. 研究背景

习近平总书记在党的十九大报告中指出:"加强社区治理体系建设,推动社区治理重心向基层下移,发挥社会组织作用,实现政府治理和社会调节、居民自治良性互动。"发挥慈善组织的作用是打造共建共治共享社区治理格局的重要手段。慈善事业在国外的发展历史悠久,并在国外许多国家及我国港澳台地区十分发达,慈善事业的发展完善了这些国家或地区的社会保障体系,促进了当地社会的协调发展。然而,与西方发达国家相比,中国大陆的慈善事业相对滞后,它仍然是一项新兴事业。"目前我国的慈善公益组织达 100 多个,而美国 1998 年豁免减免税收的慈善公益机构就有 120 万个。筹款能力最强的中华慈善总会和中国法律援助基金会的年筹款额还不到 8000 万元,100 多家筹款机构的年收入不到 GDP 的 0.1%。"①

尽管中国慈善事业的发展起步较晚,然而,可喜的是,海外乡亲的慈善一定程度上促进了中国慈善事业的发展。海外乡亲在侨乡的慈善捐赠也属于慈善事业的范畴,是我国社会慈善事业的重要组成部分,从我国慈善事业角度来说,侨乡的慈善事业无疑走在全国的前头。海外乡亲向侨乡捐赠的人数多,时间长,热情高,侨捐项目数量多、分布广、影响大,可以说侨乡的慈善事业引领着中国慈善事业的发展。广州,是全国重点侨乡大城市,是广东省接受海外乡亲捐赠最多的地区之一。海外乡亲历来具有爱国爱乡、热心捐赠公益事业的优良传统,尤其是改革开放以来他们慷慨解囊在侨乡修桥铺路、赈灾济民、捐资助学、兴办公益、造福桑梓,捐赠项目遍及各行各业,据广州市侨务办普查统计,改革开放以来华侨港澳同胞捐献给广州地区的款物折合人民币达 36 亿多元,为加快广州地区经济社会发展起到了巨大的推动作用。②

众多的海外乡亲是广州侨乡的独特优势,如何发挥这一独特优势,促进海外乡亲在侨乡慈善事业健康、快速地发展,是本书研究的初衷。

2. 研究意义

本书具有一定的理论意义和现实意义,主要表现在以下两方面:

(1)理论意义

第一,加强广州侨捐的研究

海外乡亲在侨乡的捐赠领域广泛,涉及教育、医疗卫生、文化体育、基础设施、社会福利、科研、旅游、治安等公益事业。因此,研究海外乡亲对侨乡公益事业的捐赠,有利于对捐赠活动的全面、整体性的研究。侨乡研究及侨捐研究成果尽管众多,但目前学术界对广州侨捐的专门研究较为薄弱,这与广州市作为全国重点侨乡的现实极不相称。因此,本书以海外乡亲慈善捐赠研究——以改革开放后的广州为例为选题,意图加强广州侨捐研究。

第二,推进中国慈善文化研究

慈善是一种事业,也是一种文化。从整个中国来看,侨乡的慈善事业起步早,发展快,慈善文化氛围浓厚。海外乡亲在侨乡的慈善活动中不仅输入

① 葛道顺:《我国慈善事业的现状和发展对策》,《新华文摘》2005 年第 10 期。

② 资料来源:广州市侨务办。

资金、建筑物、桥梁、道路、设备、图书、文物和消耗性物质等物质文化,也输入思维方式、行为方式、价值取向、生活方式、风俗习惯、精神风貌、心理状态、审美情趣等精神文化,因此,海外乡亲在侨乡的慈善事业是一种慈善文化。本书从理论上探讨海外乡亲慈善文化的内涵、特质及其对中国的当代价值,以推进中国慈善文化的研究。

第三,以跨学科多视角研究侨捐

目前,在侨乡研究的方法上已经呈现出多样化的趋势,历史学、社会学、人类学、经济学、文化学、公共管理学等学科理论相继成为侨乡研究的学术视角,但在侨捐研究上,学者们运用多学科交叉研究的情况并不多见。本书以伦理学、历史学、人类学、文化学、社会保障学、公共管理学的基本理论为方法论指导,在田野调查的基础上,利用史论结合法、个案分析法、比较法等具体方法研究侨乡的慈善事业,以跨学科的多视角研究捐赠活动,这对于目前学术界关于侨捐的研究,具有重要理论价值。

(2)应用价值

第一,促进侨乡经济的发展

改革开放以来,我国的侨务政策发生了根本变化,党和国家积极维护海外乡亲的正当权益,大力鼓励海外乡亲为祖国建设作贡献。在这样的历史背景下,大量海外乡亲纷纷进入中国内地,参与侨乡建设。因此,研究改革开放以来海外乡亲对侨乡的捐赠,有利于更好地激发他们爱国爱乡的热情,充分发挥他们在侨乡经济社会发展中的作用,促进侨乡经济社会的可持续发展。

第二,促进侨乡慈善事业的进步

由于慈善事业在中国是一项新兴事业,因此,学术界对慈善事业的研究也只是刚刚起步,尤其是对于侨捐的研究更为薄弱。侨乡的慈善事业有哪些经验可以借鉴,如何进一步发挥海外乡亲的作用,激发他们爱国爱乡的热情,如何继续保持侨乡慈善事业的优势,成为研究者面临的任务。因此,研究海外乡亲对侨乡的慈善捐赠活动,总结海外乡亲慈善捐赠的规律和特点,吸取他们慈善捐赠的理念和经验,不仅有利于促进侨乡慈善事业的发展,而且对促进整个中国慈善事业的发展具有重要的现实意义。

3.研究框架、研究理论与方法、创新之处

(1)研究框架

本书分六大部分,各部分的内容如下:

绪论　走进广州侨乡的慈善世界。本章首先指出研究的问题,阐述相关概念,其次对学术史进行简要回顾,叙述本书的背景和意义,简述本书的框架、理论与方法,最后概述广州侨情与侨捐。

第一章　海外乡亲慈善捐赠的理论建构。本章首先阐释海外乡亲慈善捐赠的本质内涵,然后剖析海外乡亲慈善捐赠的理念与动机,最后探究海外乡亲慈善捐赠行为系统的构成及运行,从海外乡亲慈善捐赠“是什么”“为什么捐赠”“捐赠怎样进行”等三个维度对海外乡亲的慈善捐赠进行理论建构。

第二章　海外乡亲慈善捐赠的实践探索。本章以改革开放后的广州为例,叙述海外乡亲在广州慈善实践的过程,阐述海外乡亲在教育文化体育、医疗卫生、生产建设和交通建设、社会福利等领域慈善实践的内容、特点和影响,并比较海外乡亲在以越秀区为代表的都市侨乡和以番禺区、花都区、白云区为代表的乡村侨乡慈善事业的共性和个性,探究海外乡亲慈善捐赠的规律与特征。

第三章　海外乡亲慈善捐赠的文化特质与当代价值。本章以社会变迁为理论,以海外乡亲给侨乡和中国带来的社会变迁为价值考量的依据,剖析广州侨乡社会变迁产生的条件,论述海外乡亲慈善捐赠的文化特质与当代价值。

第四章　海外乡亲慈善捐赠存在的问题及解决对策。本章研究分析改革开放后海外乡亲慈善捐赠存在的问题,并提出解决的对策。

第五章　海外乡亲慈善捐赠的变化趋势与前景展望。本章阐述改革开放后海外乡亲慈善捐赠的变化趋势,分析海外乡亲慈善捐赠事业在中国面临的发展机遇,并预测海外乡亲慈善捐赠事业在中国的前景。

(2)研究的创新之处

第一,从社会行为理论阐释海外乡亲慈善捐赠的本质内涵,根据此理论把其捐赠划分为目的理性行为、价值理性行为、传统行为和情感行为四种类型,并运用此理论分析其慈善捐赠的实践活动。

第二,从社会慈善事业的研究视野研究海外乡亲的慈善捐赠活动。本成果突破了长期以来传统的“爱国爱乡”研究视野,而是以社会慈善事业的研究视野对广州海外乡亲慈善捐赠行为进行全面、系统、深入的论述,提出了更加符合客观实际的诸多论点和看法。如运用社会福利社会化理论分析海外乡亲对广州公益事业的捐赠,运用慈善事业理论分析海外乡亲慈善事业的性质。

第三,从对当代中国社会转型的视角研究海外乡亲慈善捐赠的价值。该成果运用社会变迁和现代化理论分析海外乡亲慈善捐赠对中国社会的转型的促进功能。本成果提出以下观点:海外乡亲的教育捐赠促进了广州的教育现代化和人的现代化;文化捐赠使传统文化复兴并注入了新的内涵,推动了中华优秀传统文化创造性转化、创新性发展;生产建设捐赠促进了广州从消费型侨乡向生产型侨乡转型,促进了广州农业经济结构的转型;海外乡亲的慈善捐赠是侨乡和中国社会变迁的重要外部条件。

（3）研究的调查过程及侨捐数据来源

本书的田野调查大体上可分为四个阶段。第一阶段,2011 年 7 月到广州市侨务办侨政处进行田野调查。广州市侨政处向我们介绍了广州侨情和侨捐的一些情况,给我们提供的资料主要包括广州市侨捐总的数据、《广州地区华侨华人港澳同胞捐赠项目分类统计表》、广州学校侨捐项目统计表（1978—2009）。这一阶段课题级搜集的侨捐资料数据基本上都是总体数据。第二阶段,2011 年 8 月到 2011 年 10 月深入到广州市各区侨务办进行田野调查。在此期间,课题组成员还到了广东省慈善总会、广州市慈善会、番禺区慈善会、番禺区档案馆、海珠区档案馆、广州市教育局、广州市图书馆、广东省博物馆、花都区花山镇和新华街、番禺区石綦镇和石楼镇、白云区的人和镇和太和镇等单位和侨乡走访调研。这一阶段课题组搜集的侨捐资料都是各区、各领域具体的一些资料,恰好与广州市侨务办提供的总的侨捐数据相得益彰,使侨捐数据更为完整。第三阶段,2011 年 11 月到 2011 年 12 月,到广东省侨务办调查。课题组成员查阅了广东省华侨捐赠管理系统。其中集中查阅时间大概是三周时间,其他时间都是临时、断断续续地查询需要的资料。这一阶段课题组成员查阅的广东省华侨捐赠管理系统对前面的侨捐资料起一个查漏补缺作用。第四阶段,2017 年 9 月至 2019 年 10 月,继续深入广州市重点侨乡、各区侨务办、广州市侨务办和广东省侨务办进行调查,重点对华侨捐赠管理系统中有关广州侨捐的资料和数据进行筛选、归类、分析与总结。基于以上调查过程,本书侨捐数据除了广东省志、广东年鉴、广州市志、广州年鉴、广州市各区志、广州市各区年鉴以及其他文献资料外,田野调查数据是本成果侨捐数据最主要的来源。田野调查数据主要由三部分组成。第一部分主要是广州市侨务办提供的《广州地区华侨华人港澳同胞捐赠项目分类统计表》,简称广州市侨务办的侨捐数据。第二部分是各区侨务办提供的《华侨港澳同胞捐赠兴办公益事业情况登记表》,简称各区侨务办侨捐数据。第三部分是广东省华侨捐赠管理系统数据。

三、广州侨情概况

（一）侨乡社会的形成

广州侨乡社会的形成离不开其所处的地理环境。梁启超先生在《世界史上广东之位置》一文中指出："广东一地,在中国史上可谓无丝毫价值者也……崎岖岭表,朝廷以羁縻视之;而广东亦若自外于国中。故就中国史观察广东,则鸡肋而已。"但是,"还观世界史之方面,考各民族竞争交通之大势,则全球最重要之地点仅十数,而广东与居其一焉,斯亦奇也。……广东人于地理上受此天然优胜之感化,其剽悍活泼进取冒险之性质,于中国民族中,稍现一特色焉。其与内地交通,尚不如与海外交通之便"。① 基于此,梁启超先生将广东视为"世界交通第一等孔道",可见其地理环境的优越性。广州是太平洋和印度洋、亚洲和大洋洲之间海上航线的要冲,海外交通十分便利。广州地处珠江西、北、东三江出海的汇合处,具备一个优良港口的必要条件。与其他港口相比,广州的港口航道水位深,流量大,不淤浅,具有其他港口无法比拟的优势。由于其地理位置优越,从秦汉至明清,广州一直是中国对外贸易的重要港口城市。在中国近代,广州是中国近代五口通商口岸之一。"广州作为港口城市,自汉、唐、明、清延续到现在,上下两千年经久不衰,不仅在中国历史上独此一家,而且在世界历史中也是十分罕见的。"②广州又毗邻港澳,拥有通向世界的通道。因此,广州特殊的地缘使广州成为中西文明交流的桥头堡,为广州侨乡社会的形成奠定了自然物质基础。

特殊的地缘和特殊的时代机遇造就了广州特殊的人脉。特殊的地缘培养了广州人开放、冒险的性格,特殊的时代机遇孕育了广州侨乡社会的形成。广州侨乡社会的形成伴随着广州人的移民历程。广州人移民海外,历史悠久。秦汉时由于对外贸易的发展,广州人开始出海经商,有的侨居海外,出现早期的华侨。唐朝时,就有广州求法僧人移居海外。唐朝末年,黄巢起义攻陷广州后,广州商人为躲避战乱成批避居东南亚诸国,掀起了第一次移民的高潮。宋元时期,广州对外贸易发达,广州商人外出经商者渐多,有的多年不归,侨居海外。据有关史料记载:"北人过海外,是岁不还者,谓之住蕃。诸国人至广州,是岁不归者,谓之住唐。广人举债总一倍,约舶过回偿。住蕃虽十年不归,息亦不增。"③明朝至晚清以前,朝廷时而实行海禁,时而解除海禁,广州移民时兴时衰,华侨回国遭受重重障碍。总之,近代以前,广州移民人数不多,移民海外的形式主要是经商、政治避难、求法僧等,所以这一时期华侨反哺侨乡的条件尚未形成。鸦片战争爆发后,西方殖

① 梁启超:《梁启超全集》,北京出版社1999年版。
② 柏峰:《黄埔村与古黄埔港》,广东人民出版社2002年版,第7页。
③ 朱彧:《萍州可谈》卷二,中华书局1985年版,第19页。

民者把广州卷入世界殖民主义体系,殖民地移民成为了广州移民最主要的迁移模式。始于18世纪末19世纪初的猪仔华工和契约华工在鸦片战争后愈演愈烈,广州与厦门、汕头成为了西方殖民者招募华工的主要基地。第二次鸦片战争后,清政府同意契约华工合法化,英国、法国、西班牙等国在广州设立招工公所,专门贩卖华工。"这一时期估计至少有600万—700万中国苦力被贩运到世界各地。"①从鸦片战争至19世纪末,苦力贸易处于鼎盛时期。除了殖民地移民外,淘金热成为了广州大规模海外移民的另一重要动力。"19世纪50至70年代,美国、加拿大、新西兰、澳大利亚先后发现金矿的消息传到广州后,广州府属人有相当部分自备旅费出洋'淘金'。史料记载,从黄埔港启程往美国者,1849年900人,1850年3118人,1851年3502人,1852年上半年达15000人。"②这是广州历史上人口移民国外的最多时期。"从19世纪初到20世纪30年代,前后出洋的华工约有1000万人次,其中有一半以上是契约华工和猪仔华工,广府籍占总数的1/3以上。"③因此,从鸦片战争后的晚清时期,大批华工因猪仔贸易和淘金热大规模向海外迁移,又因晚清政府的护侨、利侨政策大规模地反哺侨乡,直接促进了广州侨乡社会的形成。"当世界历史向中国扩张时,中国南部沿海省份就是因拥有这个沿海的地理优势而首先与世界历史接轨,在与世界的普遍交往中出现人口大规模向海外迁移而形成遍布世界各国的华侨社会,又在与祖国家乡的联系中反哺侨乡社会的形成和发展,成为世界历史在东方社会的独特现象。"④

（二）行政沿革与社会演变

广州古名番禺,先秦时,番禺为岭南的一大港市,这里汇集了南海等地的犀角、象牙、翡翠、珠玑等奇珍异宝。广州行政建置始于前214年秦始皇设置南海郡(郡治在番禺)。前204年,南海郡尉赵佗在岭南地区建立了南越国,定都番禺,是为今岭南地区第一次建立古都政权,奠定了广州在岭南的中心城市地位。前111年,汉武帝灭掉南越国,南越国原领地隶属岭南地区,由中央政府直接管辖。217年,交州刺史步骘略定岭南,州治设在番禺。1646年,朱元璋后代在广州建立"南明"政权。1921年,广州市市政厅的成立是为广州建市之始。1938年10月12日,广州被日军占领,直到1945年9月16日,广

① 陈翰笙:《华工出国史料汇编》,中华书局1981年版。
② 广州市地方志编纂委员会:《广州市志》卷一八《华侨志穗港澳关系志》,广州出版社1996年版,第14页。
③ 牛军凯:《东南亚华侨与广州》,广东人民出版社2002年版,第13页。
④ 沈卫红:《侨乡模式与中国道路》,社会科学文献出版社2009年版,第31页。

州才宣告光复。1949年10月14日,广州解放。

新中国成立后,广州市数次调整行政区划设置。解放初期,广州市划分为28个区,1950年把28个区合并为16个区,越秀区、荔湾区属于城区,芳村区属于郊区。1951年,7个郊区调整为4个郊区,白云区和芳村区是其中的郊区之一。1953年,设立黄埔区。1985年,设立天河区和芳村区。从1992年到1994年,相继撤销番禺县、花县、增城县、从化县,设立番禺市、花都市、增城市、从化市。2000年,撤销番禺市和花都市(县级),设立番禺区和花都区。2005年,撤销东山区和芳村区,分别将各自的行政区域划归越秀和荔湾管辖;设立南沙区和萝岗区。至此,广州市辖越秀区、海珠区、荔湾区、天河区、白云区、黄埔区、花都区、番禺区、南沙区、萝岗区10个区和从化市、增城市2个县级市。① 具体见表0-1。

表 0-1:广州市的行政区划

区、县级市	总面积 (平方千米)	总人口(万人)	街道办事 处(个)	镇(个)
市区	3843.43	617.28	124	23
荔湾区	59.10	70.47	22	
越秀区	33.80	115.06	22	
海珠区	90.4	87.70	18	
天河区	96.33	61.97	21	
白云区	795.79	76.07	14	4
黄埔区	90.95	19.27	9	
番禺区	786.15	93.08	11	8
花都区	970.04	63.03	1	7
南沙区	527.65	14.26	1	3
萝岗区	393.22	16.37	5	1
县级市	3590.97	133.25	6	11
增城市	1616.47	79.43	3	6
从化市	1974.50	53.82	3	5

资料来源:《广州概况》,2008年5月2日,见 http://www.gznews.gov.cn/node_29/node_132/2008/05/02/1209708529742.shtml。

---

① 参见:《广州概况》,2008年5月2日,见 http://www.gznews.gov.cn/node_29/node_132/2008/05/02/1209708529742.shtml。

（三）广州侨情概况

"广州是全国著名的华侨之乡,也是全国华侨最多的大城市。2008年,广州市有华侨华人、港澳同胞和归侨、侨港澳眷属共计352.35万人。其中,海外华侨华人106.08万人,港澳同胞87.72万人,分布在世界众多国家和地区;市内归侨1.68万人,侨港澳眷属156.87万人。"①华侨华人、港澳同胞和归侨、侨港澳眷属在广州市分布情况见表0-2。

表0-2:广州市华侨华人、港澳同胞、侨港澳眷属各区、县级市分布情况表

基本情况			华侨华人港澳同胞数			归侨、侨港澳眷属数			
单位	面积(平方公里)	人口(万人)	华侨华人(万人)	港澳同胞(万人)	合计(万人)	归侨(万人)	侨港澳眷属(万人)	合计(万人)	占人口比%
东山	17.2	61.55	6.88	4.88	11.76	0.23	11.69	11.92	19.37
荔湾	11.08	51.42	3.13	4.86	7.99	0.17	8.11	8.27	16.08
越秀	8.9	42.94	1.58	1.53	3.12	0.16	3.8	3.96	9.22
海珠	90.4	82.23	7.5	3.5	11	0.11	33	33.11	40.27
天河	108.3	58.28	4.10	2.86	6.96	0.19	7.3	7.49	12.85
芳村	42.6	18.19	0.25	0.66	0.92	0.03	1.48	1.51	8.3
白云	1042.7	86.99	30	8	38	0.11	25	25.11	28.87
黄埔	121.7	20.82	0.16	0.37	0.53	0.03	0.51	0.54	2.59
番禺	1313.8	94.44	6.01	34.06	40.11	0.27	29.23	29.50	31.24
花都	961.1	60.51	30.79	9.32	40.15	0.19	12.37	12.55	20.74
增城	1741.4	82.46	14.89	16.18	31.08	0.18	22.12	22.3	27.04
从化	1974.5	53.17	0.69	1.5	2.19	0.01	2.27	2.28	4.29
合计	7434.4	712.6	106.08	87.72	193.80	1.68	156.87	158.55	22.25

资料来源:越秀区侨务办提供的《关于侨情调查汇总数据的说明》,统计截止日期:2002年3月31日。

据表0-2可知,华侨华人和港澳同胞最多的区是花都区,其次是番禺区,然后依次是增城市、白云区、越秀区、海珠区、荔湾区、天河区、从化市、黄埔区。

广州市华人华侨在世界上分布广泛,分布于亚洲、北美洲、南美洲、大洋洲、欧洲、非洲等六大洲。其中以北美洲最多,约69.17万人;亚洲次之,约

---

① 《广州风貌—行政区域》,见 http://www.gz.gov.cn/jsp/gzgk/listSimple.jsp? catId = 4683&contentId = 406322。

14.42 万人;非洲最少,约 1.05 万人。广州市华侨华人分布世界情况见表 0-3。

表 0-3:广州市华侨华人分布世界情况表

（单位:万人）

洲	序号	居住地	人数	洲	序号	居住地	人数
亚洲	1	朝鲜	0.03	北美洲	25	美国	30.72
	2	日本	0.45		26	加拿大	20.72
	3	马来西亚	4.17		27	巴拿马	14.46
	4	新加坡	3.46		28	古巴	0.24
	5	印度尼西亚	2.09		29	伯利兹	0.15
	6	越南	1.6		30	其他国家	约2.88
	7	柬埔寨	0.09	小计			约69.17
	8	菲律宾	0.06	南美洲	31	厄瓜多尔	0.72
	9	缅甸	0.06		32	乌拉圭	0.01
	10	印度	0.06		33	委内瑞拉	0.29
	11	老挝	0.01		34	秘鲁	2.97
	12	其他国家	约2.34		35	墨西哥	0.05
	小计		约14.42		36	巴西	0.02
欧洲	13	英国	1.66		37	巴拉圭	0.07
	14	法国	0.45		38	玻利维亚	0.01
	15	荷兰	0.79		39	其他国家	约0.72
	16	德国	0.25	小计			约4.86
	17	罗马尼亚	0.01	大洋洲	40	澳大利亚	4.27
	18	瑞典	0.08		41	新西兰	5.80
	19	西班牙	0.10		42	其他国家	约1.52
	20	意大利	0.05	小计			约11.59
	21	葡萄牙	0.01	非洲	43	斐济	0.02
	22	比利时	0.03		44	毛里求斯	0.04
	23	瑞士	0.06		45	哥斯达黎加	0.01
	24	其他国家	1.49		46	马达加斯加	0.02
	小计		4.98		47	南非	0.06
					48	其他	约0.9
				小计			约1.05
				合计			106.08

资料来源:越秀区侨务办提供的《关于侨情调查汇总数据的说明》。

广州市作为广东省的省会,历来是全国各地华侨集聚的中心,广州市旅外侨居人口的籍贯构成具有多样性,包括祖籍广州的华侨,原外地落籍广州的华侨,以及祖籍外地在广州活动过的华侨。广州市旅外侨居人口籍贯构成的多样性决定了广州市海外乡亲捐赠者成分的多样性。另据统计,"载入《广州市志·人物志》的人物有 368 人,其中侨界人物 135 人,占 37%,也就是说,活跃在广州政治、经济、文化舞台上,影响广州社会发展的知名人士中,有三分之一多的人是华侨"。① 众多的华侨华人和港澳同胞是广州侨乡的特殊侨情,也是广州侨乡的独特优势。

---

① 耿凡:《华侨文化与广州》,《广州华声》2005 年第 1 期。

第一章　海外乡亲慈善捐赠的理论建构

本章围绕海外乡亲慈善捐赠"是什么"、海外乡亲"为什么"要对侨乡和中国慈善捐赠、海外乡亲慈善捐赠系统"怎样运行"等问题建构海外乡亲慈善捐赠的理论体系。

第一节　社会行为:海外乡亲慈善捐赠的本质内涵

一、社会行为:海外乡亲慈善捐赠的内涵解读

从社会学角度看,捐赠是一种社会行为。"'社会的'行为应该是这样一种行为,根据行为者或行为者们所认为的行为的意向,它关联着别人的举止,并在行为的过程中以此为取向。"①个体是社会行为的承载者,是社会行为的构成要素,海外乡亲是由成千上万的华侨华人、港澳同胞个体组成。海外乡亲的慈善捐赠行为之所以是一种社会行为,主要基于以下两点:首先,它有行为意向,即行动主体对其行为赋予主观的意义。"'意向'在这里指的可以是:(1)一个行为者在某一具体环境下主观实际持有的意向,或者一群行为者在特定的一系列事件中平均或近似持有的主观意向;(2)在一个思维构造的纯粹状态里,被视为典型的某个或某些行为者主观持有的意向。"②海外乡亲慈善捐赠的意向可以分为个体捐赠意向和群体捐赠意向。个体捐赠意向因个体不同而不同,总体来说,个体捐赠意向包括利他意向、利己意向、互惠互利意向。海外乡亲慈善捐赠意向在具体环境下并不一样,由于在不同的历史时期具有不同的时代背景,因此海外乡亲捐赠的意向呈现出明显的阶段性。在近代,中国处于半殖民地半封建社会,海外乡亲慈善捐赠的主观意向总体上是通过慈善达到救亡图存的目的,新中国成立后中国百业待兴,他们捐赠的意向是振兴中华,改革开放后中国吹响了现代化建设的号角,逐步向富强、民主、文明的现代化国家迈进,他们捐赠的意向是促

① [德]马克斯·韦伯:《经济与社会》上卷,林荣远译,商务印书馆2006年版,第40页。
② [德]马克斯·韦伯:《社会学的基本概念》,胡景北译,上海人民出版社2005年版,第1—2页。

进侨乡和中国的现代化,进而增进人们的幸福,谋求全人类的福祉。其次,它是一种内心的行为,在行为意向上以他人的行动为取向,它关联着别人的举止。"社会行为(包括不为或容忍)的指向,可能是他人过去的、当前的或预期未来将出现的行动。"① 海外乡亲的慈善捐赠可能是针对他人过去对自己的恩惠,可能是针对他人当前对捐助的渴望,也可能是针对未来得到他人的尊重和感激。无论是过去、当前,还是未来,无论是他们熟悉的人,还是完全陌生的人,无论是单个人,还是数量不定的很多人,海外乡亲的捐赠始终以他人的行动为取向,都关联着别人的幸福。社会弱势群体对幸福生活的企盼,侨乡村民对社会福祉的追求,无不牵动着每一位炎黄子孙的心,无不激发着海外赤子慈善情感的萌发和慈善行为的践行。

二、四种类型:海外乡亲慈善捐赠的类型分析

根据著名社会学家马克斯·韦伯的社会行为理论,海外乡亲慈善捐赠的行为可以分为四种类型,即目的理性捐赠行为、价值理性捐赠行为、感情捐赠行为和传统捐赠行为。目的理性行为"涉及合理地考虑达到目的所使用的手段、考虑目的和使用某种手段可能引起的其他结果之间的关系,最后考虑各种可能的目的的相对重要性"。② 海外乡亲目的理性慈善捐赠行为是在充分考虑捐赠的目的、达到目的的手段和后果的基础上经过认真地衡量捐赠对象、仔细地挑选捐赠项目、周密地筹划捐赠过程、定期地预测和检测捐赠效果而采取的一种社会行为。这种慈善捐赠行为从目的理性的立场出发,在利他基础上的利己,体现了功利目的性、手段选择性、操作策划性、效果检测性等特点。所谓价值理性行为,"指的是行为者无视可以预见的后果,而仅仅为了实现自己对义务、尊严、美、宗教训示、崇敬或者任何其他一种'事物'重要性的信念,而采取的行动"。③ 具有价值理性行为的海外乡亲把捐赠看作是一种信念、一种责任、一项义务,他们往往超越功利,以利他为动机,从人道主义立场出发,为了践行道德责任,实现自身的人生价值而对他人终极关怀,从而很少顾及捐赠的后果。这种慈善捐赠行为集中体现在老一辈海外乡亲身上。老一辈海外乡亲早年背井离乡,他们对祖籍地怀有深厚的感情,事业有成后他们纷纷回到侨乡来实现自己的人生价值。

---

① [德]马克斯·韦伯:《社会学的基本概念》,胡景北译,上海人民出版社2005年版,第28页。

② Weber, M., *The Theory of Social and Economic organization*, New York: Free Press, 1947, p.117.

③ [德]马克斯·韦伯:《社会学的基本概念》,胡景北译,上海人民出版社2005年版,第34页。

感情捐赠行为实际上是触景生情而产生的一种社会行为。这种捐赠行为以情感为根据,"人们开展社会行动时,把喜、怒、哀、乐等感情和情绪作为自己行动的主要根据,尽管这时工具理性、价值理性和传统习惯等因素仍然在规定着人们的行为,但是同情感因素的直接支配作用相比,它们已经被淡化或退居到后台,成为隐性或深层因素在发挥作用。"①传统捐赠行为是基于约定俗成的习惯而采取的社会行为。有的新一代海外乡亲在老一辈海外乡亲的言传身教下,他们往往根据以往的习惯、根据祖先的传统采取捐赠行为。在这种行为中以家族的名义捐赠成为常态,祖先的慈善传统、家庭的慈善教育、自身的慈善习惯起了至为关键的作用。从捐赠的领域来看,海外乡亲在科技、环保、治安、旅游等领域以目的理性捐赠为主,在教育、医疗卫生、社会福利、交通以价值理性捐赠、传统捐赠、情感捐赠为主。从捐赠的主体来看,新一代海外乡亲以目的理性捐赠行为为主,老一辈海外乡亲以价值理性捐赠、传统捐赠和情感捐赠为主。海外乡亲实际的慈善捐赠行为有的只是或多或少地接近某种社会行为的类型,但更常见的是多种类型的混合。当海外乡亲从事目的理性行为时,并非就彻底排斥价值理性行为、传统行为和情感行为,只是目的理性行为处于直接支配地位,其他行为成为隐性的因素发挥作用。

三、从个体到群体:海外乡亲慈善捐赠的社会关系

个体行为并不是孤立的,而是处于一定的社会关系之中,当若干社会行为者之间相互调整,互相考虑对方,并且指向彼此联系的行为时,许多单个行为者的社会行为就体现为组织行为,就构成了社会关系。所谓"社会'关系'应该是一种根据行为的意向内容相互调节的,并以此为取向的若干人的举止。"②海外乡亲的捐赠之所以由个体的行为演变成组织的行为,若干个体的社会行为之所以在行为中会构成社会关系,是因为:"一种持久的社会关系是由规律的社会行动—典型的行动模式所导致的。这种规律性体现在同一个行动者或许多人的行动过程会在一种典型的相似的主观意义引导之下重复地发生。"③社会学家马克斯·韦伯认为,这种规律主要是习惯和风俗,也就是说,主要是海外乡亲的习惯和风俗导致了海外乡亲的慈善捐赠由个体的行为变成了群体的组织行为。习惯是社会行为的意向有规律地实

①　刘少杰:《国外社会学理论》,高等教育出版社 2006 年版,第 100 页。
②　[德]马克斯·韦伯:《经济与社会》上卷,林荣远译,商务印书馆 2006 年版,第 57 页。
③　谢立中:《西方社会学名著提要》,江西人民出版社 1998 年版,第 30 页。

际出现的机会,而这种机会长期出现时就形成了风俗。海外乡亲在侨乡捐赠兴办公益事业,从最初的一人、几人到现在的千千万万,从晚清到改革开放这一历史时期内,正是海外乡亲在长期的过程中形成了捐办公益事业的良好习惯和优良传统,才使海外乡亲捐赠行为由个体行为演变成群体的组织行为,才使海外乡亲若干个体在捐赠中形成了互动的社会关系。此外,海外乡亲可能以正当秩序的观念为依据也是其捐赠行为(包括社会关系)形成的原因。正如马克斯·韦伯所言:"行为者在其行为尤其是社会行为中,特别是在社会关系中,可能以他关于存在正当秩序的观念为依据。"①海外乡亲遵守正当秩序可能是内在的情感、价值理性和宗教因素的驱使,也可能是外在的惯例和法律的保障。海外乡亲在慈善捐赠行为中结成的社会关系可分为最低限度的社会关系、共同体关系和结合体关系。最低限度的社会关系是海外乡亲两个捐赠主体相互行为的关系,如夫妻携手、父承子继、宗亲合捐、兄弟联手、翁婿同捐等。这种社会关系包含着竞争、友谊、崇敬、恩爱等内容。共同体关系是行为主体建立在主观感受到的参加者们共同的属性之上,海外乡亲以"家族""联谊会""同乡会""宗亲会""校友会"等方式捐赠实际上是海外乡亲在捐赠行为中形成的一种共同体关系。海外乡亲以共同体捐赠大多是基于对捐赠对象的情感,把捐赠看作是一项义务,因而这种捐赠是以价值理性捐赠、情感捐赠和传统捐赠为主。结合体关系则是以理性驱动的利益平衡或利益联系,它往往基于双方认可的相互契约。如海外乡亲以企业、基金会、慈善会等组织的方式捐赠就是海外乡亲在捐赠行为中结成的结合体关系。海外乡亲以结合体形式捐赠往往是一种理性的捐赠行为,它是综合考虑捐赠的目的、手段与效果基础上而产生的社会行为。

第二节　行为的先导:海外乡亲慈善捐赠的理念与动机

　　慈善捐赠是慈善理念与动机的外在表现,而慈善理念与动机是慈善行为的先导和内心世界,海外乡亲的慈善理念与动机支配着其慈善捐赠行为。海外乡亲慈善捐赠的理念与动机蕴含着深厚的文化底蕴,因此,要探讨海外乡亲慈善捐赠的理念与动机首先要弄清楚慈善与文化的关系。

---

　　①　[德]马克斯·韦伯:《社会学的基本概念》,胡景北译,上海人民出版社2005年版,第45页。

一、慈善与文化

（一）慈善、文化的含义及其关系

慈善与文化之间到底是什么关系？这首先需要从慈善与文化的含义入手。如前所述，慈善是人们用仁爱之心行善行之举，"慈善既是一种'外化于行'的道德行为，亦是一种'内化于心'的道德观念，因而，慈善本身不仅关乎行动更关乎价值，不仅是显见的捐款捐物、好人好事，更是深层的社会心理和伦理道德。"①文化分为广义文化和狭义文化，"从广义来说，指人类社会历史实践过程中所创造的物质财富和精神财富的总和，从狭义来说，指社会的意识形态，以及与相适应的制度和组织机构"。② 由此可见，广义文化包括物质文化和精神文化（含制度文化），狭义文化只是精神文化，"是代表一定民族特点的，反映其理论思维水平的精神风貌、心理状态、思维方式和价值取向等精神成果的总和"③。因此，从慈善与文化的关系看，慈善就是一种文化，海外乡亲在侨乡从事的慈善事业是海外乡亲文化的重要部分。

"华侨华人文化，顾名思义，是在漫长的历史长河中，由华侨华人形成和创造出来的一种跨地域性的文化。它植根于中华文化，又吸收西方文化和当地文化的精华，形成多姿多彩的混合型文化。"④华侨华人文化包含华侨文化和华人文化，两者既有联系，又有区别。华侨文化和华人文化都源于中国传统文化。华侨文化是华侨移民到海外在侨居国形成的文化，由于华侨仍然是中国公民，所以他们的爱国情结浓厚，希望叶落归根，尽管吸收了当地文化的成分，但始终是以中华文化为主体。第二次世界大战后，绝大部分华侨加入所在国国籍，从叶落归根变成了落地生根，华侨文化在长期的生活实践中，经过继承、扬弃、改造，演变成以当地文化为主，但仍保留某种程度的中华文化成分的综合文化，即华人文化。因此，"按基本特质区分，华侨文化属中华文化范畴，是中华文化的海外分支；华人文化则属当地文化范畴（正像华人已属当地人一样），是当地华人特有的一种文化。"⑤从内容来看，华侨华人文化包含所继承的中国传统文化和从当地社会和世界所吸收的侨居国文化和西方文化。

---

① 刘威：《冲突与和解——中国慈善事业转型的历史文化逻辑》，《学术论坛》2014 年第 2 期。
② 夏征农：《辞海》下，上海辞书出版社 1979 年版，第 3510 页。
③ 李宗桂：《中国文化概论》，中山大学出版社 1988 年版，第 8 页。
④ 方雄普：《关于华侨华人文化之我见》，载广州市华侨历史学会编：《广州侨史论坛》，香港日月星制作公司 2003 年版，第 249 页。
⑤ 黄松赞：《新加坡社会与华侨华人研究》，中国华侨出版社 2005 年版，第 356 页。

（二）慈善与宗教的关系

宗教是文化的重要组成部分，"宗教是文化的中心要素"①。从慈善思想的起源上来看，慈善思想直接脱胎于宗教。宗教是海外乡亲慈善思想的直接渊源，宗教观念是海外乡亲的精神支柱。对于宗教与慈善的关系，亨利·艾伦·莫（HenryAllenMoe）曾这样论述："宗教乃慈善之母，不论是从思想上、还是产生过程上，莫不如此。"②那么什么是海外乡亲宗教，传统的观点认为："所谓华侨华人传统宗教本身就是一个复杂多元的文化综合体，它既包括了华侨华人所信奉的源于中华文化传统的道教、儒家（教）文化和民间宗教信仰，还包括已经中国化了的佛教文化。"③实际上随着中西方文化交流的加深，除了中国传统的道教、儒教、佛教以及民间信仰之外，源于西方的基督教也渗入到华人社会和我国港澳台地区。尤其是第二次世界大战后，随着大部分华侨加入侨居国国籍，华人变成了华侨，他们在宗教上做了相应的调适，信仰西方基督教的人逐渐增多，特别是在当地出生的华人信仰基督教的人更多。所以海外乡亲宗教是一种多元宗教，既包含了中国传统的道教、儒教、佛教以及民间信仰，还包括所在国及西方的宗教。但对海外乡亲慈善思想产生主要作用的是中国传统文化中道教、儒教、佛教以及与宗教有关的五缘文化和西方的基督教。

二、海外乡亲慈善捐赠的理念及文化渊源

海外乡亲慈善理念有着深厚的文化渊源，主要出自以仁爱为核心的儒家慈善思想、以劝善为特征的道家慈善思想、以慈悲为特征的佛教慈善思想在内的中国传统慈善文化（有学者在此基础上概括出中国传统"五缘文化"的概念）和以基督教为核心以美国为代表的西方慈善文化。海外乡亲慈善理念是在中西交往过程中形成的以孝亲、仁爱、慈悲、善恶、博爱、人道主义、志愿精神等为主要内容，以爱国主义为核心，以念祖爱乡、敬老爱幼、扶贫济困、乐善好施、赈灾救荒、捐资助学、助残恤孤等为表现形式，涵化中西慈善文化精华的海外乡亲慈善文化，它是海外乡亲慈善责任、民族精神与乡土情结的集中体现。

海外乡亲的慈善文化首先来自以仁爱为核心的儒家慈善思想。儒教慈

---

① ［美］托马斯·奥戴：《宗教社会学》，胡荣译，宁夏人民出版社1989年版，第180页。

② Warren Weaver, et al., U.S., *Philanthropic Foundations: Their History, Structure, Management, and Record*, New York: Harper & Row, Publishers, 1967, p.19.

③ 张禹东：《华侨华人传统宗教及其现代转化》，《华侨大学学报》（人文社会科学版）2001年第4期。

善思想对海外乡亲影响很深,其中最为深远的当是孝亲理念和仁爱理念。孝亲理念是基础,孝是百行之首,百善之先,可以说孝是"华人的现实宗教"①。孝道一直都是海外乡亲重要的伦理核心,"孝或孝道在中国台湾、中国香港及内地等华人社会中,仍是人们日常生活中重要的价值或德行。即便是在新加坡、新西兰及美国的华人社会中,或许其中的内容与价值取向已有些许变化,但孝道观念仍受到相当的重视"②。孝亲理念使海外乡亲形成了念祖爱乡、尊老爱幼、父慈子孝、兄友弟恭的传统美德。孝最原始的意义就是祖先崇拜。祖先崇拜是海外乡亲宗教信仰与礼仪的主体,美国学者斯图尔特甚至认为:"祖先崇拜是中国人民真正的宗教。"③"仁爱"理念是儒教的核心思想。何谓"仁"? 孔子认为仁即"爱人"④,爱人是人的本性和基本出发点。孟子主张:"出入相友,守望相助,疾病相扶持,则百姓亲睦。"⑤如何爱人? "仁者,人也,亲亲为大。义者,宜也,尊贤为大。亲亲之杀,尊贤之等,礼所生也"。⑥ 可见,儒教主张人们在爱人时,应当遵从"亲亲"和"尊尊"两个原则,在分配资源的方式上,根据"亲亲"原则分配资源,讲究"爱有差等,施由亲始","亲其所当亲"是"仁";在决定资源分配的程序上,根据"尊尊"原则,"尊其所当尊"是"义";这样依照"亲亲之杀,尊贤之等"所作出的差序性反应,则是"礼"。海外乡亲正是按照儒家的"亲亲"和"尊尊"原则在中国践行慈善,把慈善的对象由家人、亲属、朋友、乡亲推及陌生人,把慈善的范围由祖籍地扩展到全中国,演绎出由家到乡村再到社会、国家的慈善轨迹。

　　佛教也是海外乡亲传统慈善文化的来源之一。佛教慈善文化丰富,它提倡劝善去恶,主张慈悲和因果业报,海外乡亲尤其是东南亚移民深受佛教慈善文化影响。第二次世界大战后海外乡亲的宗教信仰内部结构逐步调整,在东南亚海外乡亲群体中,信仰儒教、道教的人数逐步减少,佛教信奉者呈现稳步增长的趋势。他们积善积德,希冀得到善的报应,"比如华人对放生和布施的重视,华人社会兴办的一些施诊所,开展义诊活动,华人佛教徒把这看成是真正的功德"。⑦ 众多的佛教团体也相继成立,很快传播到世界

---

① ［新加坡］邱新民:《新加坡宗教文化》,星洲日报南洋商报出版社 1982 年版,第 276 页。
② 杨国枢、黄光国、杨中芳:《华人本土心理学》(上册),重庆大学出版社 2008 年版,第 289 页。
③ ［美］斯图尔特:《中国的文化与宗教》,闵用译,吉林文史出版社 1991 年版,第 77 页。
④ 孔丘:《论语》,雅瑟主编,新世界出版社 2010 年版,第 260 页。
⑤ 孟轲:《孟子》,梁哲喜译注,黄山书社 2002 年版,第 78 页。
⑥ 子思:《中庸》,黎重译著,中央编译出版社 2011 年版,第 172 页。
⑦ ［新加坡］洪德仁居士:《法海一滴》,南行学社 1947 年版。

各地的华人社区,"这些团体大多数都非常重视慈善事业,慈济基金会就是其中最大的一个。"①佛教慈善文化成为了海外乡亲慈善行为的重要动力。

道教是中国土生土长的宗教,随着海外乡亲移居异乡,道教也随之传播到海外。道教含有丰富的慈善文化,老子认为"道"是天地万物之源,它能公正地赏赐善人,惩罚恶人,所谓"天道无亲,常与善人"。② 因此,老子主张劝善去恶。老子告诫人们要遵循道的规律,善待有善之人,也要善待不善之人,正所谓"圣人无常心,以百姓心为心。善者,吾善之;不善者,吾亦善之,德善"。③ 道家还主张善恶报应,所谓"人行善恶,各有罪福,如影之随形,响之应声"。信仰道教的海外乡亲,多为年长者以及文盲和半文盲,他们相信善恶报应,并且在实践中行善布施,博济众生,将善恶报应理念实践化、世俗化。由于道教含有一些与现代社会发展不相协调的迷信成分,日益受到海外乡亲青年知识分子的摒弃。

海外乡亲慈善文化的产生与"五缘文化"尤其"神缘"文化密切关联。为了寄托对故乡和亲人的思念之情,早期的海外乡亲往往把平时供奉在家中的神佛,随身携带到侨居地早晚祈祷,以便祈求平安、消灾解祸。到达海外后,他们有些又信仰侨居地的神仙,因而故土的神佛与侨居地的神仙交织在一起。例如,在东南亚的泰国,"相同信仰的结合产生了众多的慈善团体,如崇拜大峰祖师的华侨报德善堂,崇奉诸多仙师的泰京玄辰善堂,信仰德教的道德善堂,佛教不同派别的佛教会、佛教社,基督教的礼拜堂等,它们的宗旨都是劝人为善,服务社会"。④ 类似这种的海外乡亲慈善组织在泰国尤其多。这些神缘慈善组织积极参与当地的社会建设,促进了当地慈善事业的进步和社会的发展。由于与祖籍地存在着相同的祖神,祖神崇拜成为了海外乡亲与祖籍地联系的重要文化纽带。每到清明节,大批海外乡亲回到祖籍地事亲祀祖,参与祖籍地的经济和社会文化建设。可见,"五缘"文化是海外乡亲与祖籍地联系的纽带,是海外乡亲慈善思想的孵化器。

海外乡亲慈善文化的另一渊源是以基督教为核心的西方慈善文化。20世纪70年代后,随着大陆新移民的增多,信仰基督教的海外乡亲越来越多,基督教成为了海外乡亲慈善文化的重要渊源。基督教包含丰富的慈善思想,作为人对人的一种关爱行为,慈善居于基督教文化的核心,而博爱则是

---

① 魏乐博(Robert P.Weller):《中国社会的宗教和公益》,《北京大学学报》(哲学社会科学版)2009年第4期。

② 黎重编著:《道德经》,中央编译出版社2011年版,第296页。

③ 黎重编著:《道德经》,中央编译出版社2011年版,第183页。

④ 俞云平:《五缘文化与泰国华侨华人社会》,《八桂侨史》1998年第3期。

基督教精神的核心。"你要尽心、尽性、尽意地爱你的上帝,这是诫命中的第一,且是最大的。其次也相仿,就是要爱人如己。这两条诫命是律法和先知一切道理的总纲。"①可见,基督教的博爱包括爱上帝和爱人如己,它是一种人道主义的爱,突破了家族血缘的界限。基督教还主张罪感、谦卑和忏悔,提倡个体要以一种谦卑之心去行善积德。海外乡亲深受基督教的影响,我们以美国为例,在美国很多华人参加华人教会,华人教会注重对华人的道德引导。在基督教的影响下,华人基督徒形成了即时捐赠和"取之社会,还之社会"的理念,将积极献身社会公益事业和福利事业看成是"对神的侍奉"。

总之,海外乡亲宗教信仰的神灵是一个多元的神灵系统,随着他们生存环境的变迁,其宗教信仰也进行了调适,在他们的传统文化中,儒教、道教信仰者逐渐呈下降之势,信奉佛教者呈上升趋势,而且受过高等教育的佛教信奉者越来越多,这表明海外乡亲根据自己的生存和生活需要相应地调整了他们的传统慈善文化,他们的慈善文化因其宗教信仰的调适在悄然地发生演变,积善积德、相信因果报应成为海外乡亲最为信奉的慈善文化。20世纪70年代以来,以儒教、道教、佛教为主要内容的海外乡亲传统慈善文化受到了基督教的强烈冲击,传统宗教信仰者日益减少,海外乡亲新生代信奉基督教的人数日益增多,他们主张博爱,把慈善看成是一种人道主义的援助,把谋求人类的福祉作为他们的慈善目标,他们更倾向于即时捐赠,坚持取之社会、用之社会,这样海外乡亲以孝亲、仁爱、慈悲、善恶为特征的中华传统慈善文化与以基督教博爱为核心的西方慈善文化产生了碰撞、冲突和交融,从而形成了独树一帜的海外乡亲慈善文化。

综上所述,海外乡亲的慈善理念是一种独特的慈善理念,它以中华传统慈善理念为主体同时又吸收西方慈善理念而形成了一种全新的慈善理念。这一慈善理念以孝亲、仁爱、慈悲、善恶、博爱、人道主义、志愿精神等为主要内容,以爱国主义为核心,以念祖爱乡、敬老爱幼、扶贫济困、乐善好施、赈灾救荒、捐资助学、助残恤孤等为表现形式。由于它的母体是中华传统文化,同时它又实践于侨乡,与侨乡的慈善文化交相辉映,因而它含有中国传统文化的核心价值。另一方面,海外乡亲的慈善理念形成于侨居地,又融入了侨居地的博爱、人道主义、志愿精神、即时捐赠等理念,因此打上了西方和侨居地慈善文化的烙印。

---

① 加尔文:《基督教要义》上册,基督教辅侨出版社1957年版。

三、海外乡亲慈善捐赠的动机

海外乡亲慈善捐赠的动因多种多样,从发生学的角度看,引起和维持慈善行为的根本要素和先决条件主要包括主观的内在基础和客观的外在基础。内在基础是捐赠行为发生的根本动力,外在基础是捐赠行为发生的制约因素。

（一）海外乡亲捐赠的内在动力

1.践行慈善责任的为善信念

慈善是一种高尚的道德。在西方思想史上,慈善被看作是人类最高境界的伦理美德,古希腊思想家亚里士多德如此赞美人的善举:"慷慨之人是人们最喜爱的人,因为他们有助于他人,而他们的助益在于他们给予的行为中。"①美国思想家梭罗也把慈善看成是一种美德:"慈善事业几乎是唯一受到人类倾力称赞的美德。"②18 世纪英国著名的经济学家和伦理学家亚当·斯密认为这种美德及其行为起源于人的情感,"情感或心里的感受,是各种行为产生的根源,也是品评整个行为善恶最终必须倚赖的基础"。"行为的合宜与否,或者说,行为究竟是端正得体或粗鲁下流,全在于行为根源的情感。"③

慈善是一种责任,是一种信念。古罗马哲学家西塞罗曾经说过:"没有什么比仁慈和慷慨更能够体现人性中最美好的东西了。""追求财富的增长,不是为了满足一己的贪欲,而是为了要得到一种行善的工具。"④西塞罗认为慷慨行善是个人道德责任的组成部分,承担道德责任是人之为人的自然法则。

在近代,德国哲学家康德在解释人为什么能够扶危救困、慈善和同情这一问题时,认为人是有理性的,人的慈善行为不是神授,不是出于快乐,它来源于人的理性,不会受到外在的因素牵制,不会被人的欲望所阻碍,并且提出了善良意志的概念。他认为"在世界之中,一般地,甚至在世界之外,除了善良意志,不可能设想一个无条件善的东西"。⑤ 他把善良意志看作是人

---

① ［古希腊］亚里士多德:《尼各马可伦理学》,王旭凤、陈晓旭译,中国社会科学出版社 2007 年版,第 133 页。
② M. Wulfson, "The Ethics of Corporate Responsibility and Philanthropic Ventures", *Journal of Business Ethics*, Vol.29, (2001), pp.135–145.
③ ［英］亚当·斯密:《道德情操论》,谢宗林译,中央编译出版社 2008 年版,第 15 页。
④ ［古罗马］西塞罗:《西塞罗三论》,商务印书馆 1999 年版,第 110 页。
⑤ ［德］伊曼努尔·康德:《道德形而上学原理》,苗力田译,上海人民出版社 2005 年版,第 8 页。

的慈善行为的内在动因。"在康德看来,由于善良意志是无条件地善的,是唯一善的,因此,人就会将其视为神圣,并力图实现它。于是,人就有了责任。康德认为,责任概念是善良意志概念的体现。"①"责任就是由于尊重规律而产生的行为必要性。"②康德还认为人的行为只有在动机上出于责任,才是真正的道德责任。信奉这种道德观的海外乡亲,他们的捐赠行为既不是基于自身利益的考虑,也不是因为获取精神上的慰藉和满足,而是因为他们践行慈善责任的为善信念的支撑,这种"慈善责任不是来自神的启示,不是'天之予我者',也不是来自人的某种先天的情感或自然的本能,它的产生基于主体理性的自觉的认知。或者说,主体对这一责任应该有着自觉的意识,是主体内在要求的反映。主体对慈善责任有着理性的自觉的认知,他做出慈善的行为也就不是一时的冲动,不是基于某种压力的被迫之举,而是有着一定的稳定性和持久性"。③ 香港同胞何耀光在他的新作《傲世百咏》的第一首诗中写道:"人生在世鲜过百,应作历史善良客。伤天害理事莫为,利国福民该尽责。"正是因为海外乡亲这种利国福民的慈善信念和责任,才成为他们捐助公益,造福桑梓的内在动力。

2. 复兴中华民族的求索精神

中华民族是一个多灾多难的民族,但又是一个永远不会屈服和放弃的民族。在灾难面前,炎黄子孙敢于同灾难抗争、勇于战胜灾难,为实现中华民族的伟大复兴而努力求索。民族精神是一个民族区别于其他民族的精神特质,是一个民族大多数成员所认同的优秀思想品格、价值取向和道德规范的总和。中华民族精神是以爱国主义为核心。海外乡亲作为炎黄子孙,虽然他们身在异邦,但心系祖国,情系桑梓。从移民海外到海潮回流,海外乡亲一直为实现中华民族的伟大复兴而不断地求索,"振兴中华"的求索和精神号召力成为了他们慈善捐赠的动力,而慈善捐赠则是他们"振兴中华"的一种探索方式。

海外乡亲之所以不断地探索中华民族的复兴之路,与近代中国半殖民地半封建社会特征所造成的海外乡亲的地位密不可分。近代中国,处于半殖民地半封建社会,外有列强的军事入侵和经济掠夺,内则政治腐败,社会动荡,民不聊生。海外乡亲在中国大陆不堪忍受帝国主义、封建主义的压迫

---

① 戚小村:《公益伦理略论》,湖南师范大学,2006年博士学位论文,第55页。

② [德]伊曼努尔·康德:《道德形而上学原理》,苗力田译,上海人民出版社2005年版,第10页。

③ 上海市慈善基金会、上海慈善事业发展研究中心:《转型期慈善文化与社会救助》,上海社会科学院出版社2006年版,第124—125页。

剥削,他们有的到港澳地区谋生,有的为求生存而投奔到美国、加拿大、澳大利亚等地,成为"赊单华工",有的被拐骗、掳掠到南美洲、东南亚等地,成为"猪仔华工"。无论是"赊单华工"还是"猪仔华工",他们都要签订契约,因而又称为契约华工。他们出洋时要经过海上地狱式的煎熬,到达海外后又被殖民者和当地统治者进行惨无人道的压迫剥削,甚至屡次遭到迫害屠杀,处于"欲饮无浆,欲食无粮,霜欺雪虐,风雨徬徨"的悲惨境遇。清朝派往古巴的专使陈兰彬在其所写的调查报告书《古巴华工口供册》中记载:"……不料抵岸后待之如牛马,卖入糖寮,每月工银给以银纸。期满复勒帮工。日未出而起,夜过半而眠。所食粗粟大蕉,所穿短褐不完,稍有违命,轻则足踢,重则收禁施刑。或私逃隐匿,则致之死地;或交官工所迫作苦工,或由官工所发售,狠毒苛刻,擢发难数。"此外,侨居地的排华运动此起彼伏,种族歧视根深蒂固,他们的正当权益无法得到保护,他们的尊严和地位无法得到保障,他们真正成为了"海外孤儿"。因此,如何使自己的祖国成为一个独立、自由、民主、富强的国家,如何探索中华民族的复兴之路,是他们用血汗和泪水凝聚起来的真实感受,是他们梦寐以求的强烈愿望,是他们发自内心的精神追求。正因为中国的海外乡亲出洋者以社会底层民众为主,正因为他们出洋后所处的特殊地位和悲惨遭遇,才使他们产生了与祖国和家乡的深厚感情,才使他们用慈善的方式探索中华民族的复兴之路。这种精神在海外乡亲中薪火相传,并不断激励着后人努力求索。

3. 满足功利主义的心理需求

海外乡亲基于慈善责任的捐赠行动都是最积极、最纯粹的奉献,动机是完全地利他。但是并不是所有的捐赠者都出于道德的驱动,并不是所有的捐赠者都不需要回报,有的海外乡亲的捐赠动机是利己基础上的利他,这些人的捐赠动机受到了西方功利主义公益伦理思想的影响。功利主义代表人物英国思想家边沁认为:"功利原则指的就是:当我们对任何一种行为予以赞成或不赞成的时候,我们是看该行为是增多还是减少当事者的幸福;换句话说,就是看该行为增进或者违反当事者的幸福为准。"①另一功利主义思想家穆勒则认为"功用主义所认为行为上是非标准的幸福并不是行为者一己的幸福,乃是一切与这行为有关的人的幸福"。② 在功利主义的影响下,海外乡亲捐赠时往往会期望对收益的回报,这种回报,既包括物质回报,也包括非物质的收获,会考虑到捐赠是否会给他们带来实惠、好处、快乐、利益

---

① 周辅成:《西方伦理学名著选辑》下卷,商务印书馆 1987 年版,第 211 页。
② [英]约翰·穆勒:《功用主义》,商务印书馆 1957 年版,第 18 页。

或者幸福。在这一点上,学者陈武雄认为:捐赠者是"基于诸多心理需求,包括归属感、参与感、方向感、新鲜感、使命感、乐趣感、自我感、激励感、成就感和荣誉感等"①。美国俄勒冈大学经济学教授哈保乎(William T. Harbaugh)在其《慈善捐款的声誉动机》一文中曾这样指出,慈善捐款的动机主要来自捐款数额给捐款人带来的满足感。这种满足感虽然包含像"教徒捐奉那样的内心得益",但更取决于从捐赠中获得预期的"声誉享受"。海外乡亲长期在外漂泊,又受异族歧视,心灵压抑,他们希望受到别人的尊敬和社会的认可。回到侨乡后,他们捐赠公益事业,为他们在外漂泊的岁月找到一种归属,为他们人生坐标指明了一个方向,为他们光宗耀祖、立身扬名找到了一个机会。正如暨南大学教授刘权所说的那样,"我们应当看到海外乡亲捐赠侨乡公益福利事业也是他们自我的一种心理需求,自身价值的一种实现,并且有助于提高他们的社会影响力和事业的成功。这在近代西方社会也是如此,捐赠者物质的付出必然伴之以声誉的提高和心理满足作为回报。"②

4. 实现人生价值的思想境界

根据美国社会心理学家马斯洛需要层次理论,尊重的需要和自我实现的需要是人的高层次的需要。"海外华人在生活富足之余,当然会把追求尊重和实现人生价值作为自己的最高索求。人生价值的衡量不依赖于个体,而是社会大众。"③公益事业是一项崇高而伟大的事业,海外乡亲在侨乡捐赠会受到侨乡民众的尊敬,会提升他们的地位和声誉,实现自己的人生价值。

香港知名人士"霍英东先生对祖国交通建设的倾心关注与扶持,从一个侧面体现了他的人生观、价值观和财富观:把回馈、贡献社会当作财富的最大价值,人生便达到了崇高的境界。他曾经对媒体袒露心迹:'投资,捐赠,目的只有一个,就是希望国家兴旺,民族富强'"。④ 当广州市荣誉市民余宏荣谈到捐赠的动机时,他认为,"我相信每个人都在有意或无意地选择人生的方向,我认为如果一个人要求有意义的一生,那么就一定要定下目标,同时更要有计划和有决心地向目标迈进。我要求有一个有意义的人生,

①　陈武雄:《志愿服务的理念与实务》,中华民国志愿服务协会 2001 年版,第 34—36 页。
②　刘权:《海外侨胞对广东省侨乡社会公益事业的贡献》,载钟汉波、张应龙主编:《广东侨史论丛》第一辑,香港荣誉出版有限公司 1999 年版,第 101 页。
③　朱小梅:《简析海外侨胞教育捐赠的道德心理》,《学海》2003 年第 5 期。
④　《霍英东与改革开放后的交通》,见 http://www.eeloves.com/memorial/article-show/mid/100226/id/10733。

所以我经常分析所取得的成绩,更时时刻刻地要求自己争取多些和好些"。① 余宏荣的这段内心独白,道出了他的人生观,也道出了他捐赠侨乡公益事业的动机。

（二）海外乡亲捐赠的外在动因

新制度经济学代表人物、诺贝尔经济学奖获得者道格拉斯·诺斯认为,行为是由制度决定,而制度又由正式约束与非正式约束共同构成。其中,正式约束是国家的宪法和法律、规章和制度等,而非正式约束是指一个国家和宗教、文化、传统、习俗等方面。尽管正式约束非常重要,但决定制度特征的更主要是非正式约束。海外乡亲捐赠的外在动因主要包括以下几方面:

1. 社会规范的引导

慈善捐赠行为作为一种高尚的美德,受到社会行为规范的影响。海外乡亲在海外基本上是以群体的方式生活,如血缘群体、地缘群体、业缘群体、文缘群体等。由于他们共同生活在某个群体当中,相互依赖,相互影响,相互作用,共同认可或赞成某些社会习惯、价值、规则,逐渐形成了成员共同的判断标准或依据原则,从而在共同生活中形成了群体间的行为规范。群体规范形成以后,具备了一种公认的社会力量,于是,群体成员往往把个人目标与群体目标相结合,自觉遵从群体规范,接受群体规范的约束,并且把群体规范内化为自身的行为准则。"虽然社会习惯与时尚对道德情感的影响,确实不是这么的大,不过,它们在这方面的影响,和它们在其他方面的影响,性质仍然十分类似。当社会习惯与时尚和自然的是非褒贬原则相一致时,它们会提高我们的道德情感的敏锐度,使我们更加厌恶任何接近邪恶的事物。那些不是在普通所谓好的,而是在真正好的师友环境中被教育培养出来的人,那些在他们所尊敬的与日常交往的师友身上习惯见到的,无非是公正、谦逊、仁慈、与端正合宜的人,对于凡是看起来不符合那些美德规范的行为,一定会比其他人更感震惊。"② 在文明的民族中,以仁慈为基础的各种美德,多于以克己和禁欲为基础的美德。在未开化的野蛮民族中,情形刚好相反,各种克己的美德,得到比各种仁慈的美德更多的培养。③ 海外乡亲尤其是老一辈海外乡亲大多经历坎坷曲折,他们移民前受到了家乡父老的帮助,所以,他们一旦经济条件改善,首先想到的是报答有恩于他们的人,进而回报祖国,回报社会,回报家乡。

① 巫妙云:《架设中加友谊之桥——记旅加侨胞余宏荣先生》,载黎子流、黄伟宁主编:《广州市荣誉市民传》第一卷,广东人民出版社1994年版,第50页。
② [英]亚当·斯密:《道德情操论》,谢宗林译,中央编译出版社2008年版,第249页。
③ [英]亚当·斯密:《道德情操论》,谢宗林译,中央编译出版社2008年版,第254页。

在西方国家,人们把慈善行为看成是公民的一种权利和义务。海外乡亲长期生活在西方和我国港澳地区,其慈善思想渊源之一是西方的公民理论,其慈善行为打上了西方社会行为规范的烙印。在西方国家,公民社会中的权利与义务观念深入人心。在古希腊和古罗马,公民权利与义务观念成为社会意识的重要组成部分。"古希腊城邦政治生活中的核心问题是公民资格问题,它包括权利和义务两部分,两者相比,义务优先。公民最重要的义务就是致力于公共事务,他必须不遗余力地献身于国家,必须奋不顾身地为国家的福祉而努力。"①古希腊强调的公民的权利义务是基于传统习俗惯例,而古罗马强调的公民权利义务是基于明确的法律规定,其制度构架鲜明,"由此制度的化约和规范,甚至是巧妙的强制,成为公民实施善举的重要的动因,因此在实践中,公民捐赠成习"。② 到了近代以后,尽管公民理论发生了重大变化,权利优先于义务,慈善行为只是道德良心的体现,但是公民理论家 T.雅诺斯基把公民帮助不幸者的行为纳入公民社会义务栏,把其列为"强制及实施方面的义务"③。

2. 文化底蕴的支撑

海外乡亲慈善思想的文化渊源首先应该是中华传统慈善文化和中华缘文化。海外乡亲的捐赠动机与中华民族漫长历史的文化积淀密切关联。老一辈海外乡亲虽然长在异乡,但他们生在中国,长期以来受到了中华慈善文化的熏陶,儒家的仁爱思想和大同思想,佛教的"善""慈""普济"思想,道教的尊道贵德、修仙利他思想对他们从事公益事业产生了深远的影响。新一代海外乡亲尽管生在异乡,长在异乡,但他们在父辈的言传身教下,中华慈善文化已经深深地在他们的心中扎根。此外,海外乡亲之所以桑梓情深与中华文化中的缘文化有密切的关系。目前学术界有代表性的观点就是以上海社会科学院林其锬教授提出的"五缘"文化论。我非常赞同林其锬教授的观点,华侨华人、港澳同胞都是爱国侨胞,与中国存在着各种缘分。"外籍华人与华侨虽有区别,但在亲缘、地缘、神缘、业缘、物缘方面,同我国仍有千丝万缕的联系。"④由于缘分的存在,海外乡亲对祖籍地的捐赠呈现出祖籍化、家族化、宗亲化等特征,反映了他们对家乡那种浓厚的乡土情结和对血脉—家族的留恋和认同。在他们对家乡的捐赠中,"五缘"文化是他

---

① ［美］乔·萨托利:《民主新论》,冯克利、阎克文译,东方出版社 1998 年版,第 316 页。

② 唐娟:《公民公益行为的理论分析》,《河南大学学报》2004 年第 5 期。

③ ［美］托马斯·雅诺斯基:《公民与文明社会》,柯雄译,辽宁教育出版社 2000 年版,第 69—71 页。

④ 林其锬:《"五缘"文化与亚洲的未来》,《上海社会科学院学术季刊》1990 年第 2 期。

们与祖籍地保持联络和开展经济文化交流的一根坚韧纽带。

另外,海外乡亲长期居住在西方和港澳等地,受到西方宗教慈善文化的影响。在西方,基督教作为一种带有浓厚色彩的宗教,非常注重培育信徒的博爱、罪感、谦卑和忏悔等道德情感,对人们从事公益事业发挥着极为深远的影响。基于基督教思想的传统,在今天的西方发达国家,慈善捐助成为西方人生活的常态,人们参与慈善事业,不仅是从事一项事业,更是对西方慈善文化和慈善理念的一种诠释。海外乡亲正是对中西文化的传承与融合,才使得他们始终保持着对中国以及对祖籍地的持久的捐赠热情,才使得他们拥有一种强大的振兴中华、造福桑梓的动力源泉。

但这种文化的传承与融合,不是简单的文化堆砌,而是在继承基础上的发展,在融合基础上的升华,尽管留下了原有文化渗透的痕迹,但已经形成了全新的独树一格的海外乡亲慈善文化。

3. 侨务政策的激励

新中国成立后,中国的国际地位日益提高,海外乡亲的处境得到改善,中国政府对海外乡亲在侨乡兴办公益事业给予指导和鼓励。在中国政府的大力鼓励下,大批海外乡亲以"振兴中华"为己任,纷纷回国、回乡,捐款捐物,支持侨乡的各项建设。

党的十一届三中全会以后,中国实行改革开放,中国政府对华侨华人地位重视程度不断提高,中国的侨务观念得以转变,侨务政策不断完善,"中国侨务政策的目标是配合党和政府的中心任务,其总方针是保护华侨的正当权益,发扬爱国爱乡的传统;鼓励华侨自愿加入当地国籍,为促进所在国经济繁荣以及祖国和所在国的合作与交流发挥作用;保护归侨、侨眷的合法权益,适当照顾其特点,发挥其海外联系的优势,为祖国建设作贡献。"[①]为此,国家制定了许多保护华侨华人和归侨侨眷合法权益的法律法规。在捐赠方面为了加强捐赠工作的管理和指导,国家制定了一些有关捐赠方面的政策。主要有:1978 年国务院批转有关部门《关于接受海外华侨、外籍人、港澳同胞捐赠外汇或物资的有关规定》、1979 年国务院侨办等《关于华侨捐献款物审批权限的复函》、1982 年国务院《关于加强华侨和港澳同胞捐赠进口物资管理的通知》、1986 年国务院《关于加强华侨、港澳同胞捐赠和经贸活动中外商赠送国家限制进口的产品管理补充通知》、1989 年《国务院关于加强华侨、港澳同胞赠送进口物资管理的若干规定》、1999 年全国人大颁布《中华人民共和国公益事业捐赠法》、2004 年国务院《基金会管理条例》、

---

① 庄国土:《华侨华人与中国的关系》,广东高等教育出版社 2001 年版,第 293 页。

2016 年全国人大颁布《中华人民共和国慈善法》《中华人民共和国境外非政府组织境内活动管理法》,2017 年颁布《中华人民共和国民法总则》等,这些规定构成了涉侨捐赠政策的基本体系。这些涉侨捐赠的政策体系主要包括:关于捐赠的原则、关于捐赠物资税收问题的规定、关于捐赠审批权限的规定。

在中国侨务政策的激励下,新中国成立以来尤其是改革开放以来,海外乡亲捐赠的热情高涨。2008 年在全国华侨捐赠工作会议上,据国务院侨办副主任马儒沛透露,"改革开放 30 年来,海外侨胞、港澳同胞捐赠国内公益事业的总额已达 700 亿元人民币,其中 400 亿捐赠给广东,占全国侨捐总数约六成。至今在广东省捐赠的侨胞超过 10 万人次。700 亿捐赠款项中,40%用于支持教育事业,30%支持基础设施建设,还有医疗卫生、救灾救济及其他方面各占 10%"。[①]

4. 经济实力的增强

第二次世界大战后,世界上许多国家政治上取得了独立,经济上也有了快速的发展,尤其是 20 世纪 70 年代至 90 年代,东亚、东南亚等地区经济发展更为突出。随着这些国家经济的发展,海外乡亲经济实力明显增强,"二战后尤其是 20 世纪 60 年代中后期以后,海外华人经济迅速发展,可以说是异军突起,其经济总量已在世界经济中占有一席之地。据 2000 年台湾'全球华人经济力现况与展望'报告称,目前海外华人经济总和相当于整个台湾,华人年总所得约为 2718 亿—3171 亿美元,也即,约占世界经济总值的 1%,约相当于中国大陆经济总值的 1/3。"[②]进入 21 世纪后,海外华人经济发展更为迅猛,根据中国新闻社课题组发表的《2007 年世界华商发展报告》的推算,"全球华商(包括港澳台商人及从中国大陆走出去的商人在内)总资产约为 3.7 万亿美元,总营业额突破 1 万亿美元"。[③] 海外华人经济实力的壮大,为他们造福桑梓打下了坚实的经济基础。

5. 群体行为的压力

捐赠者捐赠时除了受到政治、经济、文化的因素影响外,周围的环境对捐赠行为的影响也是非常重要的,情境的压迫和群体行为的压力往往对捐赠者产生一种压力感和认同感,从而促使他们捐赠。萨格登(Sugdne,

---

① 陈晓璇、沈卫红:《海外侨胞港澳同胞三十年捐赠公益事业达七百亿元》,2008 年 5 月 15 日,见 http://www.chinaqw.com/zgqj/qjdt/200805/15/117050.shtml。

② 蔡德奇、江永良:《华侨华人的新发展》,厦门大学出版社 2001 年版,第 126 页。

③ 2007 年海外华侨华人概述编委会:《2007 年海外华侨华人概述》,中国华侨出版社 2008 年版,第 15 页。

1984)用"互惠原则"来解释人们的捐赠行为。"'互惠原则'并不要求人们一定在任何情况下都必须捐赠,但它要求在其他人都捐赠的情况下,个人必须进行捐赠,而且捐赠的数量不能比其他人少。安德鲁尼(Andreoni,1998)的研究证实了不同捐赠者的捐赠数量间的正向关系。他利用1985年消费者支出调查(Consunler Epxendiurte Suvrye)的数据来检验个人的捐赠是否会因为他人捐赠的提高而增加。他发现个人的捐赠会受他社交圈中的其他人影响(安德鲁尼利用了相似的年纪、教育背景、居住地来限定社交圈),如果一个人的社交圈中的其他人的捐赠提高了10%,那么这个人的捐赠会增加2%到3%。"[1]萨格登和安德鲁尼的研究表明:一个人的捐赠会受到群体的行为压力。海外乡亲在海外往往是以族群的方式居住和交往,同乡会、宗亲会、校友会等社团组织成为了他们联系的纽带。改革开放以后,一些华侨华人、港澳同胞率先回到侨乡捐助公益事业,这些人成为了海外乡亲的表率,他们的慈善捐赠行为对其他同宗、同族的海外乡亲产生了深远的影响,同时也给他们带来了无形的压力。因此,海外乡亲的捐赠有些可能是出于感动,有些是希望与所属群体保持一致。随着改革开放的推进,海外乡亲捐赠的人数越来越多,捐赠的队伍越来越壮大,可以说,群体的行为压力起了至关重要的作用。

6. 个体特征的差异

海外乡亲的捐赠除了受到社会、国家以及群体的影响外,捐赠者的个体差异也是影响捐赠的重要因素。海外乡亲捐助公益事业,因各人的收入、性格和志趣、家庭背景、受教育程度等不同而相异。"安德鲁使用了六项变量来代表个体在捐赠问题上的差异,分别是:家庭收入、是否信奉宗教、之前是否捐赠、年轻时是否当过志愿者、教育程度、婚姻状况。他使用美国统计局2001年关于独立部门捐赠的数据来分析这六项变量对捐赠的影响。这些数据是统计机构于2001年5月至7月,通过电话访问得到的,包含了对4216个成年人的调查情况。分析发现,高收入、信奉宗教以及高学历与捐赠数量有着显著的正向关系,那些以前进行过捐赠或当过志愿者的人也会有较高的捐赠。"[2]正因为捐赠者的个体差异,才导致不同的捐赠者在捐赠的领域、方向、数量等方面不尽相同,才导致他们捐赠的动机各有千秋。

综上所述,海外乡亲捐赠的动机具有复杂性和多元性,在大多数情况

---

① 张昭:《公共品自愿供给中的捐赠行为分析》,江西财经大学2006年硕士学位论文,第13—14页。

② 张昭:《公共品自愿供给中的捐赠行为分析》,江西财经大学2006年硕士学位论文,第15页。

下,海外乡亲的捐赠行为都是内因和外因的结合。内因是海外乡亲捐赠行为发生的基础,外因是海外乡亲捐赠行为发生的诱发因素。

第三节　行动系统:海外乡亲慈善捐赠行为的系统构成及其运行

一、海外乡亲慈善捐赠行为的系统构成

海外乡亲慈善捐赠行为实际上是一种行为系统,系统由三部分构成,一是组成该系统的要素,二是该系统的结构,三是系统的环境。要素是系统的微观层面,结构是系统的中观层面,环境是系统的宏观层面。这三个组成部分,即三个层面相互联系,相互作用,相互促进。

(一) 海外乡亲慈善捐赠行为系统的构成要素

要素是构成系统的基本成分。海外乡亲慈善捐赠由一个完整的行动系统构成,捐赠者、受赠者以及促进捐赠行为发生的媒介如媒体、慈善组织、政府相关部门、侨眷等是其组成要素。

捐赠行为的发生首先需要捐赠的主体即捐赠者。捐赠者分为海外乡亲个体和群体。从晚清到改革开放这一时期海外乡亲捐赠行为由个体行为逐步演变成群体的组织行为。个体行为并不是孤立的,而是处于一定的社会关系之中,当若干社会行为者之间相互调整,互相考虑对方,并且指向彼此联系的行为时,许多单个行为者的社会行为就体现为组织行为,就构成了社会关系。所谓"社会'关系'应该是一种根据行为的意向内容相互调节的、并以此为取向的若干人的举止"。① 海外乡亲在慈善捐赠行为中结成的社会关系可分为最低限度的社会关系、共同体关系和结合体关系。

捐赠对象即受赠者也是一个基本要素。受赠者分为个人、组织等,个人受赠占少数,群体或者组织受赠成为改革开放后受赠的普遍形式。个人受赠最初大多数是海外乡亲在侨乡的亲属,包括归侨、侨眷、港澳亲属,后扩展为本村、本镇的村民。"海外华人与侨乡的联系,按关系紧密程度划分,首先是华人与侨乡亲属的关系,其次是华人与侨乡的关系,第三是华人与祖籍国的关系。研究海外华人与侨乡的联系应当重视华人与侨乡亲属的关系,因为这种关系是最基本的。"②侨属是海外乡亲参与侨乡建设的牵引者、鼓

---

① ［德］马克斯·韦伯:《经济与社会》上卷,林荣远译,商务印书馆 2006 年版,第 57 页。
② 黄昆章、张应龙:《华侨华人与中国侨乡的现代化》,中国华侨出版社 2004 年版,第 42 页。

动者和实际参与者。群体受赠者基本上是当地政府和慈善组织。另一方面,侨属和侨眷、政府、慈善组织、宗亲会等社会团体、大众媒体充当着中介的角色,它们成为了海外乡亲与侨乡联系的纽带。海外乡亲慈善捐赠行为系统的三个构成要素相互联系,缺一不可。

（二）海外乡亲慈善捐赠行为系统的结构

结构是指系统内部各要素的排列组合方式,是系统各要素之间的相互关系及其互动状况。系统的结构规定了各个要素在系统中的地位与作用,促进着系统整体功能的实现。

海外乡亲捐赠行为要通过社会网络才能发生,因此,海外乡亲捐赠行为系统的结构是一个社会网络,这个网络结构由行为系统各要素之间的相互关系及其互动状况构成。网络的各要素处于捐赠网络的不同支点上,他们担当着不同的社会角色,其中海外乡亲作为捐赠者处于该网络的中心,捐赠行为系统要素之间的相互关系及其互动状况构成了捐赠网络。社会网络是社会互动的平台、载体和空间,捐赠行为系统各要素之间的社会互动是捐赠网络(社会网络)形成的动力机制,社会互动的向度、广度、深度、规模、形式与内容影响着捐赠网络的大小、活力与持久力。捐赠行为系统各要素及其角色则是社会互动的成员所处的一种社会状态,他们处于社会网络的各个支点上,扮演着一定的社会角色,他们成了社会互动的主体。社会互动的广度影响社会资本的多寡和社会网络的大小,社会互动的深度影响社会资本的强弱和社会网络的活力与持久力。社会资本的多寡和社会网络的大小决定着社会互动的规模。总体来说,社会互动的强弱、社会资本的多寡、社会网络的大小和活力、社会成员的角色定位决定着捐赠系统的运行。因为事物的结构制约着事物的功能,事物的功能状况检验着事物结构的。综上所述,捐赠行为系统是一个社会网络系统(面),这个网络系统由捐赠行业各要素之间的相互关系及其社会互动构成(线),捐赠行为各要素及其角色是其构成要素(点)。

（三）海外乡亲慈善捐赠行为系统的运行的外部环境和条件

环境是指系统与边界之外进行物质、能量和信息交换的客观事物或其总和。系统的外部环境是系统存在、变化和发展的必要条件。海外乡亲慈善捐赠行为系统运行的外部环境和条件包括两方面,一是自然因素,主要包括血缘、地缘、亲缘而形成的族类认同和亲情关系,还包括自然灾害。二是社会因素。海外华人祖籍国与侨居地的国际关系、中国社会的转型、中国社会的侨务政策、发展的社会经济、中华优秀传统文化等都是影响这一系统运行的社会条件。

海外乡亲慈善捐赠行动系统会随着捐赠阶段和场域变化,不同的时期,不同的环境下,捐赠系统大小、质量与运行状况不一样,社会成员角色、社会资本数量、社会网络大小、社会互动内容与形式也有所不同。

二、海外乡亲慈善捐赠行为系统的特征与功能

（一）海外乡亲慈善捐赠行为系统的特征

海外乡亲慈善捐赠行为系统具有以下特性:

1. 整体性和联系性

系统整体性又称为系统性,系统的功能具有整体性,它不等于要素各自单个功能的总和,而是要求所组成的要素有机地组合,良性地互动。海外乡亲慈善捐赠行为系统具有整体性,它虽然由诸多要素组成,但不是各个要素的简单相加。若其构成要素只要有一个运行乏力,那么这一行为系统就会运行缓慢或者恶性运行,若各个要素在捐赠行为系统中相互支撑,良性互动,那么它就会良性运行。海外乡亲的慈善捐赠行为系统由于具有整体性,所以它又有联系性。捐赠行为系统内部的各个要素之间、系统与其外部环境之间是相互关联、相互影响、相互制约和相互作用。

2. 动态性和能动性

海外乡亲慈善捐赠行为系统内部的各要素及其系统所处的外部环境都处于发展变化之中,决定了该系统是动态的,不是静止的。在不同的时期和环境下,捐赠系统大小、质量与运行状况不一样,社会成员角色、社会资本数量、社会网络大小、社会互动内容与形式也有所不同。晚清时期,由于清政府实行保护和利用海外乡亲政策,海外乡亲开始回乡参与侨乡建设,海外乡亲慈善捐赠行为系统初步形成。新中国成立后中国政府在华侨政策上保护海外乡亲的权益,采取措施吸引海外乡亲回国参与建设,海外乡亲大批回到侨乡捐办公益事业,因而直接导致了该系统的发展壮大。改革开放后大批海外乡亲回到侨乡掀起了慈善高潮,捐赠主体数量的增加、捐赠网络的扩大、海内外乡亲的良性互动使该系统发展到前所未有的高度。另一方面,海外乡亲慈善捐赠行为系统又具有能动性。该系统受制于外部环境和条件,但并不是完全被动的,它可以通过自身功能的发挥去改变劣质环境和条件,创造有利于自身发展的环境和条件。

3. 跨国性

这一行为系统具有跨国性。由于海外乡亲是一个特殊的群体,这一群体从晚清时期就处于跨国生存状态。"就其跨国生存状态而言,主要有二大特点:一是本人经常往返于国内外,在国外生活只是其毕生经历的一部

分;二是其家人及亲属大多还在国内,侨乡才是他们安身立命的最终归宿。这种与侨乡保持密切联系的华侨,严格说来只有从晚清才开始出现。"①因此,海外乡亲的跨国性也就决定了其行为系统的跨国性。海外乡亲从祖籍地到侨居地的互动,海外乡亲在海外的互动,海外乡亲与侨乡民众与政府的互动都是跨国性的表现。

（二）海外乡亲慈善捐赠行为系统的功能

海外乡亲慈善捐赠行为系统具有以下功能:

1. 影响行为系统的构成要素和结构

海外乡亲慈善捐赠行为系统与要素和结构之间是相互影响,相互制约。一方面,行为系统的构成要素和结构对该系统有影响,另一方面,行为系统也会影响和制约其构成要素和结构,对其构成要素和结构产生反作用。当该系统遭到破坏时(如"文化大革命"期间),系统内部的各要素包括海外乡亲捐赠者、侨乡政府和民众受赠者、慈善机构和媒体等中介在该系统内部只是各个孤立的点,它们之间缺乏联系,几乎没有出现互动,因而无法联结成线,更无法形成面,其结构基本上处在静止状态。当该系统处良性运行时(如改革开放后),系统内部的构成要素不再是各个孤立的点,它们之间相互联系,相互互动,共同联结成该网络系统的线和面。

2. 反映海外乡亲的祖籍地与侨居地的关系

海外乡亲慈善捐赠行为系统是系统存在和发展的内部环境与外部环境的反映。由于海外乡亲的捐赠地发生在大陆,发生在侨乡,因而该系统实则是海外乡亲的祖籍地与侨居地关系的反映。当该系统处于停顿或者静止状态时,表明中国与海外乡亲侨居地的关系在恶化,当该系统处于良性运行时,表明中国与海外乡亲侨居地的关系在改善和发展。

三、海外乡亲慈善捐赠行为系统良性运行的措施与建议

影响海外乡亲慈善捐赠行为系统运行的因素主要包括:捐赠环境的恶化,社会资本的缺失,社会互动的乏力,与捐赠相关成员角色定位的迷茫。因此,要使海外乡亲慈善捐赠行为系统良性运行,笔者建议采取以下措施:

（一）努力加强与捐赠相关成员的角色建设,提高角色素质

提高系统要素的质,必须要准确定位要素的角色。社会角色是不断变化的,社会角色具有多重性和更替性。随着经济的发展和社会结构的变迁,

---

① 郑振满:《国际化与地方化:近代闽南侨乡的社会文化变迁》,《近代史研究》2010 年第 2 期。

中国社会面临重大转型,政府职能发生转变。21世纪伊始,中国政府提出了"社会福利社会化"口号,要求政府从"全能政府"转变为"有限政府",在慈善领域实行"退出机制",从"政府慈善"转变为"民间慈善",以实现"小政府,大社会"的目标。因此,国家在慈善事业的职能定位应是从直接管理转到间接管理,捐赠前要引导,捐赠中要支持,捐赠后要监管。国家角色的准确定位有利于海外乡亲慈善捐赠系统的良性运行。

改革开放初期,许多海外乡亲到侨乡捐赠是通过他们在侨乡的亲属牵线搭桥,随着改革开放的深入,广大归侨、侨眷及港澳亲属仍然保持着同海外亲人的经济、通信联系和相互往来,成为侨乡对外联络和建设的一支重要力量。因此发展海外乡亲在侨乡的慈善事业必须要重视侨属这根纽带,充分发挥他们的桥梁作用。大众媒体在海外乡亲的慈善捐赠中扮演着重要角色。提高大众媒体的角色素质,需要加强大众媒体对海外乡亲慈善捐赠的宣传和侨捐项目的监督。媒体的监督应是全方位的,从接受捐赠、侨捐项目的管理、实施救助等各个环节加强对海外乡亲在侨乡的侨捐项目的监管。

（二）大力促成社会互动,优化系统结构

社会互动是海外乡亲慈善捐赠行为系统的动力。海内外乡亲互动的基础主要有以下两点:一是态度。共同的价值观和行为理念是海外乡亲之间互动的基础。二是情感。互动的基础是情感,包括友爱、尊敬、同情和互相喜欢。海外乡亲之间、侨乡民众之间以及海内外乡亲之间的互动越多,他们越可能共享情感,越可能参加捐赠活动。同样,他们共享情感越多,他们越可能互动和参加捐赠活动。"互动倾向于在占有相似的或者邻近且稍微不同的社会位置的个体行动者之间发生。"[1]海外乡亲聚集在相似的居住环境、社会环境和工作环境中,他们拥有相似的特征、态度、情感与生活方式,他们之间的互动就越容易发生。社会是一个由各种不同性质的社会关系结成的网络,"在中国社会,社会网络的核心是以血缘关系为基础的,这犹如一个同心圆,以我为圆心,以亲属网络为核心,依次排列为同乡网络、朋友网络、同事网络,呈波浪状辐射,形成庞大的社会网络"。[2] 在社会网络里,海外乡亲处在某个网结之上,由于他们具有浓厚的乡土观念,他们往往倾向于为自己的亲友或近邻捐献,学界称之为慈善事业的邻舍效应。"在中国人的传统道德中,做慈善遵循的是圆心定律,即存在着远近与亲疏之分。"[3]由

---

① ［美］林南:《社会资本:关于社会结构与行动的理论》,张磊译,上海人民出版社2005年版,第38页。

② 朱力:《社会学原理》,社会科学文献出版社2003年版,第58页。

③ 郑功成、张奇林、许飞琼:《中华慈善事业》,广东经济出版社1999年版,第100页。

此可见,海内外乡亲互动的次序应该是这样的:直系亲属互动→同宗同族乡亲互动→地缘、业缘群体之间的互动→陌生人之间的互动。直系亲属具有直接的血缘关系,他们的情感更浓更深,海内外乡亲的互动首先发生在血缘群体之间尤其是直系亲属之间,其次才是地缘、业缘群体。因此,在现阶段,要大力促成海内外乡亲之间的互动,侨乡应充分利用血缘、地缘关系,发挥侨眷、侨属的积极性,积极主动地加强与海外乡亲的联系,非侨乡地区要抓住海外乡亲社会互动在当今的发展趋势,创造条件吸引海外乡亲到本地投资、捐赠。

(三) 充分挖掘社会资本,扩大系统网络

美国社会学家林南认为,所谓"社会资本是投资在社会关系中并希望在市场上得到回报的一种资源,是一种镶嵌在社会结构之中并且可以通过有目的的行动来获得或流动的资源"。① 根据这一定义,海外乡亲可以看作是侨乡的社会资本。第一,海外乡亲植根于社会网络或者社会关系中,人们必须遵循其中的规则才能获得行动所需的社会资本。第二,海外乡亲是侨乡能得到回报的资源,回报体现在海外乡亲给侨乡不仅带来侨资等物质资本,还带来人力资本以及声望、信任、规范等社会资本。第三,这种宝贵的资源需要侨乡有目的的行动才可获取。社会资本中的投资、社会资本的获取和动员、社会资本的回报是林南对社会资本理论建构的三个过程。林南认为,工具性行动和情感性行动是获取社会资本两种不同的目的和途径,前者是获得不为行动者拥有的资源,后者则是维持已被行动者拥有的资源。林南认为,个体社会网络的异质性、网络成员的社会地位和个体与网络成员的关系强度决定着个体所拥有的社会资源的数量和质量。"社会资本可分为个人的社会资本、组织的社会资本和共同体的社会资本。"②海外乡亲由于与侨乡联系方式的不同,一般来说,归侨和侨眷侨属与海外乡亲的联系属于个人的社会资本,侨务部门与海外乡亲的联系属于组织的社会资本,侨乡群体成员与海外乡亲的联系属于共同体的社会资本。因此,要使海外乡亲慈善捐赠行为系统良性运行,务必要广泛动员归侨、侨眷、港澳眷属、侨务部门、大众媒体等一切可以动员的力量,加强与海外乡亲的联系,强化和扩大捐赠网络,充分挖掘个人、组织与共同体的社会资本,努力维持人们所拥有的现有资源,尽力争取获得不为人们所拥有的潜在资源。

(四) 创造系统良性运行的外部环境和条件

系统运行的外部环境和条件影响着系统的运行。因此,我们必须要创

---

① ［美］林南:《社会资本:争鸣的范式和实证的检验》,《香港社会学学报》2001 年第 2 期。
② 李惠斌、杨雪冬:《社会资本与社会发展》,社会科学文献出版社 2000 年版,第 37 页。

造海外乡亲慈善捐赠行为系统运行的外部环境和条件。当前,最为重要的是坚持、扩大和深化改革开放,加强我国与世界各国的经济合作、贸易往来与科技文化交流,促进世界和平,推动中国与世界各国的良性互动;充分利用血缘、地缘、业缘等各种关系,充分利用中华传统文化的凝聚力,发挥侨属侨眷、慈善团体、当地政府与大众媒体的积极作用,积极主动地加强与海外乡亲的联系,努力完善捐赠政策,改善投资和捐赠环境,加强对侨捐项目的监管,大力吸引海外乡亲参与侨乡建设。

总之,现阶段要准确定位与海外乡亲捐赠相关的成员角色,提高系统要素的素质,大力促成社会互动,优化系统结构,充分挖掘社会资本,扩大系统网络,着力改善国际关系,完善捐赠政策,努力创造系统良性运行的外部环境和条件,建立一个由政府支持、慈善组织发动和组织、海内外乡亲共同参与的捐赠系统。

本 章 小 结

海外乡亲的慈善捐赠在本质上是一种社会行为。根据德国社会学家马克斯·韦伯社会行为理论,海外乡亲慈善捐赠的行为可以分为四种类型,即目的理性捐赠行为、价值理性捐赠行为、传统捐赠行为、情感捐赠行为。海外乡亲理性慈善捐赠行为是在充分考虑捐赠的目的、达到目的的手段和后果的基础上认真地衡量捐赠对象、仔细地挑选捐赠项目、周密地筹划捐赠过程、定期地预测和检测捐赠效果而采取的一种社会行为。这种慈善捐赠行为从目的理性的立场出发,在利他基础上的利己,体现了功利目的性、手段选择性、操作策划性、效果检测性等特点。有价值理性行为的海外乡亲把捐赠看作是一种信念、一种责任、一项义务,他们往往超越功利,以利他为动机,从人道主义立场出发,为了践行道德责任,实现自身的人生价值而对他人终极关怀,从而很少顾及捐赠的后果。感情捐赠行为实际上是触景生情而产生的一种社会行为,这种捐赠行为以情感为根据。传统捐赠行为是基于约定俗成的习惯而采取的社会行为。

慈善理念和动机是海外乡亲慈善捐赠的先导和内心世界,慈善捐赠是海外乡亲慈善理念与动机的外在表现,海外乡亲的慈善理念与动机支配着其慈善捐赠行为。海外乡亲慈善理念有着深厚的文化渊源,主要出自以仁爱为核心的儒家慈善思想、以劝善为特征的道家慈善思想、以慈悲为特征的佛教慈善思想在内的中国传统慈善文化(有学者在此基础上概括出中国传统"五缘文化"的概念)和以基督教为核心以美国为代表的西方慈善文化。海外乡亲慈善理念是在中西交往过程中形成的以孝亲、仁爱、慈悲、善恶、博爱、人道主义、志愿精神等为主要内容,以爱国主义为核心,以念祖爱乡、敬老爱幼、扶贫济困、乐善好施、赈灾救荒、捐资助学、助残恤孤等为表现形式,涵化中西慈善文化精华的海外乡亲慈善文化,它是海外乡亲慈善责任、民族精神与乡土情结的集中体现。海外乡亲慈善捐赠行为的动因多种多样,引起和维持慈善行为的根本要素和先决条件主要包括主观的内在基础和客观的外在基础。践行慈善责任的为善信念、满足功利主义的心理需求、实现人生价值的思想境界是海外乡亲捐赠的内在动力;社会规范的引导、文化底蕴的支撑、侨务政策的激励、经济实力的增长、群体行为的压力、个体特征的差异是海外乡亲捐赠的外在动因。

　　海外乡亲慈善捐赠行为实际上是一种行为系统,捐赠行为系统内部的各个要素之间、要素与系统之间、系统与其外部环境之间是相互关联、相互影响、相互制约和相互作用。在这个行动系统中,捐赠者、受赠者以及促使捐赠行为发生的媒介是其组成要素。社会政策处于核心地位,它制约着行动系统的组成要素。社会资本(社会网络)是社会互动的平台和载体,社会互动是社会资本(社会网络)形成的条件,与捐赠有关的社会成员处于社会网络的各个支点上,他们是社会互动的主体,扮演着一定的社会角色,其中海外乡亲作为捐赠者处于社会网络的中心。行动系统会随着捐赠阶段和场域变化,在不同的历史时期和捐赠场域下,社会成员角色、社会资本数量、社会网络大小、社会互动内容与形式有所不同,捐赠系统的每一组成要素影响着系统运行,因此,现阶段中国要努力完善捐赠政策,充分挖掘社会资本,大力促成社会互动,准确定位社会成员角色,建立一个由政府支持、慈善组织发动和组织、海内外乡亲共同参与的捐赠系统。

第二章　海外乡亲慈善捐赠的实践探索

广州,作为中国最大的都市侨乡,华侨华人和港澳同胞众多,这一独特优势给广州侨乡带来了巨大的回报。一百多年来,海外乡亲在广州侨乡谱写了爱国爱乡、捐助公益的壮丽史诗,其捐助公益的人数之众,范围之宽,领域之广,项目之多,影响之深,称得上中国慈善史上的奇迹。本章试图在前贤研究的基础上,寻找海外乡亲在广州侨乡的慈善足迹,考察海外乡亲在广州侨乡慈善实践的历程,总结出海外乡亲在广州侨乡慈善实践的规律和特点,并归纳出不同时期不同地域海外乡亲在侨乡慈善事业的差异。

第一节　海外乡亲慈善实践的历史考察

海外乡亲素有乐善好施、情系桑梓的优良传统,他们在广州侨乡的慈善实践历经五个阶段,晚清时期海外乡亲开始回乡创办公益事业,反哺侨乡;民国时期他们在广州侨乡兴办公益事业逐渐形成了一股风气;新中国成立后随着海潮回流高峰的出现,海外乡亲在广州侨乡兴办公益事业掀起了高潮;在“文化大革命”时期他们爱国爱乡的积极性受到一定打击,他们在广州侨乡的慈善事业一度受挫;改革开放后海外乡亲在广州侨乡兴办公益事业达到了历史最高潮。每一个时期海外乡亲在广州侨乡的慈善实践具有不同的特点,呈现出明显的阶段性特征。

一、晚清时期海外乡亲对广州慈善事业的开创(1840—1912)

慈善思想和慈善事业在中国源远流长,官方慈善和民间慈善此消彼长,汉唐时以寺院慈善为特征,宋元时朝廷的官办慈善事业达到鼎盛,明清时民间慈善事业蓬勃发展。“明清时期是中国传统慈善事业中民间慈善组织最为活跃的一个历史阶段。”①尤其到了晚清时期,政府财政拮据,国家权势式微,民间慈善组织更是蓬勃发展,民间社会力量逐渐壮大,民间慈善的兴盛为海外乡亲在侨乡参与慈善事业提供了极好的社会基础。

清朝前期,中国封建政权实行严厉的海禁政策,禁止其臣民出国,视华

---

① 周秋光、曾桂林:《中国慈善简史》,人民出版社 2006 年版,第 178 页。

侨为汉奸、边蠹，对华侨实行迫害。清朝中期，实行有条件出入国境政策，限制华侨出入国境。因此，晚清以前，海外乡亲无法与侨乡保持密切的联系，更谈不上在侨乡从事慈善事业。到晚清时期，清政府对华侨的态度发生根本转变，实行保护和利用华侨政策。先是在1860年，清政府与英法联军签订《北京条约》，承认列强在华招工的合法化，允许华工自由出洋。接着在1868年，与西方列强签订《天津条约》《招工章程条约》《蒲安臣条约》等条约，使华工贸易合法化。1893年，清政府又颁布法令宣布豁除海禁，从此华侨可以自由出入中国。1909年清政府颁布《国籍条例》和《国籍条例细则》，从法律上明确华侨身份，真正确立保护华侨的政策。此后又制定了《鼓励华商兴办实业条例》，吸取侨资，兴办实业。"晚清华侨政策的转变，是一个历史性的转变，它对以后的华侨政策产生了深远的影响。"①从"禁侨""限侨"到"护侨""利侨"，清政府华侨政策的渐进式开放，增强了华侨的民族凝聚力，激发了华侨爱国爱乡的热情，有利于侨资回流中国和侨乡，促进侨乡慈善事业的兴起。据陈达在闽粤侨乡的调查，当时，"我国的官吏与人民，对于海外侨胞，亦渐有好感，因此侨胞回国者渐众，祖国与侨胞的感情亦渐趋浓厚。"②晚清华侨政策的转变，对海外华侨反哺侨乡产生了决定性的影响，另一方面，海外华侨经济实力的增长又为他们返回侨乡从事慈善事业奠定了坚实的物质基础。晚清时期，经过几代人的艰辛创业，许多华侨初步完成了资本原始积累，经济力量相当可观，经济地位日益提高，出现了富甲一方的商人和企业家，从而具备了用资金或技术反哺侨乡的条件。因此，大批华侨回到侨乡，直接促成了侨乡社会的发展和侨乡慈善事业的兴起。

晚清时期，广州的华侨与家乡已建立了正常联系，部分地区出现了大批侨户，侨乡社会初步形成。华侨社会的同乡会、宗亲会等地缘性和血缘性社团发挥了牵线搭桥的作用，它们通过各种形式与家乡建立联系。自美国三藩市的三邑会馆相继组织南番顺3个善堂之后，其他邑侨纷纷效仿，于是各国各地昌后堂相继建立，为邑侨办理各种慈善事业。"其他各地宗亲会也通过属下的善堂兴办各种慈善福利事业与家乡联络。花县花山两龙圩有广惠善堂，由华侨宋荫棠、黄建文等募集华侨捐款及部分地方商户捐款，于光绪六年（1880）建成。花县新华镇有由越南堤岸市侨团'穗城会馆'中的花县同乡捐资兴建的义祠。赤坭圩有义祠，由花县西隅地区旅居南洋侨胞捐

① 韩小林：《论清代华侨政策的演变》，《嘉应大学学报》1995年第3期。
② 陈达：《南洋华侨与闽粤社会》，商务印书馆1938年版，第41页。

资兴建。龙归镇南村有'南村华侨(肇福)赠医局'。番禺市桥和新造均有美国华侨捐建的'敦仁善堂'。"[1]这一时期,晚清政府采取措施振兴华校教育,加大对海外华文教育的扶持。1902年清政府颁布《钦定学堂章程》,1905年成立学部,并制定《报效学费章程》,奖励华侨捐资办学。海外华侨积极响应,他们不仅在侨居地捐资建立了许多新式学堂,还在侨乡捐资兴办侨校。当时广州地区由华侨捐资兴办的侨校有:1882年创办的培英中学,1888年创办的格致书院和培道女子中学,1889年创办的培正中学。这些由华侨创办的侨校,以传授新知识和培养新式人才为目标,直接推动了西学在侨乡的兴起,推动了广州教育的近代化,从而使广州成为近代中国教育最发达的地区之一。

晚清时期是海外乡亲回乡兴办慈善事业的开创时期,这一时期慈善的主体是早期移民,这些早期移民以社会底层民众为主,他们到海外谋生,成为契约华工,生活环境异常恶劣。他们在侨居地遭受排挤,生命、尊严和地位得到不保障,正当权益得不到保护,"海外孤儿"的切身体会使他们救国救民的愿望极为迫切。因而,他们开始尝试用慈善的方式参与侨乡建设,探索中华民族的复兴之路。早期海外乡亲深受中华传统文化影响,他们奉行以孝亲、仁爱、善恶、慈悲为特征的中华传统慈善理念,以爱国主义为核心,在侨乡兴办各种慈善福利事业,采取救助性的传统慈善,他们宗亲观念和故土情结浓厚,慈善范围只局限在本土本村。从慈善动机来看,大多数捐赠者是完全的利他主义,他们心中的慈善责任的为善信念成为了他们捐赠的动力,他们的捐赠既不基于自身利益的考虑,而不是为了获取精神上的慰藉与满足,而是出于道德的驱动,是为了实现对祖国的救亡图存。但也有部分海外乡亲回到侨乡兴办慈善事业,除了利他成分外,或多或少地含有一些功利主义的心理需求,他们希望通过兴办慈善事业得到家乡人民的尊重和认可,从而实现自己的人生价值。他们在广州侨乡的慈善行为最开始时只是个体行为,随着早期移民的慈善习惯和风俗的形成,他们的慈善行为由个体行为逐渐变成了群体的组织行为,他们中的若干个体在捐赠中形成了互动的社会关系,但结成的这一社会关系只是最低限度的社会关系和共同体关系。最低限度的社会关系是海外乡亲两个捐赠主体相互行为的关系,表现形式有夫妻携手、父承子继、宗亲合捐、兄弟联手、翁婿同捐等。之外,海外乡亲慈善活动的主体一般由传统的慈善社团和慈善组织或单独个人开展,以

---

[1]　广州市地方志编纂委员会:《广州市志》卷一八《华侨志穗港澳关系志》,广州出版社1996年版,第75页。

"家族""联谊会""同乡会""宗亲会""校友会"等共同体关系捐赠成为常态,因而,缺乏现代化、专业化的基金会组织的管理和运作,在施舍者与受施舍者之间形成一种人身依附关系。他们以共同体捐赠大多是基于对捐赠对象的情感,把捐赠看作是一项慈善义务,因而这种捐赠是以价值理性捐赠、情感捐赠和传统捐赠为主。海外乡亲在晚清护侨和利侨政策的激励下,在宗亲观念的驱使下,毅然回到侨乡,用他们赤子之心开创了侨乡慈善事业的新局面,促进了侨乡社会的近代转型。

二、民国时期华侨民族主义的高涨与广州慈善事业的 勃兴(1912—1949)

晚清时期,由于侨务政策的影响,华侨社会民族主义已经形成,他们全面认同中华民族,正如庄国土教授所言,"华侨社会的民族主义肇始于清朝末年,其主要内容是对中国社会、文化、政治的全面认同与忠诚,对民族国家的政治认同是其核心"。[①] 辛亥革命发生前后,华侨民族主义更加强烈,他们纷纷捐款支持孙中山进行革命活动,他们的善款成为孙中山开展革命活动经费的主要来源,孙中山对此大加赞赏,"慷慨助饷,多为华侨"[②]据统计,"孙中山先后共部署了10次规模较大的反清武装起义,每次起义所需的费用,大部分是由海外华侨提供的。由于捐款的渠道多,持续的时间长,捐款的货币不同,故整个辛亥革命期间,海外华侨到底捐赠了多少经费,颇难统计,据估计约为七八百万元。"[③]华侨的捐款为辛亥革命的发起和民国的建立奠定了坚实的物质基础。

中华民国建立后,孙中山高度重视和发挥华侨作用,颁布了许多保护华侨的政策法律,1913年颁布《侨务局章程》,1914年又颁布《内政部侨务局保护侨民专章》,从法律上保护侨民权益。民国政府还允许华侨回国参政,鼓励华侨回国投资和兴办公益事业,从而提高了华侨回国兴办公益事业的积极性。

在民族主义的激发和民国政府的鼓励下,广大华侨人心大振,他们纷纷带着"教育救国""实业救国"的思想回到家乡创办实业,兴办公益事业,直接推动了广州侨乡慈善事业的勃兴。民国时期,灾害频发,战乱连年,人民生活在水深火热之中,政府又无力救济,因而民间慈善组织担起救助的时代

① 庄国土:《华侨华人与中国的关系》,广东高等教育出版社2001年版,第207页。
② 孙中山:《中国革命史》,载胡汉民编:《总理全集》第1集下册,上海民智书局1930年版,第923页。
③ 郑民等:《海外赤子——华侨》,人民出版社1985年版,第72页。

重任。"这一时期,无论是慈善团体的数量,还是慈善家群体,在中国慈善事业史上都是首屈一指的。"①海外乡亲在这一时期成为中国民间慈善的主力军,有力地保障和改善了民生。在广州侨乡,许多学校在华侨的资助下得以建立,"到20年代初,广州已有各类新式学校270所,其中公立高等学校5所,在校学生1436名;公立学校94所,在校学生11546名;私立高等学校3所,在校学生393名;新式私立学校168所,在校学生6892名。此外,还有美、英教会团体所办的教会学校18所,在校学生4061名。这些新式学校既是近代物质文明的体现,又是近代精神文明的体现"。② 在此期间,建桥修路成为海外乡亲在广州侨乡慈善的另一主题,"华侨由关心眷属到关心家乡建设,最早表现为修桥铺路办交通。如花县早期旅居巴拿马的华侨张发修、刘培根等人捐资兴建的大坂大桥、白水砌大桥、百子迳河詹屋桥;旅美华侨王杨庆在安运村兴建的安运桥等"。③ 民国时期,华侨还支持广州市镇建设,捐资兴建了一些市镇设施,如1925年筹建的中山纪念堂,1926年筹建的中山图书馆都得到了华侨的捐助。

从中华民国的建立到抗日战争的爆发,海外乡亲在广州侨乡的慈善事业出现了勃兴,"抗战时期,广州的红十字会得到香港同胞的大力支持,经费和药物均依靠华侨和港澳同胞捐助,直到日军侵占香港才中断。"④然而,"迨至日本侵华,国土沦丧,侨汇中断,侨眷拆屋卖儿,侨乡一片凋零。抗战胜利后,侨汇重新疏通,侨乡稍有复苏,但其时国弱民穷,华侨成了'海外孤儿',对家乡的捐献和投资举棋不定,侨乡终于未能恢复昔日的繁荣。"⑤

在辛亥革命和抗日战争中,他们在华侨民族主义的激励下,倾囊相助,即时捐赠,以复兴中华民族的求索精神作为慈善捐赠的动力,以振兴中华、进而谋求人类的福祉作为慈善目标,在慈善实践中他们把以孝亲、仁爱、善恶、慈悲为特征的中华传统的慈善理念与以基督教博爱为核心的西方慈善理念相结合,捐赠的对象突破了家族血缘的界限,捐赠的功能由慈善救助向慈善教育转变,促使广州慈善事业由传统逐步向现代转型。正如学者何兰娟所言,"广州的基督教慈善事业是由西方传教创办的,因此不管是其管理

① 徐麟:《中国慈善事业发展研究》,中国社会出版社2005年版,第39页。
② 赵春晨:《晚清民国时期广州城市近代化略论》,《广东社会科学》2004年第2期。
③ 广州市地方志编纂委员会:《广州市志》卷一八《华侨志穗港澳关系志》,广州出版社1996年版,第103页。
④ 广州市地方志编纂委员会:《广州市志》卷一八《华侨志穗港澳关系志》,广州出版社1996年版,第337页。
⑤ 广州市地方志编纂委员会:《广州市志》卷一八《华侨志穗港澳关系志》,广州出版社1996年版,第74页。

方法还是施善举措,都带有浓厚的近代化色彩。最明显的特点就是各项善举并不只是单纯的救济,而且还注重培养其人格和技能,使其能拥有一技之长,将来出社会之后能自食其力,自谋生活。而广州的传统慈善事业,在基督教慈善事业的影响之下,也逐步具有了近代化的特征。"①

三、新中国成立后海外乡亲的捐赠与广州慈善事业的复兴(1949—1965)

新中国建立后的 30 年,慈善失去了它在社会中应有的位置。然而从 1949 年到 1965 年广州侨乡的慈善事业却是另一番景象,在海外乡亲的带动和参与下广州侨乡的慈善事业得到了复兴。

新中国成立后,百业待兴,国家调动一切积极因素,团结一切可以团结的力量,在华侨政策上保护海外华侨的权益,保护归侨、侨眷利益,团结一切海外力量,采取措施吸引海外华侨回国参与建设。中国人民政治协商会议通过的《共同纲领》第 58 条规定:"中华人民共和国中央人民政府应尽力保护国外华侨的正当权益,保护归侨和侨眷的合法权利和利益。"在华侨政策的指引下,广州市政府也采取积极措施保护海外乡亲的权利和利益,团结广大海外乡亲回乡支持家乡建设,1953 年成立广州市归国华侨联谊会,1954 年成立广州市华侨事务局。国家积极的华侨政策和措施团结了广大海外乡亲,调动了他们建设社会主义的积极性,海外乡亲在中国慈善发展处于异常艰难的时刻,大批回到侨乡捐办公益事业,因而直接导致了新中国成立后第一个"海潮回流"的高峰期。

从新中国成立到"文化大革命"前,海外乡亲参与广州侨乡社会公益事业的领域主要集中在捐资办学、支持家乡生产建设上。在捐资办学上,这一阶段海外乡亲掀起了一个倡办侨教的热潮,他们继续支持原来的华侨学校外,还捐资建立了一些新学校,"'文化大革命'前 17 年,华侨共捐款兴办幼儿园及中小学 10 间。"②这一阶段捐资办学的最高峰是 1957 年到 1966 年。为了进一步鼓励华侨在国内兴办学校,发展文教事业,1957 年 8 月 1 日全国人民代表大会常务委员会第七十八次会议批准、1957 年 8 月 2 日国务院命令公布了《华侨捐资兴办学校办法》,办法第十条明确规定:"华侨捐资办学校,各级人民委员会应该积极鼓励支持,并且予以指导和协助;对于侨

---

① 何兰娟:《清末民国年间(1900—1949)广州的基督教花善事业》,暨南大学 2005 年硕士学位论文。

② 广州年鉴编纂委员会:《广州年鉴(1984)》,广东人民出版社 1984 年版,第 69 页。

校,不得任意停办、接办或者更改校名。"此后,华侨办学的积极性得到了进一步调动,一些侨办学校在华侨的支持下相继建立。到 20 世纪 60 年代,在海外乡亲的支持下,广州侨乡侨办教育取得了明显成效,"已初步形成了一个由华侨高等学校、华侨函授部、华侨中专、华侨补习学校、华侨中小学、华侨农场学校、侨办学校等组成的分布面广、类别齐全的华侨教育系统。"①在支持家乡生产建设上,番禺、增城、花都等郊区成为了海外乡亲支持的重点,尤其在三年经济困难时期海外乡亲支持家乡生产建设达到了最高潮。"1959 年至 1961 年当祖国处在暂时的经济困难时期,广大华侨大力支持祖国人民克服困难。许多侨胞自愿捐款赠物,支援家乡发展生产,如向广州市郊县捐赠进口化肥达 13874 吨,对发展农副业生产起到积极作用。"②海外乡亲的捐赠犹如一场及时雨,滋润着侨乡的生产。

综上所述,新中国成立后,国家百业待兴,新中国及时制定新的侨务政策,以调动海外乡亲回乡兴办公益事业的积极性,因此,海外乡亲捐赠的意向是改变侨乡和中国的落后面貌,振兴中华。新中国成立后,由于教育、生产建设、交通这三个领域极为落后,也亟须改观,所以海外乡亲在广州侨乡的捐赠活动领域主要集中在教育、生产建设和交通上,以满足侨乡的社会需求。相对于晚清和民国时期来说,这一时期捐赠的人数更多,捐赠的热情更高,尤其是海外乡亲在广州捐办的侨办教育形成了完整的华侨教育系统,成效明显。他们的捐赠给当时百业待兴的侨乡注入了一剂兴奋剂,有力地支持了侨乡建设,促进了侨乡慈善事业的复兴和社会的进步。

四、"文化大革命"期间海外乡亲在广州慈善事业的停顿(1966—1976)

"文化大革命"期间,海外关系被看作是"反动的政治关系",③华侨因居住在资本主义国家而被当作"资产阶段"对待。在此期间,侨务机构出现瘫痪。1969 年,华侨事务委员会被撤销,1973 年广州市尽管成立了侨务办公室,但在当时的环境下,侨务工作无法正常开展。在外交上,与东南亚国家的外交关系日益恶化,"到 1969 年,除了越南和老挝仍与中国保持良好的

---

① 王晓莺:《广州百年华侨教育发展的轨迹》,载中国人民政治协商会议广州市委员会文史资料委员会主编:《广州文史第四十六辑》,广东人民出版社 1994 年版,第 131 页。
② 广州市地方志编纂委员会:《广州市志》卷一八《华侨志穗港澳关系志》,广州出版社 1996 年版,第 6 页。
③ 范可:《海外关系和闽南侨乡的民间传统复兴》,载杨学嶙、庄国土主编:《改革开放和福建华侨华人》,厦门大学出版社 1999 年版,第 156—157 页。

关系之外,在和中国有外交关系的另三个东南亚国家之中,印尼断绝了与中国的外交关系,中柬关系十分紧张,中缅关系破裂。"①中国与大部分东南亚国家日益恶化的外交关系阻断了海外乡亲与侨乡的正常联系,而国内华侨政策又严重影响了海外乡亲"爱国爱乡,造福桑梓"的积极性,因此,在"文化大革命"期间,海外乡亲在广州侨乡的慈善事业基本上处于停顿状态。

五、改革开放后海外乡亲在广州慈善实践的高潮(1978—   )

20 世纪七八十年代,国际国内形势发生重大变化。国际上,很多国家与中国改善了关系,对华侨华人政策做出了调整,海外华侨华人的生存环境逐渐得到改善。在中国国内,1978 年中国召开了十一届三中全会,会议把党和国家工作的重点转移到经济建设上来,并作出了实行改革开放的伟大决策。与此同时,海外乡亲经济实力增长,数量显著增加,其地位也日益重要,基于此,国家主动调整了华侨华人政策。华侨华人政策总的指导方针是:"保护华侨正当权益;发扬爱祖国爱故乡传统;鼓励华侨自愿加入当地国籍;为促进所在国经济繁荣以及祖国和所在国的合作与交流发挥作用。实际操作中,保护华侨权益,动员华侨华人经济力量在互利条件下推动中国的经济建设,是贯彻始终的重点。"②在侨务政策指导方针的引领下,广州侨务工作观念和思路发生了重大变化,开始由忽视华侨的作用向重视华侨的作用转变。

随着各国华侨华人政策环境日益宽松,随着中国国际地位的提高以及中国侨务政策的转变,"改革开放以来华侨华人恢复了与中国的各方面联系,与中国的关系在各方面都取得了良性互动。华侨华人对中国的发展更加关注,并更为积极活跃地参与到中国的发展中来,'合作双赢'成为华侨华人与中国关系的主旋律。"③改革开放后海外乡亲与中国关系的良性互动直接促进了海外乡亲在广州侨乡慈善事业的良性发展。据广州市普查统计,改革开放后至 2006 年底,华侨港澳同胞捐献给广州地区的款物折合人民币达 36 亿多元。④ 具体见图 2-1。

据图 2-1 可知,教育捐赠数额最大,所占比例最多,达到了 34.62%,工农业生产捐赠金额占总额的 14.48%,医疗卫生捐赠金额占总额的

---

① 郑甫弘:《文革时期中国的海外华侨政策》,《南洋问题研究》1996 年第 2 期。
② 庄国土:《新时期中国政府对海外华侨华人的政策》,《南洋问题研究》1996 年第 2 期。
③ 张秀明:《改革开放以来侨务政策的演变及华侨华人与中国的互动》,《华侨华人历史研究》2008 年第 3 期。
④ 资料来源:广州市侨务办。

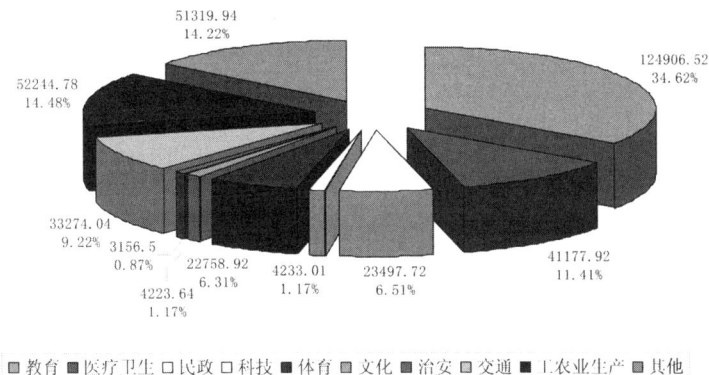

51319.94
14.22%

124906.52
34.62%

52244.78
14.48%

33274.04
9.22%　3156.5
0.87%　　22758.92
6.31%

4223.64
1.17%

4233.01
1.17%

23497.72
6.51%

41177.92
11.41%

■教育 ■医疗卫生 □民政 □科技 ■体育 ■文化 □治安 □交通 ■工农业生产 □其他

图 2-1:广州地区华侨华人港澳同胞捐赠项目分类统计图(单位:万元)

资料来源:广州市侨务办。

11.41%。这表明教育、工农业生产、医疗卫生是海外乡亲捐赠的重点领域。

改革开放后海外乡亲对广州侨乡的捐赠分为两个阶段,第一个阶段从
1978 年到 1992 年,是海外乡亲捐赠的恢复和发展时期,第二阶段是 1992
年以后,是海外乡亲捐赠的迅速增长时期。每一个阶段内有低潮,也有高
潮,但总体上呈螺旋式的上升趋势。见图 2-2。

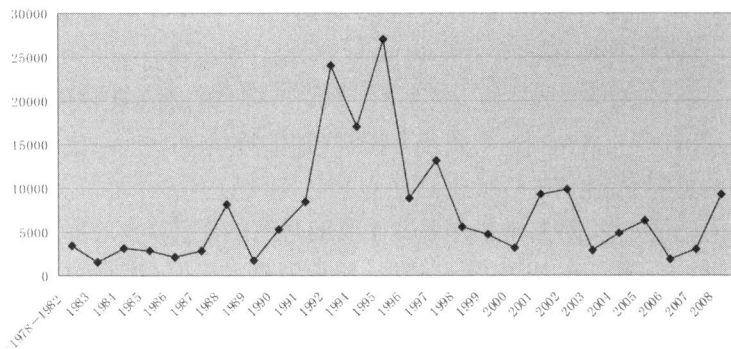

图 2-2:改革开放后海外乡亲对广州市捐赠趋势图(单位:万元)

资料来源:1978—1995 年侨捐数据来自广州年鉴 1984—1996 年、1996—2008 年侨捐数据来自广东省
华侨捐赠管理系统。说明:广州市总的侨捐数据是广州市侨务办根据各区侨务办上报的数
据综合而成,各区侨务办上报广州市侨务办的数据只是一个大概的总数,由于有的侨捐项
目已经报废,有的侨捐项目没有及时造册登记,有的侨捐项目已登记但没有录入侨捐管理
系统,所以目前已经录入侨捐管理系统的历年数据和总数据少于广州市总的侨捐数据。

从 1978 年到 1992 年,我国的侨务工作主要是落实侨务政策,纠正历史
错误,在此基础上,促进华侨华人与中国的合作,在侨捐领域主要是建立侨

捐管理法规,加强对华侨华人、港澳同胞捐赠的管理,恢复他们捐赠的信心。在这一方针指导下,从1978年到1989年国务院及有关部门共颁布了14个涉及侨捐的法规文件,这一系列的侨捐法规和文件的出台恢复了海外乡亲捐赠的信心,为他们在侨乡的捐赠定下了基调。据图2-2可知,从1978年到1986年,海外乡亲在广州侨乡的捐赠金额趋势是稳中有升,但起伏不大。"1978—1986年,全市接受捐赠累计为人民币1.4亿元,其中用于建桥的有3000多万元;用于建医院或购置医疗设备的有900多万元;用于办学的有1800万元。"①1987—1992年海外乡亲在广州侨乡捐赠金额的趋势是大幅度上升,在1987年、1988年甚至出现了捐赠的一个高峰期。"华侨及港澳同胞捐款、捐物支援广州市工农业生产及兴办公益事业,折合人民币2902万元,比上年增长35.98%"。② 在侨务政策的激励下,1988年,海外乡亲捐赠的热情继续高涨,"自愿捐赠折款8146万元,为我市改革开放十年来捐赠额最多的一年。"③尽管1989年海外乡亲的捐赠有所回落,但这只是暂时的,并不影响捐赠总的趋势的上升,到1991年达到了8478万元,超过了1988年。

改革开放初期,侨乡最紧缺的是学校、医院、道路和桥梁,因此,这一阶段海外乡亲的捐赠紧跟侨乡人民的需求,捐赠重点是生产建设、文教卫生和建桥修路,以捐赠建筑物、设备和物资等硬件设施为主。据统计,1978—1989年广州市接受的海外乡亲总的捐赠中,"其中生产资料、设备占31.1%,文教卫生占25.6%,建桥修路占25.1%,文化体育占4.9%,福利事业占4.3%,科研占0.3%,其他占8.7%。"④这一阶段,老一代华侨华人起了带头和示范作用,最先到达广州侨乡投资和捐赠的是那些老一代华侨华人,在他们的熏陶下,他们的后代逐渐建立起与侨乡的感情。老一代华侨华人对家乡的感情非常浓厚,他们捐赠最主要的目的是希冀家乡的富强,也含有荣归故里、光宗耀祖的初衷,所以,这一阶段海外乡亲明显带有捐赠本乡本里倾向。

1992年,中国改革开放和现代化建设进入了新的阶段。这一阶段中国侨务政策的重心是大力推进华侨华人与中国在经济、科技等领域的合作,采取措施吸引华侨华人参与中国经济建设,在慈善领域鼓励海外华侨华人参与中国的公益事业,保护他们的合法权益。在侨务政策的鼓励下,从1992

①　广州年鉴编纂委员会:《广州年鉴(1987)》,广东人民出版社1987年版,第86页。
②　广州年鉴编纂委员会:《广州年鉴(1988)》,广东人民出版社1988年版,第64页。
③　广州年鉴编纂委员会:《广州年鉴(1989)》,广东人民出版社1989年版,第626页。
④　广州年鉴编纂委员会:《广州年鉴(1990)》,广东人民出版社1990年版,第99页。

年到 1995 年海外乡亲的捐赠出现了历史最高峰，"其中 1992 年为 2.4 亿元，是改革开放以来最多的一年"。① 1994 年也有 1.7 亿元之多，最多是 1995 年，"1995 年，全市由侨务部门引介已签订的合同金额为 4.5 亿元人民币。其中为广州艺术博物院、广州慈善会、市教育基金会等筹款共 8000 万港元。全市接受华侨、华人、港澳同胞捐赠 2.7 亿港元，比上年增加 1 亿港元，为改革开放以来接受捐赠额最高的一年。"② 1996—2000 年海外乡亲的捐赠稍微有所回落，但这一次的回落也预示着下一次高潮的到来。1997 年，为保护华侨捐赠兴办公益事业的正当权益，加强受赠管理，广东省人大常委会发布《广东省华侨捐赠兴办公益事业管理条例》。1999 年，第九届全国人民代表大会常务委员会第十次会议通过《中华人民共和国公益事业捐赠法》，以鼓励和规范捐赠，保护捐赠人、受赠人和受益人的合法权益，极大地调动捐赠者的积极性。进入 21 世纪后，海外乡亲对广州侨乡的捐赠的热情再次高涨，到 2006 年底，海外乡亲捐赠达 36 亿多元，成为广东省捐赠较多的地区之一。

综上所述，海外乡亲在广州侨乡的慈善实践历经五个阶段，时间长，金额多，作用大。与改革开放前相比，改革开放后，国家以经济建设为中心，逐步向富强、民主、文明的现代化国家迈进，因此，海外乡亲捐赠的意向是促进侨乡和中国的现代化，进而增进中国人民的幸福，谋求全人类的福祉。这一时期，海外乡亲捐赠的主体逐渐由老移民向第二代、第三代移民和改革开放后出国的新移民转变。老移民大多信仰儒教、道教和佛教，对海外乡亲影响深远的慈善理念当是孝亲理念和仁爱理念，孝亲理念使他们形成了念祖爱乡、尊老爱幼、父慈子孝、兄友弟恭的传统美德，仁爱理念使他们由血缘亲族之爱扩展至对他人、群体乃至全人类之爱，因而他们慈善的地域突破祖籍地界限，由祖籍地扩展为非祖籍地。他们有的讲究因缘果报，奉行慈悲喜舍，他们在侨乡兴办公益事业，企图积善积德，以求得到善的回报。有的相信善恶报应，在实践中行善布施，博济众生，将善恶报应理念实践化、世俗化。改革开放后，随着大陆新移民的增多，在海外越来越多的华侨华人，把西方的慈善理念实践于中国的侨乡，在慈善实践中，他们奉行博爱、志愿精神等理念，实行即时捐赠。改革开放后，第二代、第三代海外乡亲逐渐从他们的父辈手中接管了企业和家族事务，由于他们的财富是建立在知识的基础上，因而，他们更懂得慈善的安全性，慈善捐赠更为理

① 广州年鉴编纂委员会：《广州年鉴（1993）》，广东人民出版社 1993 年版，第 88 页。
② 广州年鉴编纂委员会：《广州年鉴（1996）》，广东人民出版社 1996 年版，第 117 页。

性,更注重慈善捐赠的效果、效益和效率,注重捐赠项目的发展问题和慈善投资的回报问题。尽管这一时期他们在广州的慈善实践虽含有福利性慈善,如乐善好施、扶贫济困、敬老爱幼、助残恤孤、赈灾救荒等,但公益性慈善已成为海外乡亲慈善的主旋律。老移民的后代及新移民更加注重"造血"式捐赠,捐赠的内容由硬件设施为主逐渐转向软件设施为主。无论是老移民,还是老移民的后代和新移民,他们从事慈善事业的理念、经验以及慈善精神始终贯穿于他们在侨乡慈善实践的全过程,因此,考察他们在侨乡慈善实践发展的历程,探讨他们在侨乡慈善事业的规律,吸取他们慈善事业的理念和经验,对发展我国的慈善事业无疑会具有一定的借鉴和促进作用。

第二节　海外乡亲的捐赠与广州教育、文化体育事业的发展

我国教育家顾明远教授认为:"教育现代化就是指传统教育向现代教育转化的过程。"[①]教育现代化是人的现代化和社会现代化的重要途径。捐款办学,扶掖后代是海外乡亲的优良传统,他们在家乡进行教育文化捐赠,与他们形成的中华传统文化的认同意识、教育兴国的强烈愿望、念祖爱乡的宗亲观念和故土情结密不可分。海外乡亲由于长期生活在海外,他们接触和掌握了世界上先进的教育理念,回到侨乡后,他们在物质层面上捐资办学,大大地改善了侨乡办学条件,促进了侨乡教育水平的现代化;他们在制度层面上捐资支持侨乡改革教育投入机制,并直接参与侨乡教育宏观管理体制的改革,推动了侨乡教育体制机制的创新和教育治理的现代化,为全国教育治理现代化的进行提供了广州经验和广州模式;在人的现代化方面,他们"以人的发展为中心",引进先进教育理念,变革教育观念,在全国率先引领了兴办教育事业的风气,促进了侨乡民众素质的提高和社会风貌的改观,对广州乃至全国的教育产生了深远的影响。

一、海外乡亲教育文化捐赠的道德心理

海外乡亲向来热爱祖国,关心家乡建设,热心兴办教育事业。捐款办学,扶掖后代是他们的优良传统。他们在家乡进行教育文化捐赠,主要与他

---

① 顾明远:《关于教育现代化的若干问题》,载郝克明主编:《面向 21 世纪我的教育观》综合卷,广东教育出版社 1999 年版。

们形成的中华传统文化的认同意识、教育兴国的强烈愿望、念祖爱乡的宗亲观念和故土情结密不可分。

（一）中华传统文化的认同意识

海外乡亲对侨乡文化教育的捐赠是建立在他们对中华优秀传统文化认同基础上的。海外乡亲对中国传统文化基本价值的认同主要表现在以下几个方面：一是对以土地为基础的人生本位价值的认同。中国的传统社会在价值观上强调"土地崇拜""安息于土地""安土重迁"，正所谓"天地者，生之本也"①，"天地之生万物也，以养人"②。可见，人们对土地产生了一种严重的依赖和眷念心理，并由这种心理扩展衍生成一种浓厚的地缘意识和宗亲观念，这种文化价值取向逐渐成为自古以来炎黄子孙眷恋故乡、热爱故土和关心乡亲的重要源泉。海外乡亲到海外谋生和安家，即便远离家乡，但他们仍然保持着与故乡故土从情感到物质的关联，这种既"走"又"守"的移民心态对安土重迁作出了新的注解，使"安土重迁"与"移民发展"这一双看似对立的人生取向，在中国人对于"家"和"家乡"之浓厚情感与执着认同的基础上，获得了统一。③ 他们回到自己的故土捐资办学正是他们对以土地为基础的人生本位价值的认同的体现。二是对以家庭为基础的群体本位价值的认同。中国人的社会组织是在家庭基础上的以伦理组构的社会，在传统中国社会，由于生产力水平低，依靠个人的力量耕种土地和收获作物往往显得异常艰难，因此务必以持久而稳定的小团体作为运作的单位。"最能持久而稳定的小团体当然是以血统为基础的家族，于是以家族的维护、和谐及团结乃成为最重要的事情，进而自易形成以个人为轻家族为重的集体主义（collectivism），而且，由于家族是经济与社会生活的核心，因而易于将其它团体也以家族视之，将其内的人际关系加以家庭化，此即形成所谓家族主义（familism）。"④家族主义强调光宗耀祖，提倡孝亲忠国，正所谓"先祖者，类之本也"⑤"君子之事亲孝，故忠可移于君；事兄梯，故顺可移于长，居家理，故治可移于君"。⑥ 海外乡亲以家族观念为核心，以家族的延续、和谐、团结与荣盛为己任，"从更特殊的层次来看，任何华人的关系纽带都必须从广泛的家庭关系开始，因为这是华人生意和社会结构的基础，家族血统的延续和

---

①　荀况：《荀子·礼论》，中华书局 2007 年版。
②　董仲舒：《春秋繁露·服制象》，中华书局 2011 年版。
③　李明欢：《海外华人移民的现代篇》，《读书》2009 年第 8 期。
④　杨国枢：《中国人的性格与行为：形成及蜕变》，《中华心理学刊》1981 年第 1 期。
⑤　荀况：《荀子·礼论》，中华书局 2007 年版。
⑥　《孝经·广扬名》，中华书局 2007 年版。

光宗耀祖的愿望被视为华人企业家精神的核心。"①可见,以家庭为基础的群体本位价值有利于亲情的延续和文化的传承,有利于家族和民族凝聚力的增强。三是对以伦理为基础的道德本位价值的认同。中国传统文化非常注重伦理关系及其道德规范,正所谓"大学之道,在明明德,在亲民,在止于至善"②,"有德此有人,有人此有土,有土此有财,有财此有用。德者本也,财者末也"③。从这种价值取向出发,中国传统文化非常强调仁、义、礼、智、信。"中国文化传统习惯于从关系中去体认一切,把人看成群体的分子,不是个体,而是角色,得出人是具有群体生存需要、有伦理道德自觉的互动个体的结论,并把仁爱、正义、宽容、和谐、义务、贡献纳入这种认识中,认为每个人都是他所属关系的派生物,他的命运同群体息息相关。"④这种以伦理为基础的道德本位价值取向有利于促进人际关系的和谐,增强中华民族成员之间的亲和力和凝聚力,从而对海外乡亲产生了深远的影响。"天涯若比邻""四海皆兄弟""手足情,同胞亲",海外乡亲在日常生活中形成了念祖爱乡、尊老爱幼、守望相助、父慈子孝、兄友弟恭的传统美德,他们把家庭取向、乡土意识与强烈的爱国主义精神融合在一起,把祖国的命运与自己的命运联系在一起。海外乡亲之所以回到故土捐资办学,是因为他们认为自己的命运与祖国的命运息息相关,只有通过兴办教育改变故土的面貌,才能促进祖国的强盛。

(二) 教育兴国的强烈愿望

教育事业的发展直接关系到一个国家的人才培养,关系到全社会的文明进步,及至影响一个国家的繁荣昌盛。教育兴国兴乡思想,既是海外乡亲的深刻体会,又是他们振兴中华的强烈愿望。海外乡亲早年因生活所迫背井离乡到海外谋生,到达异乡后由于他们大多数没有文化,他们生活异常艰辛,还经常饱受欺凌。他们所处的外部环境使他们深刻认识到他们的命运与祖国的强盛息息相关,于是他们渴望祖国的强盛与民族的振兴,渴望通过兴办教育来振兴中华,尤其是当他们耳濡目染西方教育的发达,他们心中那股教育强国的强烈愿望油然而生。如广州市荣誉市民何添之所以乐意捐资办教育,"并不是要为自己树碑立传,而是因为他苦涩的童年因家庭不佳而中途辍学,出来帮助家庭生活,饱受了文化根基浅薄之苦。在人生道路、在

①　Steven Harrell,"Why Do the Chinese Work So Hard? Reflections on an Entrepreneurial Ethic", *Modern China*,No.2(1985),pp.203-226.

②　曾参:《大学》。

③　曾参:《大学》。

④　庞朴:《中国文化的人文精神》,《光明日报》1986年1月6日。

商海、在市场、在金融界,他虽然取得了成功,但以比同龄人付出了多几倍努力、多几分心血、多几分汗水。因而他不希望家乡子弟再重复他过去的老路,再受这遭罪。于是立下决心,继承何氏家训,只要有钱,只要家乡需要,他就支持,他就乐意捐助,自愿解囊。因为他希望他的家乡富裕、兴旺,希望他的乡亲子弟个个有出息,都成为建设现代化的有用之才。这就是他的初衷、他的心愿,几十年的风雨都没有改变,而且越加迫切越加行动频繁。"①另一广州市荣誉市民林赖元芳女士对教育兴国的感触至深:"只有培养后一辈,国家的兴盛才有希望。"②兴办教育,提高人民的文化素质,是他们选择为国效力的一条重要途径。因此,海外乡亲在自己的故土捐资办学,既表示他们对生养自己的故土的一片赤子之心,又表示他们振兴中华的强烈愿望。

（三）念祖爱乡的宗亲观念和故土情结

念祖爱乡是中国海外乡亲的优良传统和文化自觉,也是中华民族凝聚力的重要表现。宗亲观念和故土情结是海外乡亲在广州侨乡兴办教育的内在动力。早期海外乡亲,远涉重洋到异地谋生,由于是自发的民间活动,无法得到祖籍国的保护和居住地的保障,生活异常艰辛。为了在异地谋生存、求发展,他们往往要依赖亲友及乡亲们的扶持,于是他们就以血缘关系、地缘认同为基础建立起亲缘性和地缘性社团组织,在共同的生活中大家守望相助,相互鼓励,相互支持。亲缘性社团组织常以姓氏为单位,先是小规模的同血缘或同乡中的同姓,后联合起来以同姓同宗为基础成立宗族总会或联合会馆,最后发展为联姓联宗的宗亲组织,"以同姓不同血支合成的或拟制血缘关系的组织却得到长足的发展"③。宗亲观念成为了一根纽带,把海外乡亲与家族的兴盛、家乡的发展紧紧联系在一起。广州市荣誉市民彭磷基的父亲彭国仪时时叮嘱彭磷基不忘故土。当他在香港病重弥留之际,还抓着彭磷基的手说:"钟村是我们的家乡,我们的祖祖辈辈都埋骨于钟村地下。所以只要能够发展,你首先要想起钟村。纵使钟村的条件比别处差一些,你也要返回钟村投资……"④宗亲观念和故土情结紧紧地把海外乡亲的心扎根在中国的侨乡。海外乡亲的宗亲观念和故土情结又与爱国主义紧密结合在一起,"在中国传统文化里,家庭取向、乡土归属与乡土意识常常与强烈的爱国主义精神融合在一起。中国人家国一体,国是家的放大,忠是孝

---

① 黎子流、黄伟宁:《广州市荣誉市民传》第一卷,广东人民出版社 1994 年版,第 75 页。
② 黎子流、黄伟宁:《广州市荣誉市民传》第一卷,广东人民出版社 1994 年版,第 247 页。
③ 杨国祯:《明清中国沿海社会与海外移民》,高等教育出版社 1997 年版,第 130 页。
④ 黎子流、黄伟宁:《广州市荣誉市民传》第一卷,广东人民出版社 1994 年版,第 216 页。

的延伸。因此,中国人对家的眷恋、对故土的热爱从来都与对国家的忠诚和热爱相一致。正是这种强烈的乡土与民族意识,使侨胞将祖国的命运与自己的命运联系在一起。"①海外乡亲回乡捐资办学,通过兴办教育,促进侨乡教育的现代化,最终来实现祖国的强盛。实质上就是他们将宗亲观念和故土情结与爱国主义完美结合的表现。

二、教育现代化与人的现代化:海外乡亲在广州兴办教育的思想与实践

教育现代化包含物质层面、制度层面、观念层面等三个层面的现代化。"所谓物质层面即教育在数量、规模上的发展以及办学条件、校舍、设备、技术手段、教育手段、教育经费等方面的先进程度;制度层面即在学制设定和教育管理等方面的进步;观念层面即教育价值、教育思想、教育观念等方面的现代化。"②海外乡亲是广州教育现代化的导航者、推动者和实践者,改革开放后他们将海外许多可借鉴的教育制度、理念和资金输入侨乡,与侨乡的教育实践紧密结合,有力地推动了侨乡教育的改革,大大地促进了广州教育现代化与人的现代化,对广州乃至全国的教育改革和发展产生了深远的影响。

(一) 物的现代化:海外乡亲的捐助与广州办学条件的改善

改善办学条件是教育现代化的一个重要标识,而海外乡亲对广州侨乡教育现代化的贡献主要体现在物质的投入。"物质层面的发展意味着教育物质技术基础和办学条件的根本改善,从而为教育的大众化和普及提供条件。科学技术从教育应用的广度和深度看是教育物质技术改善的集中标志。也就是说,办学条件的改善是教育现代化的一个重要标识。"③

改革开放以后,海外乡亲在广州侨乡捐办教育的投入在稳步上升。具体见图 2-3。

据图 2-3 可知,在这段时间内,出现了两个办学高峰。一是 1991 年到 1995 年。这主要是由于 1992 年后我国改革开放和现代化建设进入了新的阶段,广州市政府先后制定了一系列捐赠的激励措施,在此背景下,海外乡亲捐资办学热情空前高涨。据不完全统计,在 1991—1995 年,海外乡亲捐

---

① 马至融、姜清波:《海潮回流:海外华侨与广东改革开放》,暨南大学出版社 2008 年版,第 86 页。

② 王焕之:《教育现代化的微观层面探析》,《北京教育》2002 年第 8 期。

③ 蔡苏龙:《侨乡社会转型与华侨华人的推动:以泉州为中心的历史考察》,天津古籍出版社 2006 年版,第 207 页。

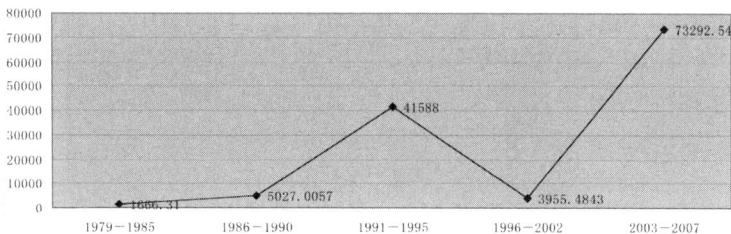

图 2-3：改革开放以来海外乡亲在广州捐资办学趋势图（单位：万元）

资料来源：广州年鉴编纂委员会：《广州年鉴(1987)》，广东人民出版社 1987 年版，第 379 页；广州年鉴编纂委员会：《广州年鉴(1991)》，广东人民出版社 1991 年版，第 465 页；广州市人民政府侨务办公室：《广州侨务与侨界人物》，广州出版社 2000 年版，第 123 页。

款捐物比"七五"计划期间增长 5.8 倍，全市有 346 所大中小学及幼儿园和基金会受益。① 另一个高峰期是 2003 年以后。2003 年广州市提出教育强市的目标，2005 年广东省人民政府制定了《广东省华侨捐赠公益事业项目监督管理办法》，上述措施的实行进一步激发了海外乡亲教育捐赠的热情，教育捐赠的数额和规模进一步扩大，兴建学校的数量大大增加。据不完全统计，改革开放以来至 2009 年 4 月中国海外乡亲捐赠学校项目总数为 1271 项，捐赠金额为 149806.484 万元人民币，具体见图 2-4：

在这一时期，中国海外乡亲捐资支持广州侨乡教育事业主要方式是捐资创办或者捐资助建新的学校和校舍，改善办学条件。"改革开放初期，走进农村，看到的最漂亮的建筑物不是私人住房，也不是政府办公楼，一定是学校。20 世纪 80 年代中期，农村中小学得到海外华侨的大笔捐资，已经改变了多年来狭窄简陋的环境，基本实现了楼房化、规模化。1986 年至 1990 年的 5 年间，新建的校舍就占了一半，尤其是侨乡新建校舍林立，一乡多校，甚至一村一校屡见不鲜。"②海外乡亲在捐建校舍的同时，他们更注意进行教学配套设施的建设。从捐建学校单个工程项目到捐建整所学校，从捐建校舍到捐建现代化教学设备和校办产业，从捐赠教学设施到师生的生活设施，从配置常规的教学设备到引进电化教学仪器，从一次性捐资办学到设立教育基金永久性支持教育的发展，从捐资办学到创业办学，项目众多，形式多样。

---

① 张琦：《捐资办学：点点滴滴涓涓绵绵脉脉盈盈切切》，2007 年 11 月 12 日，见 http://www.gzlib.gov.cn/shequ_info/ndgz/NDGZDetail.do？id=208826。

② 张琦：《捐资办学：点点滴滴涓涓绵绵脉脉盈盈切切》，2007 年 11 月 12 日，见 http://www.gzlib.gov.cn/shequ_info/ndgz/NDGZDetail.do？id=208826。

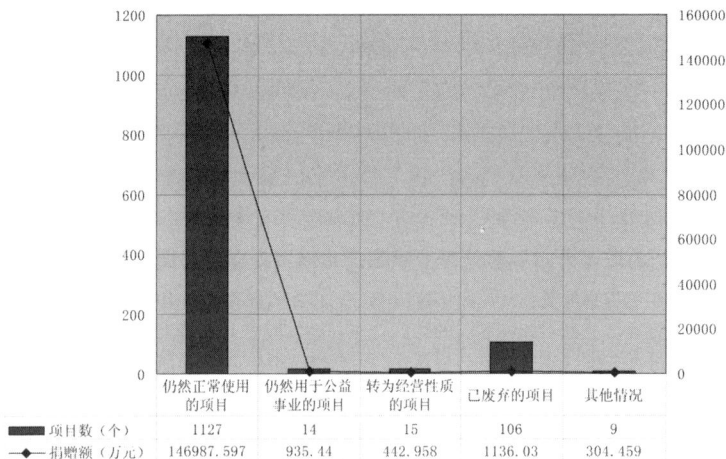

	仍然正常使用的项目	仍然用于公益事业的项目	转为经营性质的项目	已废弃的项目	其他情况
■ 项目数（个）	1127	14	15	106	9
◆ 捐赠额（万元）	146987.597	935.44	442.958	1136.03	304.459

图 2-4：海外乡亲在广州捐赠学校项目统计表（1978—2009）

资料来源：广州市侨务办。

（二）教育治理的现代化：海外乡亲的捐赠与广州教育体制机制的创新

教育现代化是国家现代化的基石，教育治理现代化（包括教育治理体系和治理能力现代化）是实现教育现代化的核心目标和重要保障，而教育体制机制是决定教育治理体系现代化水平的关键性构成要素。因此，实行教育体制机制改革，创新教育投入机制和教育宏观管理体制成为国家和地方政府进行教育改革的重要任务。

教育投入机制的创新需要国家的顶层规划，更需要地方自下而上地尝试和探索，打破制度壁垒，拓宽筹资渠道，实现社会力量合理参与办学，形成全社会多主体参与教育治理的互生机制。广州，作为中国改革开放的前沿阵地，借助侨务资源，率先在全国实行教育投入机制的创新。改革开放之初，我国的教育经费来源是单一的国家拨款。1980 年，国家提出"国家解决一点，集体筹集一点，群众捐献一点"的集资原则来筹集教育资金。1983 年，广州市委、市人民政府就提出广开学路，加快教育事业的发展，在教育资金的筹集上实行国家办学与群众办学相结合，鼓励人民群众、华侨和港澳同胞集资、捐资办学。1985 年中共中央作出了《关于教育体制改革的决定》，提倡教育经费筹集的多样化，鼓励华侨华人、港澳同胞捐资。1987 年，国家教育委员会发出《关于社会力量办学的若干暂定规定》，同年 8 月，广州市人民政府就制订了《广州市社会力量办学管理的暂行规定》，详细规定了社会力量办学在市成人教育局统一管理下实行分级分类管理的具体办法。广州积极利用海外乡亲等社会力量投资教育,海外乡亲的捐资弥补了政府教育投入的不足,开辟了广州社会力量办学的新途径,从而为广州教育质量的提升打下了坚实的物质基础。具体见表2-1:

表2-1:改革开放后广州的教育投入与海外乡亲的捐资情况表

时间	广州教育实施目标	教育总投入与海外乡亲的捐资	取得的成绩
1986—1990	普及九年制义务教育	市属4县、新4区和海珠区新滘镇投入"普九"的资金达3.5亿元,其中市政府投入占25.4%,区、县投入33.5%,群众集资、港澳华侨同胞捐资占41.1%	全地区于1990年实现了普及九年制义务教育,小学毕业生升初中比例从1987年的85.75%提高到1992年的98.57%。新办中学66所,新建校舍面积100多万平方米,相当于1949年至1987年总和的1.45倍。老市区于1990年基本普及了高中阶段教育,初中毕业生升学比例达90%以上
1991—2000	普及高中教育	华侨、港澳同胞捐资办学最高峰时期是1991—1995年,捐款捐物折合4.1588亿元(包括直接捐赠),比"七五"计划期间增长5.8倍,全市有346所大中小学及幼儿园和基金会受益	至2000年普及了高中阶段教育,普通高考连续多年居于广东省领先地位,教育信息化等多项工作走在了广东省甚至全国的前列
2003—2007	创建省教育强市	2005—2007年,广州市创建省教育强市总投资约12.5亿元,其中广州市下拨创建教育强市专项资金约3.1亿元,市、镇两级政府自筹资金9.4亿元。2003—2007广州市教育创强的五年间,海外乡亲共捐赠广州教育73292.56万元,支持广州的教育事业	至2007年12月中旬,广州市12个区已100%成为广东省教育强区,36个镇有34个镇成为广东省教育强镇,其中17个中心镇100%创建成为广东省教育强镇。2007年12月21日广州市顺利通过省教育强市督导验收

资料来源:广州市地方志编纂委员会:《广州市志》卷一四《教育志》,广州出版社1999年版,第75页;《1993年广州市政府工作报告》,见 http://www.gz.gov.cn/vfs/content/content2.jsp? contentId=134077;张琦:《捐资办学:点点滴滴涓涓绵绵脉脉盈盈切切》,2007年11月12日,见 http://www.gzlib.gov.cn/shequ_info/ndgz/NDGZDetail.do? id=208826;《我市教育实现跨越式发展》,2007年12月7日,见 http://www.zcst.gov.cn/contents/276/28299.html;广州市侨务办;创强办:《五年创强路 今朝终梦圆——广州市顺利通过省教育强市督导验收》,2007年12月21日,见 http://cqb.gzedu.gov.cn/content.jsp? ShowID=1398&pg=1&Name。

　　海外乡亲是国家之外社会办学力量的主体,是教育领域的第三种力量。"教育领域第三种力量是非公非私、介于政府与市场之外的一种不以营利为目的而致力于教育发展的社会力量。一般来说,凡是不从办学盈余中获取私利而捐献资金、教学设备、学习用品或无偿提供办学设施、贷款以及奖学金、实习场所甚至是咨询以及教育研究等服务的个人、企业、民间社会团体、基金会、慈善机构、宗教组织、研究机构或其他非营利组织均可归入教育领域的第三种力量。"①海外乡亲不以营利为目的,出于道德力量捐赠广州教育,有力地促进了广州教育投入体制的变革。

　　创新教育宏观管理体制也是创新教育体制机制的重要方面。教育宏观管理体制的创新关键是做好教育制度安排,"教育制度安排要从根本上体现广大人民群众的意志和主体地位,人民群众可以通过多种渠道直接或间接地参与决策、执行和监督教育治理的全过程。要理顺政府和社会、学校的关系,转变政府职能,实现管办评分离,克服政府对学校管理的行政化倾向;教育民主还要向社会延伸,学校要在扩大社会合作中让社会参与管理,获得社会的支持,接受社会的监督"②。广州在教育宏观管理体制创新的过程中,直接让海外乡亲参与教育管理,监督办学。在海外乡亲捐建的许多侨校中设立校董会,实行校董事会领导下的校长负责制,加强学校的管理和监督,设立基金会,筹集办学资金。校长定期向董事会报告工作,听取他们的意见和建议。暨南大学、广东工学院隆辉分院、仲恺农业技术学院、培英中学等校都成立了董事会。下面以暨南大学为例,具体阐述海外乡亲参与广州教育宏观管理体制的创新。暨南大学是国家创办的第一所华侨学校,也是最早设立校董会的学校之一。1922 年成立暨南学校校董会。1958 年暨南大学在广州重建,1963 年成立了暨南大学董事会。1978 年暨南大学复办后,召开了第一届董事会第一次会议,通过了暨南大学董事会章程,聘请海外侨胞、港澳同胞中的知名人士和国内热心教育人士担任暨南大学董事会董事。董事会的宗旨是:发扬海外侨胞、港澳同胞爱国爱乡精神和支援祖国四化建设的积极性,协助政府办好暨南大学。"董事会充分发挥其独特的优势,团结广大海外侨胞和港澳同胞和国内外热心教育人士,从财力、物力等各方面给予学校巨大的支持和帮助,30 年来捐款捐物折合人民币 2 亿 2千万元,有力地推动了暨大的建设发展和改革开放,对学校培养适应海外和港澳台需要的人才,发挥了不可替代的作用。"③海外乡亲作为校董,除了监

---

① 陈兰枝:《教育领域第三种力量探究》,华中师范大学 2004 年硕士学位论文。
② 陈金芳、万作芳:《教育治理体系与治理能力现代化的几点思考》,《教育研究》2016 年第10 期。
③ 马兴中:《爱国爱乡 兴学育才的典范——暨南大学董事会》,《暨南高教研究》2009 年第1 期。

督学校的办学外,还发起组织成立学校的教育基金会,在民主管理和科学决策方面促进学校基金会的运行。暨南大学教育基金会是由荣毅仁、霍英东、马万祺、何军、查济民、唐翔千、蒙民伟发起组织并于 1986 年 5 月 30 日在香港正式成立。暨南大学教育基金由热心华侨教育事业的海外华侨、港澳同胞、台湾同胞和友好人士的自愿捐赠,以及外籍人士或外国基金会无条件的赞助。暨南大学教育基金会设立理事会,作为执行机构。理事会设理事长1 人,副理事长若干人,理事若干人。理事会下设秘书长 1 人,副秘书长若干人,组成秘书处,负责基金的筹集、保管、运用等日常工作并向理事会负责。暨南大学教育基金会"在加速暨南大学的现代化建设,提高学校的教育质量和科研水平,资助教师出国深造,延聘国外或港澳专家来学校讲学,设立奖学金,选派优秀毕业生出国留学,引进先进学科课程、仪器设备并全面参与各项人才培训,借以满足港澳地区及华侨社会对人才的需求等方面起到了积极的作用"。①

教育治理现代化需要国家的顶层设计,也需要地方的基层创新。广州作为中国改革开放的排头兵,在海外乡亲的资助和直接参与下,创新教育投入机制和教育宏观管理体制,有力地推动了广州教育治理的现代化,为全国教育治理现代化的进行提供了广州经验和广州模式。

(三) 以人的发展为中心:海外乡亲关于人的现代化思想在广州教育中的实践

注重物的现代化与追求人的全面发展是教育现代化目标的两种路径取向。教育的现代化不仅仅是"物"的现代化,更重要的是"人"的现代化。所谓"人的现代化,是指人的素质的普遍提高和全面发展,包括人的思维方式、价值观念、生活方式和行为方式由'传统人'向'现代人'的转变"。② 人的现代化是实现教育现代化和社会现代化的前提条件,美国的现代化学者英格尔斯指出:"在发展过程中一个基本的因素是个人,除非国民是现代的,否则一个国家就不是现代的。"③法国经济学家佩鲁在《新发展观》认为人类社会必须把人的全面发展作为发展评价的尺度和评价的目的,"必须就生活条件、文化、政治意识,锻炼提高个体和群体的标准,以促进共同体内

① 郭军、陈文举、余杨:《曾宪梓向暨南大学教育基金会赠百万巨款支持办学》,2007 年 7 月23 日,见 http://www.chinaqw.com/。

② 赵克荣:《论人的社会化与人的现代化》,《社会科学研究》2001 年第 1 期。

③ [美]阿列克斯・英克尔斯、戴维・H.史密斯:《从传统人到现代人——六个发展中国家的个人变化》,顾昕译,中国人民大学出版社 1992 年版,第 21 页。

每个成员的个性全面发展。"①"为一切人的发展和人的全面发展"是发展观的核心思想。人的现代化是教育现代化的出发点和归宿,人的现代化,不是仅靠增加经费投入就能实现的,需要经由艰难的观念改变、文化认同和精神、心理上的转化。

1. 思想观念的变革:海外乡亲的捐助与广州教育观念的现代化

观念的现代化是人的现代化的重要内容。海外乡亲教育观念的现代化主要包括以下观念:

(1)优先发展教育观。在海外乡亲的观念里,教育是我国实现现代化的关键所在,教育与人才是增强我国综合国力和国际竞争的决定性因素,在综合国力竞争中,人才竞争是核心,而教育是基础,优先发展教育是他们兴国兴乡义不容辞的责任。例如祖籍广州的秘鲁华侨戴贺廷先生把发展文化教育事业视为国家走向现代化的大事。他认为"在社会上立足谋生,必须要有文化知识,掌握现代技术,才能赶上世界先进国家",当他谈到捐资办学的目的时,他说:"我可不是只讲播种,不讲收获的。我所希望的收获就是早出人才,快出人才。我所希望的是祖国早日实现四个现代化。"②戴贺廷先生言行一致,1979年暨南大学复办,他与戴宗汉一起捐款100万港元给该校添置教学设备。1980年至今,他捐资兴建白云区人和镇高增小学、人和小学。广州市荣誉市民香港同胞张耀宗也深有同感:"不管是社会的前进、经济的发展,还是村庄的繁荣,一定要先有人才。但人才需要培养,因此,教育是关键。"③为了优先发展家乡的教育事业,改革开放后,他为家乡捐资总额近300万元人民币,兴建了石岗东学校、幼儿园等。海外乡亲把优先发展教育的思想与侨乡教育实践紧密结合,促进了侨乡教育事业的发展。

(2)教育均衡协调发展观。教育均衡协调发展是完善教育结构、促进教育良性发展的重要条件。海外乡亲与祖籍地有着浓厚的血缘、地缘和人缘关系,在情感上认同自己的祖籍地。"海外华人对于祖籍国的宏观情感,在实践中往往落实在维系个人之'根'的'侨乡认同'上,它表现为那些具有共同地缘关系的海外华人对其祖籍地的归属感(sense of belonging)以及内心的承诺(commitment)。"④所以在改革开放初期,家乡故土成为他们捐资办学的首选地。他们在前期捐资办学多以族姓村为中心,以同乡会、宗亲

---

① [法]弗朗索瓦·佩鲁:《新发展观》,张宁、丰子义译,华夏出版社1987年版,第210—211页。
② 黎子流、黄伟宁:《广州市荣誉市民传》第一卷,广东人民出版社1994年版,第131页。
③ 黎子流、黄伟宁:《广州市荣誉市民传》第一卷,广东人民出版社1994年版,第123页。
④ 李明欢:《福建侨乡调查:侨乡认同、侨乡网络与侨乡文化》,厦门大学出版社2005年版,第35页。

会、董事会、校友会为纽带,在本乡本土,因而造成学校布点不合理,发展不平衡的状况。一些地区,特别是重点侨区,学校饱和,而其他一些地区则学校不足。海外乡亲在兴办教育的实践中也认识到了这种情况,所以从1992年后他们捐资办学更加理性,从教育的全局出发,合理地选择捐建学校以及捐建项目。"过去华侨华人首先是属于侨乡的,而且无可争辩的是'我是侨乡的人';相反,侨乡也被视为华侨华人当然的故乡,成为他们唯一心属的'根'。然而,物换星移,如今,两者的互属关系虽还在,但专属关系改变了,在当今的许多华侨华人心目中,'家乡'的概念已不再专属某省某县某乡了,而已逐渐扩大为某省甚至中国和全民族。由'家乡情'扩大为'母国情''民族情'。"①随着中国海外乡亲与侨乡专属关系的改变,他们捐资办学开始突破乡土观念,从捐助本乡本土的学校发展到捐助本县本市范围的学校,乃至本省、外省市的学校,从捐助城市较发达地区的学校到捐助贫困地区、偏远山区的学校。如广州市荣誉市民颜同珍"对家乡的捐款有2000多万元,仅对颜乐天纪念中学就捐出了1100多万元。而他对家乡以外域的暨南大学和云南省、贵州省的希望小学的捐款也有几百万元"。②突破乡土观念,根据侨乡社会需求合理地选择捐建学校以及捐建项目正体现了海外乡亲教育均衡协调发展的思想。除了地区、学校教育均衡协调发展外,教育体系和结构的均衡协调发展也是海外乡亲教育思想的重要内容。历史上中国海外乡亲捐资办学主要是在中小学,而且集中在老侨校。改革开放以后,我国海外乡亲捐资办学遍及各级各类教育,许多老侨校旧貌换新颜,一大批新侨办学校也得到兴建,他们捐资兴学的领域包括幼儿园、小学、中学、中专、职业学校、大学等,形成了学前教育、普通教育、特殊教育、职业技术教育、成人教育、高等教育等多层次的完整体系。据不完全统计,改革开放以来,学前教育、中小学教育、高等教育受赠项目总数分别为69项、734项和966项,受赠金额分别为4209.4388万元、34658.4194万元和96427.7224万元,建筑面积分别为73260平方米、792132平方米和1584120平方米,特殊教育和职业技术教育受赠的学校分别为9所和23所。

(3)教育可持续发展观。海外乡亲对侨乡薄弱学校和一般学校输血式的外部投入,只能使他们短期脱贫,由于内部缺乏造血功能,这些学样的发展依然面临瓶颈。因此,1992年以后,广州海外乡亲兴办教育向深度发展,他们以人的发展为中心,更注重办教育的实效和长效。他们兴办教育注重

①　黄嵩渠:《论华侨华人与侨乡的关系及其新变化》,《华侨与华人》1994年第1期。
②　穗郊侨讯编辑部:《爱国港商颜同珍先生逝世》,《穗郊侨讯》2006年第1期。

方法,注重效果,注重人才的培养,授人以渔,在"输血"的同时更注重"造血"。如"李治元等捐资助学不是简单地给些钱了事,而是'不做则已,要做就做最好'。不但要求一流的校舍、一流的设施、一流的师资队伍,而且还要求一流的教育质量,要求当地配套出资,齐抓共管。李治元还积极支持和指导高校的教育工作,他不仅在兰州大学、甘肃工业大学、广州大学、南充教育学院等 7 所大专院校设立奖、助学金,而且悉心指导暨南大学学生的社会实践活动,暨南大学的研究生也主动邀请他担任学术顾问。"①为了促进人的现代化,提高教育质量,改革开放以来海外乡亲纷纷在广州设立各种形式的教育基金,用于奖教奖学、助学、学术研究和交流、教师培训、教师福利等各方面。教育要可持续发展,一是需要源源不断的经费投入,二是要培养教育人才,促进师资发展。设立教育基金是教育可持续发展的重要保证,也是改革开放后海外乡亲在侨乡兴办教育的新形式,其目的在于通过多渠道筹集资金,弥补侨乡地方政府在教育经费投入上的不足,促进侨乡教育的可持续发展,提高教育质量。它最大的特点是有利于保持教育经费的连续性,特别是在一些贫困的地区,教育基金的设立是教育经费的有效保证。根据笔者对广东省侨务办的调查,目前已经录入广东省华侨捐赠管理系统的侨捐教育基金达 226 项,华侨捐赠 20417.9306 万元,占项目总额的 39.21%。具体见表 2-2:

表 2-2:改革开放后海外乡亲在广州侨乡捐资设立的教育基金情况表

类　别		项目数量(项)	项目总额(万元)	华侨捐赠总额(万元)
地域性教育基金	市级教育基金	1	36879.73	5951.97
	区级教育基金	7	385.5	385.5
	镇级教育基金	44	512.321	512.321
	村级教育基金	11	328.382	328.382
学校教育基金	大学教育基金	87	11418.3527	11418.3527
	中学、中专、职校教育基金	36	951.6209	951.6209
	小学教育基金	40	1584.7808	869.784
合　计		226	52060.6874	20417.9306

资料来源:广东省华侨捐赠管理系统。

---

① 游梦华:《爱心写春秋——记镇泰集团名誉董事长、慈善基金会主席李治元》,《穗郊侨讯》2001 年第 2 期。

据上表可知,海外乡亲在广州设立的教育基金种类多样,有地域性教育基金,也有学校教育基金;覆盖范围广泛,从市、区、镇甚至到村都有海外乡亲设立的教育基金,筹集资金渠道广泛,形成了政府、社会与海外乡亲共同出资兴办教育的好现象。

2. 兴教风气的领先:海外乡亲的捐资办学对广州兴办教育风气的开创

侨乡民众精神面貌的改变与社会风气的改善是海外乡亲关于人的现代化思想在广州侨乡实践的结果。海外乡亲在广州捐资办学,从浅层次来说,促进了广州办学条件的改善和教学质量的提升,从深层次来说,那些捐资办学的典范和侨办教育的带头人,他们以完美的道德形象和奉献精神,为侨乡社会赢得了崇高的声誉,为海内外乡亲提供了具有标志性意义的示范,从而促进了侨乡民众社会观念的改变,带动了侨乡社会风貌的改观,率先引领了兴办教育事业的风气。1986 年,广州市政府召开了首次集资、捐资办学表彰大会,大会表彰的华侨、港澳同胞共有 21 位个人和 4 个社团,表扬了华侨、港澳同胞 318 人。受海外乡亲捐资办学义举的感染,表彰大会结束后,全市掀起了集资、捐资办学的热潮。"至年底,市属中、小学共集资 3787.08 万元,其中乡镇集资 2297.51 万元,群众集资 657.36 万元,港澳同胞、华侨捐资 282.31 万元,有效地推动了普及 9 年义务教育,进一步改善了学校的办学条件。"①海外乡亲捐资办学是政府之外社会办学力量的主体,改革开放后海外乡亲对侨乡教育事业最为突出的贡献是对动员侨乡社会力量办学方面所起到的启迪和示范作用。"随着中国大陆改革开放的深入和发展,中国的经济出现突飞猛进的进展,越来越多的民营企业家走上了富裕之路,这些民营企业家或多或少地得到海外华侨华人的关心和支持,他们中有的在事业开端时得到华侨华人的指点和帮助,有的甚至早年曾在华侨华人的企业里工作,耳闻目染过海外华侨对家乡教育事业贡献的事迹。"②如广州市第 12 批荣誉市民现任广东华美教育投资集团有限公司董事长、广州华美英语实验学校董事长、全国民办教育工作者联谊会副主席的加拿大籍华侨张克强,1993 年与一群海外归国留学生,投资创办了广州华美英语实验学校。目前华美学校已发展成为民办第一所省一级学校。"张克强先生热心公益事业,捐赠累计超过 1000 万元人民币。"③张克强以及其他海外乡亲的

① 广州年鉴编纂委员会:《广州年鉴(1987)》,广东人民出版社 1987 年版。
② 叶泉鹏:《华侨华人与近现代闽南侨乡教育事业——以泉州百年侨校培元中学为例》,福建师范大学 2007 年硕士学位论文。
③ 《8 位新出炉荣誉市民投资引资 265 亿》,2006 年 11 月 8 日,见 http://news.sina.com.cn/o/2006-11-08/093910443440s.shtml。

事迹给侨乡的民营企业家以启迪,当他们事业得到发展后,就纷纷捐资教育事业,热心家乡的教育事业。因此,在改革开放以后,特别是 1992 年邓小平同志南方谈话以后,在海外乡亲的带动和影响下,广州侨乡出现了另一股新生的捐资兴学的力量,这就是本土社会力量办学。这股力量与侨乡政府、海外乡亲共同构成了侨乡完整的教育投资体系。2002 年,广州市统计局对 1万名年龄在 16—65 岁的市民进行了公德意识调查,"调查显示,89.6%的广州人参与过公益捐助活动,52.7%的人参与希望工程,16.9%曾参与青年志愿者活动,15.3%曾参与无偿献血。"[①]可见,在海外乡亲义举的影响下,广州侨乡社会形成了一种良好的影响至深的互助、博爱理念和热心公益、关心教育的氛围。

教育现代化是城市现代化的重要内容,从广州教育指标实现现代化的目标值(达标率%)来看,"2001 年教育类指标达标率为 77.29%,其中,青年人口受高等教育比重、人口文盲率两指标达到全面现代化的标准,劳动力文化指数达标程度也已达到基本实现现代化的标准。"[②]到 2008 年,广州教育发展再上新台阶,"全市城乡均实现九年免费义务教育,12 个区(县级市)全部成为广东省教育强区(市),94%的镇成为省教育强镇,广州已成为广东省教育强市"。[③] 由此可见,在海外乡亲与当地政府和民众的支持下,广州教育已经实现初步现代化,正进入基本现代化阶段。

三、海外乡亲的捐赠与广州文化的传承发展

文化是一个国家的软实力,是维系海外乡亲与侨乡联系的纽带。习近平总书记指出:"中华文化既坚守本根又不断与时俱进,使中华民族保持了坚定的民族自信和强大的修复能力,培育了共同的情感和价值、共同的理想和精神。"[④]改革开放后海外乡亲在广州侨乡捐建文化基础设施,构筑公共文化服务体系,振兴民族文化,传承传统艺术,大大地促进了中华优秀传统文化的传承与发展。据广州市侨务办不完全统计,改革开放后到 2006 年底,海外乡亲捐赠 4223.64 万元,占总捐赠的 1.17%。他们在文化捐赠中,努力推动中华优秀传统文化的创造性转化和创新性发展,在扬弃传承、转化创新中弘扬和发展中华优秀传统文化,使中华优秀传统文化实现现代转型。

---

① 广州年鉴编纂委员会:《广州年鉴(2003)》,广东人民出版社 2003 年版。
② 邓晓雷:《广州现代化水平评估》,《广东经济月刊》2003 年第 85 期。
③ 广州市统计局综合处:《大变革 大跨越 大发展——建国 60 年广州经济社会发展综述》,2009 年 9 月 27 日,见 http://www.gzstats.gov.cn/tjfx/gztjfs/200909/t20090927_19281.htm。
④ 习近平:《坚定文化自信,建设社会主义文化强国》,《求是》2019 年第 12 期。

（一）海外乡亲的捐赠与广州图书馆事业的传承发展

图书馆事业是文化教育事业的重要组成部分,是一座城市的物质文明和精神文明建设水平的标志。长期以来海外乡亲把支持图书馆事业看成是促进家乡文化教育事业发展的有效途径。

改革开放以来,海外乡亲捐赠广州侨乡图书馆事业呈现以下特点:(1)由学校到社会。学校是文化的重要阵地,改革开放初期,捐赠学校图书馆成为这一时期海外乡亲支持图书事业的重点。随着改革开放的深入和教育事业的发展,海外乡亲开始捐建和捐助公用图书馆,以满足侨乡民众日益增长的图书文化需求。据不完全统计,改革开放以来,海外乡亲捐建的公用图书馆数目只有4个,其中市级图书馆1个,区级图书馆1个,村级图书馆2个。它们分别是广州少年儿童图书馆、花都区图书馆、海珠区新滘镇黄埔村图书馆和番禺区石碁镇傍西村诚裕堂图书馆。尽管海外乡亲捐赠的公用图书馆数量较少,但是级别较全。海外乡亲支持广州侨乡图书事业最主要的方式是捐赠图书。据不完全统计,改革开放以来海外乡亲对广州侨乡捐赠的图书项目总数为61项,项目总额为2614.535万元,图书数量为371859册,华侨捐赠总额为1321.4141万元,其中捐资金额为286.1667万元,捐实物折合金额为1039.4054万元,政府投资总额为799.366万元,社会集资总额为440.7945万元。① 受赠图书较多的公用图书馆有广东省立中山图书馆、广州市图书馆、番禺区图书馆、荔湾区图书馆,其中最多的广州市图书馆。据广州图书馆统计,从1981年到2001年广州图书馆共接受海外乡亲捐赠图书141214册(未计2001年赠书)。(2)由街镇到社区和农村。为了重点满足广大农民群众、边远地区居民和外地进城务工人员的文化需求,海外乡亲大力支持广州农家书屋建设,把捐赠的触角延伸到社区和农村,让公共图书馆服务惠及乡镇农村,使捐赠的成果让侨乡民众共享。早在1992—1993年时广州市荣誉市民、香港同胞梁仲彭先生独资捐建了广州市最早的村级图书馆——海珠区新滘镇黄埔村图书馆,番禺区石碁镇傍西村诚裕堂图书馆的捐建则吹响了海外乡亲支持农家书屋的号角。番禺区石碁镇傍西村诚裕堂图书馆,是广州市"农家书屋"的试点,设施十分齐全先进。该图书馆由旅港乡亲罗肇堂、罗肇群捐资兴建,建筑面积528平方米,分展览室和阅览室两层,目前拥有23000多册图书,并将在近期配置十几台电脑,进一步建成"农家网苑"。② 在

---

① 资料来源:广东省华侨捐赠管理系统。
② 《古祠堂焕发农家书香》,2007年12月6日,见 http://xhgx.panyu.gov.cn/jsp/resource/content.jsp?contentId=35707。

政府相关部门和社会各界包括海外乡亲的支持下，至 2007 年底，广州市已建成 143 家"农家书屋"示范点，2010 年，将建成 1500 家"农家书屋"，形成覆盖全市行政村的公共阅读服务体系。① "农家书屋"是一项惠民工程，"是基层图书馆在农村服务的延伸发展和重要补充，是距离农民最近的精神食粮"，②是社会主义新农村建设的平台，是文化民生的极好见证。"农家书屋"作为一项重大的公益性文化工程，需要投入的资金多，因此，海外乡亲的捐助显得尤为重要。（3）由阵地到流动。为了改善图书馆的功能，近年来海外乡亲开始捐赠流动图书馆。2007 年，香港同胞胡仙通过胡文虎基金会向少年儿童图书馆捐赠一部汽车图书馆。"广州少年儿童汽车图书馆"建设完成后"定期为黄埔区、萝岗区、海珠区的 10 多个首批服务站开展送书上门服务，着力改善了广州市近郊、城乡接合部的少年儿童看书难、借书难的问题，惠及了几十万边远的城镇少年儿童，真正贯彻落实了便民惠民的政策。"③（4）由大众群体到弱势群体。改革开放后，海外乡亲捐资设立的学校图书馆、公共图书馆主要针对的是学生、市民等大众群体。随着改革开放的深入，弱势群体在文化捐赠中受到了海外乡亲的关注。如前所述的海外乡亲捐建"农家书屋"是针对农民工这一弱势群体，捐助少年儿童图书馆针对的是儿童这一弱势群体。此外，残疾人这一弱势群体在图书馆事业中也受到了海外乡亲的关爱。如 1997 年香港盲人辅导会总干事、广州市荣誉市民陈梁悦明女士捐赠 50 万元设备给广州市盲人图书馆，用于盲人教育。由大众群体向弱势群体的转向，体现了海外乡亲以人为本的慈善理念。

　　海外乡亲援助广州图书馆事业具有十分重大的现实意义。首先，大大丰富了广州市各级图书馆馆藏资源，有的甚至填补了馆藏空白。如加拿大爱国华侨余镜海先生将珍藏的 257 件有关孙中山和民国史的文献捐赠给广东省立中山图书馆，其中 100 余件填补了馆藏空白。④ 在海外乡亲的支持下，广州图书馆馆藏资源有了显著的增长。据《广州五十年》统计，图书馆藏书册数从"七五"时期的 181.4 万册增长到"十五"时期的 727.3 万册，增

---

① 国际在线：《广州市大力建设"农家书屋""绿色网园"》，2007 年 12 月 29 日，见 http://gb.cri.cn/18944/2007/12/29/3245@1895604.htm。

② 朱立芸、王旭东：《文化民生的当代解读——农家书屋工程研究》，甘肃敦煌文艺出版社 2009 年版。

③ 《广州少年儿童第一个汽车图书馆正式启动》，见 http://www.lsc.org.cn/contents/1206/1725.html。

④ 《填补馆藏空白 加华侨向中山图书馆捐赠珍贵文献》，2006 年 4 月 13 日，见 http//www.gdoverseaschn.com.cn/szqs/gyjx/200604130029.htm。

长了4倍多,图书流人次从"七五"时期的854.1万人次,到"十五"时期增长到3051.4万人次,增长了3倍多。

其次,促进了广州图书馆事业的现代化。海外乡亲除了捐建图书馆和捐赠图书之外,他们还捐资引入先进的图书管理模式,培养图书管理员。如广州市荣誉市民石景宜先生,"为了拓宽广州市图书馆员工的视野,增强干部的科学管理能力,搞好图书馆事业建设,他慷慨斥资,先后三次邀请广州图书馆的馆长和中层干部9人去香港考察图书馆。对于香港以电子计算机为代表的现代化科学技术在图书馆的广泛应用,对于香港各类图书馆的科学管理方法,对于他们刻苦钻研业务、认真负责的工作态度等,都使广州图书馆干部深受启发和教育,学到了许多好的经验。"①

再次,构建了公共文化服务体系。图书馆事业是公共文化服务体系的重要组成部分。改革开放以来,海外乡亲捐赠图书馆事业由学校到社会,由街镇到社区和农村,由阵地到流动,由一般群体到弱势群体,构建广州公共文化服务体系,从而增加了公共文化服务对象,拓展了公共文化服务功能,改善了公共文化服务方式,实现了侨捐的成果为侨乡民众共享,为广州文化强市作出了突出贡献。

（二）海外乡亲的捐助与广州文博事业的发展

文博事业是文化的重要组成部分,改革开放以来海外乡亲十分关心和支持广州市文博事业的发展。具体见表2-3。

表2-3:改革开放后海外乡亲捐助的部分文物馆

项目名称	侨捐项目概况
广东省博物馆	1972—2005年周千秋等24位海外乡亲捐赠。馆藏数量12.4万多件,一级藏品300多件②
广东华侨博物馆	建馆以来华侨华人港澳同胞共捐款近2000万元人民币。"此外,英籍华人赵泰来、美籍华人李炳源向广东华侨博物馆捐献了一批艺术品和个人藏品。美国华裔飞虎队老兵回乡访问团、旅美华人收藏家招思虹、哥斯达黎加华裔书法家程锡铭、新加坡华人杨永锡、广东归侨作家联谊会、加拿大华人黄锦标、德国华人邝伟森、美籍华人麦礼谦、张玉英夫妇、归侨古华民、温广益等捐赠了一批华侨历史文物和字画、摄影作品"③

---

① 李建标:《著名"文化书使"——石景宜先生》,载广州市政协学习和文史资料委员会主编:《广州文史第五十三辑》,广东人民出版社1998年版,第153页。

② 资料来源:广东省博物馆。

③ 郭军:《广东华侨博物馆开馆侨务大省为侨胞树丰碑》,2009年11月13日,见http://www.chinanews.com.cn/zgqj/news/2009/11-13/1964327.shtml。

续表

项目名称	侨捐项目概况
广东民间工艺馆	香港著名鉴藏家杨铨先生,从 1959 年起先后将 6000 余件文物珍品捐赠该馆。藏品数量居广州市属各博物馆之首。祖籍广东鹤山的杨铨香港著名鉴藏家 1959—1964 年捐赠文物 4695 件(套)①
广州博物馆	香港同胞邓又同于 1956 年、1985 年、1995 年共捐赠邓华照遗物、清盔甲、项戴等 1682 件(套)。馆藏增至十万件②
广州艺术博物院	1995 年香港企业界知名人士郑裕彤、李嘉诚、李兆基、何鸿燊等人各捐赠人民币 700 万元。香港收藏家赵泰来和旅居香港的当代著名艺术大师赵少昂向该馆馈赠藏品、精品。香港同胞梁洁华和朱沃堂分别在 1996 年和 2001 年各自捐赠 210 万元、30 万元艺术专款给广州艺术博物院作为基金。华南地区同类型艺术馆院之冠③
广州西汉南越王博物馆	香港霍英东先生捐赠 18.5 万港元。香港同胞杨永德从 1988 年起捐赠港币 227.7 万元、人民币 40 万元,1992 年捐赠历代陶品枕头 200 件总价值约 5300 万港元。现藏陶瓷枕 400 余件,藏量在国内同类收藏品中均属罕见④
广州美术馆	海外乡亲捐赠的文物为 5344 件,它们分别是关金鳌 1982 年、1984 年捐赠的油画、水彩、素描、速写 176 件(套),翁芝、高励节、胡仙捐赠的高剑父国画等 179 件(套),赵少昂 1995 年捐赠的国画、书法 120 件(套),赵泰来 1985 年、1988 年捐赠的历代国画、书法、外国文物等 4868 件(套),袁鸿枢 1997 年捐赠的现代国画 1 件。已跻身全国美术馆藏画的前列⑤
广州市农讲所纪念馆	2005 年香港同胞何铭思捐赠 5 万元用于香港达德学院历史展览,2006 年香港各界文化促进会捐赠 10 万元用于香港《华商报》历史展览⑥
春睡画院	高剑父先生的遗孀翁芝、女儿高励华、儿子高励节 1989 年将春睡画院旧址 500 平方米房产捐给广州市政府;并将珍藏 30 多年的高剑父手稿、写生册、画作及文献资料 300 件捐献给文化局,还为筹建春睡画院纪念馆捐款 1 万元人民币和价值 5 万元的《三高遗集》500 册⑦

① 参见广州年鉴编纂委员会:《广州年鉴(1984)》,广东人民出版社 1984 年版,第 529 页;广州市地方志编纂委员会:《广州市志》卷一六《文化志》,广州出版社 1999 年版,第 663 页。
② 资料来源:广东省华侨捐赠管理系统。
③ 参见孟大昭:《心萦广州艺术博物馆》,载广州市政协学习和文史资料委员会主编:《广州文史第五十五辑》,广东人民出版社 1999 年版,第 22—24 页;崔淑玲、李浦荣:《弘扬炎黄文化的艺术殿堂——记广州艺术博物院》,《华声》2000 年第 12 期。
④ 参见广州年鉴编纂委员会:《广州年鉴(1988)》,广东人民出版社 1988 年版,第 399 页;广州市人民政府侨务办公室:《广州侨务与侨界人物》,广州出版社 2000 年版,第 217 页。
⑤ 参见广州市地方志编纂委员会:《广州市志》卷一六《文化志》,广州出版社 1999 年版,第 769 页。
⑥ 资料来源:广东省华侨捐赠管理系统。
⑦ 广州市地方志编纂委员会:《广州市志》卷一八《华侨志穗港澳关系志》,广州出版社 1996 年版,第 418 页。

续表

项目名称	侨捐项目概况
增城市博物馆	1993年新会籍旅港同胞邓禹先生捐赠108件新石器时期及秦代至清代的珍贵文物。至1993年底，全馆收藏和展出文物已增至521件①
番禺区博物馆	广州市荣誉市民高励节先生及其母亲翁芝女士捐赠了高剑父画稿21幅、高剑父手稿100件、翁芝本人花鸟画2幅、高励节本人书画5幅；广州荣誉市民赵少昂先生的公子赵之、赵之泰先生捐赠了赵少昂书画38幅、赵少昂画集8本②
番禺区宝墨园	海内外人士捐资6600多万元，港币280多万元。到2003年捐赠的海外乡亲共25位，捐赠文物藏品共14009件③

据上表可知，海外乡亲捐赠广州文物事业具有如下特点：

第一，捐赠文物者大多都是艺术家、收藏家、鉴赏家或者是艺术爱好者。如英籍华人赵泰来先生，系著名画家、收藏家、鉴赏家、慈善家。多年来先后向中国历史博物馆、广州市美术馆以及广州艺术博物院等单位共捐赠6万多件古代艺术珍品。④ 酷爱书画的梁洁华女士在广州建立了梁洁华艺术基金会。还有如新会籍旅港同胞邓禹先生是广东中国文物鉴藏家协会理事，香港同胞杨永德是著名的文物鉴赏专家，高励节先生是知名画家，系已故画家岭南画派创始人高剑父的儿子。赵之榦、赵之泰是已故著名岭南画派艺术大师赵少昂先生之子。

第二，捐赠的物品多，价值大。海外乡亲捐赠的文物品种多，价值大。香港著名画家赵少昂先生捐赠给广州艺术博物院的书画都是珍品，英籍华侨、著名收藏家赵泰来数次向艺博院捐赠文物，数量之巨、品种之全为建国之罕见。香港同胞杨永德捐赠给广州西汉南越王博物馆的文物"经国家文物局专家鉴定，属国家一级品19件、二级品40件"。⑤

第三，支持方式多样。海外乡亲支持广州文博事业的方式主要有三种，第一种是捐款。第二种是捐物。第三种是设立文物基金。捐赠文物是海外乡亲支持广州文博事业的主要方式。表2-6中12个文物馆就有11个受赠了海外乡亲捐赠的文物。

---

① 雨睛：《邓禹先生献珍藏》，《荔乡情》1993年第3期；增城市地方志编纂委员会：《增城县志》，广东人民出版社1995年版，第755页。
② 肖惠：《高励节等向番禺博物馆捐赠书画精品》，《荣誉》1997年第4期。
③ 资料来源：番禺区侨务办。
④ 《全球世界杰出华人赵泰来》，见 http://space.tv.cctv.com/article/ARTI1209989947561161。
⑤ 尔东升：《永远在心海涌动——记广州市荣誉市民赵泰来先生》，《荣誉》2000年第10期。

（三）海外乡亲的支持与群众文化的繁荣

群众文化是文化事业建设的重头戏。改革开放后在海外乡亲的对广州群众文化的支持分为两个阶段。

1.改革开放初期海外乡亲对广州群众文化的支持(1978—1998)

第一个阶段是从1978年到1998年。改革开放以来,由于城乡经济的快速发展,人们的文化生活需求日益多样化,原有的文化设施难以满足人们的文化需求。这一阶段,海外乡亲捐赠最主要的内容是捐建文化基础设施,捐助文化机构,捐资保护非物质文化遗产。据不完全统计,海外乡亲共捐赠各种文化基础设施共23个,捐赠金额为516.2596万元。具体见图2-5。

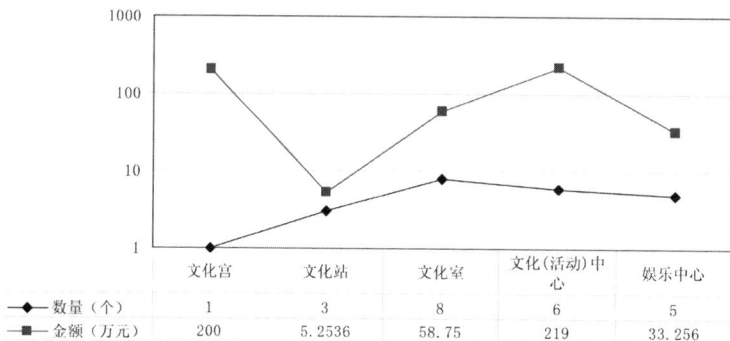

	文化宫	文化站	文化室	文化(活动)中心	娱乐中心
数量（个）	1	3	8	6	5
金额（万元）	200	5.2536	58.75	219	33.256

图2-5:海外乡亲捐建广州群众文化基础设施情况（1978—1998）

资料来源:广东省华侨捐赠管理系统。

文化站是中国最基层的文化事业单位,往往由海外乡亲捐资设立在侨乡的乡、镇和城市街道办事处,其任务是直接组织当地群众开展文化活动,并对群众业余文化活动进行辅导。也有的小型文化站设立在村,如"80年代中后期,旅美唐国勉捐款修建平西村文化站,旅美刘显常亦捐款在同村另建一间文化站,旅美江象矿捐款复办洛场少狮团,活跃农村文化"。[①] 文化室或文化(活动)中心、娱乐中心是设立在广州侨乡市区街道的居民委员会和乡镇属下的自然村,是小型的群众文化活动阵地。由于它们所需资金少,又设立在侨乡的居委会和自然村,具有便捷性,能直接满足侨乡民众的文化需求,因此,最受海外乡亲的青睐,它们的数量因而最多。"目前,全市实现了文化站(馆)区、街两级100%覆盖,省级特级文化站和一级文化站的比例达72.4%。全市1443个社区(居委)中,社区文化室的建室率达80.2%;

---

① 广州市地方志编纂委员会:《广州市志》卷二《区县概况》,广州出版社1998年版,第654页。

1146 个行政村中,农村文化室的建室率为 77.3%。在确保区县有 3 馆(图书馆、文化馆、科技馆或博物馆)的同时,基本实现一镇(街)一站,一村(居)一室,一人一册(书)的建设要求。"①海外乡亲捐建群众文化基础设施,使侨捐的成果为侨乡民众共享。

2. 群众文化建设"金穗工程"的实施与海外乡亲的支持(1998—2008)

第二阶段是从 1998 年到 2008 年。1998 年,广州市委宣传部、市文化局颁发了《广州市群众文化"金穗工程"规划》,正式启动群众文化建设"金穗工程"。因此,这一阶段海外乡亲最主要的是捐建大型的文化广场,使群众文化活动从室内转向户外,由阵地建设向文化活动转移,捐资设立文化基金,促进群众文化活动的可持续发展。文化广场是指富有特色文化氛围的城市广场,由于它含有更多的文化内涵,因而被称为文化广场,它是市民休闲娱乐的公共空间与文化活动的场所。海外乡亲捐建的文化广场有三个,分别是棠景街乐天广场、陈子壮纪念广场和增城广场。这些广场建成后,成为了广州市民开展各种文体活动的重要场所,使市民的文体活动从室内延伸到户外,由阵地转向了活动,扩展了市民的活动空间,提升了市民的生活质量。1998 年以后,为了使群众文化活动有长期的资金支持,海外乡亲捐资设立文化活动基金,以促进群众文化活动的可持续发展。如 2003 年祖籍石楼镇赤山东村的香港同胞戴细英捐资 1.52 万元设立番禺区石楼镇赤山东村文化活动基金,用于传统文化活动。2008 年番禺区化龙镇明经的海外乡亲捐赠 1.2 万元设立明经村文化活动中心基金。海外乡亲设立的文化活动基金犹如源源不断的活水流入了广州侨乡群众的文化活动基地,促使群众的文化活动茁壮成长。

2002 年,广东省作出了"建设文化大省"的战略决策,2008 年广州市提出了"建立健全惠及全民的公共文化服务体系"的城市发展战略,并明确规定"鼓励社会力量参与公益性文化建设"。进入 21 世纪后,广州文化建设的步伐明显加快,建立健全惠及全民的公共文化服务体系,实现建设文化大省的目标,任重而道远,海外乡亲作为一股重要的社会力量必将发挥其应有作用。

(四) 传统与变迁:海外乡亲的资助与侨乡传统文化的复兴

1. 海外乡亲的捐助与粤剧的振兴

粤剧又称广府戏、广东大戏,是广东及广西粤方言区最大的剧种。改革

---

① 广东省文明办:《传播先进文化 唱响民乐广州——广州市积极推进"文化进社区"活动》,2008 年 11 月 8 日,见 http://www.lnwmw.gd.gov.cn/wmw/html/gzzd/wmjb/article/1230626765765.html。

开放以来,在文化市场竞争日趋激烈的影响下,粤剧"淡风"越刮越猛,演出上座率下降,观众流失,收入减少,剧团经济十分困难。为了振兴广州侨乡的粤剧事业,1992 年成立广州振兴粤剧基金会,总金额 4155 万港元,其中华侨捐款 3425 万港元,政府出资 680 万港元,社会各界集资 50 万港元。在海外乡亲捐款名单中,共 41 人,其中捐款 100 万港币以上的有 14 人,50万—100 万港币的有 5 人,10 万港币以上的有 22 人。① 尤其是当广州市长黎子流等一行为筹备成立广州振兴粤剧基金会而赴港联络热心的同道人士时,林余宝珠女士对此表现出极大的热情,慷慨解囊捐资 1000 万港元,用实际行动支持广州振兴粤剧基金会的成立。此后,她更是身体力行,开始成为粤剧界的知心朋友和业余粤剧粤曲"发烧友"。1992 年 11 月,广州振兴粤剧基金会在广州市政府与海内外热心名流贤达和同人的关心、支持下正式成立。林余宝珠女士受聘为广州振兴粤剧基金会永远名誉会长。几年来,林余宝珠女士为了广州和香港两地的粤剧事业,不辞劳苦,不遗余力。在她的影响和带动下,港澳地区很多社会名流纷纷向广州振兴粤剧基金会解囊捐助。② 在海外乡亲的支持下,粤剧在新的时期重放异彩。2006 年粤剧名列第一批国家级非物质文化遗产名录,2009 年,由广东,香港和澳门联合申报,粤剧成功成为世界非物质文化遗产。

2. 海外乡亲的参与与龙舟文化的兴盛

龙舟文化作为中华民族的传统文化,源远流长,影响深远,海外华侨华人和港澳同胞也深受龙舟文化的影响。龙舟竞渡作为中华民族的传统体育文化,"植根于中华传统文化土壤,涵化了中国传统价值观和伦理道德精神,是海外华人进行祖根意识和本土认同教育的工具"③,因而深受海外华侨华人、港澳同胞推崇和喜爱。现在世界上许多国家和地区,在当地海外乡亲的推动下,纷纷组织了形式多样的龙舟赛,吸引了众多的海外乡亲参与。

为了弘扬民族传统文化,海外乡亲不仅在侨居地积极推动参与龙舟竞渡活动,还出钱出力保护和振兴侨乡的龙舟文化。改革开放以来广州市的龙舟活动恢复后,得到了海外乡亲的大力支持,"不少农村把拆散的龙舟重新安装,有的群众和港澳同胞自筹资金,新造了一批龙舟。"④广州市龙舟活

---

① 资料来源:越秀区侨务办。
② 参见许燕良:《为了南国红豆花红叶茂》,载广州市政协学习和文史资料委员会主编:《广州文史第五十五辑》,广东人民出版社 1999 年版,第 29—32 页。
③ 黄振鹏:《全球化背景下海外华人传统体育的文化乡愁》,《广州体育学院学报》2008 年第 6 期。
④ 广州市地方志编纂委员会:《广州市志》卷一五《体育志卫生志》,广州出版社 1997 年版,第 35 页。

动的资金来源主要有三种,一是当地的宗祠拨款,二是社会捐赠,三是集资。因而,海外乡亲捐资赞助广州龙舟活动,成为龙舟活动经费的主要来源之一。据不完全统计,改革开放后海外乡亲捐赠龙舟活动共有 19 个侨捐项目,捐赠金额为 80.2964 万元。海外乡亲赞助广州龙舟活动从 20 世纪 80 年代持续到 21 世纪。由于捐赠龙舟活动需要的经费较少,所以他们往往采取个人独资捐赠或者集资捐赠,由内外乡亲共同集资捐赠的情况少见,捐赠者大部分是香港同胞,捐赠的区域遍及番禺区、白云区、荔湾区、黄埔区、增城市。

　　"中国传统的龙舟赛,既有丰厚的民族气息,又富有振奋精神、激发斗志、凝聚人心、锻炼身体的现实意义。"①海外乡亲支持广州龙舟文化,使"同舟共济、顽强拼搏、奋勇争先"的龙舟精神发扬光大,振奋了民族精神,增强了侨乡民众的凝聚力,激发了他们积极进取的斗志。与此同时,随着广州的龙舟竞渡活动逐渐由传统的体育文化项目向集体育、经贸、文化、娱乐、旅游活动等内容于一身的多种文化资源转变,广州侨乡的体育、经贸、文化、娱乐、旅游等资源得以大力开发和利用。"民俗不再仅是一堆零乱、琐碎的生活习惯,它还是承载意义与情感的载体,一种凝聚民众群体的力量,一种可以开发和利用的政治、经济、文化资源。"②以前的龙舟竞渡都是在村与村、乡与乡之间,改革开放以来,在海外乡亲的支持下,广州的龙舟竞渡活动正驶向世界体育的海洋。"从 1995 年起,广州市政府更是创办了每年在珠江流经闹市区河段举办的广州国际龙舟邀请赛,使之成为广州市民欢度民间节庆的一个新热点。"③龙舟运动伴随华人迁移也传播到世界各地。龙舟逐渐成为联系岭南与外界文化交流的纽带。

四、海外乡亲的体育捐赠及其对广州体育的贡献

　　体育是一个国家综合国力的重要体现。改革开放以来海外乡亲十分关心、支持和参与中国体育事业的发展,将体育视为维系海外乡亲与侨乡联系的纽带,视为振兴中华的希望。捐赠体育事业是海外乡亲在侨乡慈善事业的重要组成部分,是海外乡亲爱国爱乡的重要表现。

　　广州,作为国际化的大城市,不仅经济发达,社会发展,而且体育事业也

---

　　①　洪志勇:《龙舟竞渡多伦多》,《华人时刊》2002 年第 6 期。

　　②　朱爱东:《文化认同与文化建构——侨乡民俗的传承与再造》,载周大鸣、柯群英主编:《侨乡移民与地方社会》,民族出版社 2003 年版,第 172—173 页。

　　③　《广州龙舟文化源远流长》,2009 年 6 月 8 日,见 http://sports.sina.com.cn/s/2009-06-08/13401565057s.shtml。

非常发达,许多的体育设施和体育发展水平在许多方面都处于全国的领先地位。广州体育事业的腾飞与海外乡亲的倾情奉献密不可分,他们对家乡那片赤子之心和深厚感情奠定了广州市体育事业的坚固基石。

（一）海外乡亲捐赠广州体育事业的表现

改革开放以来至 2006 年底海外乡亲对广州体育事业共捐赠 22758.92万元,占海外乡亲对广州市总捐赠的 6.31%。具体见图 2-6。

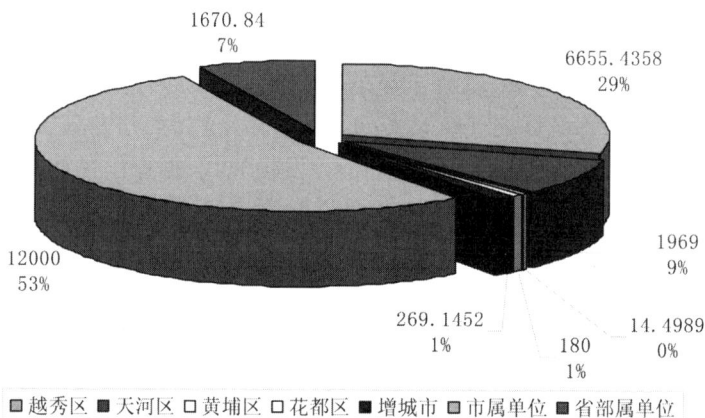

图 2-6:改革开放后至 2006 年底海外乡亲对广州市体育捐赠情况表（单位:万元）

资料来源:根据广州市侨务办提供的广州地区华侨华人港澳同胞捐赠项目分类统计表制作而成。

具体来说,海外乡亲对广州市体育事业的支持主要表现在以下四个方面。

1. 捐资兴建体育学校及设施

改革开放以来,海外乡亲捐资兴建体育学校,捐建体育设施是海外乡亲支持广州侨乡体育最主要的方式。据不完全统计,改革开放以来,海外乡亲在广州市共捐建体育学校 1 所,捐赠金额 2500 万港元;体育中心 4 个,捐赠金额 8047.3 万元,建筑面积 48982 平方米;体育馆 7 个,捐赠金额 1510.61万元,建筑面积 24932 平方米;体育室 5 个,捐赠金额 29 万元,建筑面积 342平方米;新建运动场 5 个,捐赠金额 46 万元,占地面积 9364 平方米,其中改建运动场 1 个,捐赠金额 496 万元;篮球场 9 个,捐赠金额 45.4178 万元;足球场 3 个,捐赠金额 143 万元;新建网球场 1 个,捐赠金额 12 万元,改建网球场 1 个,捐赠金额 250 万港元;旱冰场 1 个,捐赠金额 1 万元。[1] 具体见表2-4。

----

① 资料来源:广东省侨务办。

表 2-4:改革开放后海外乡亲资助广州兴建的大型体育设施一览表

捐赠项目	捐赠时间	捐赠者	捐赠金额	项目简介
广州市伟伦体育运动学校	1996	利国伟	2500 万港币	其中市政府投资人民币近 2 亿元,教学设施全国一流
暨南大学运动场及体育设施	1979	霍英东	220 万港币	
暨南大学深圳旅游学院英东体育中心	1996	霍英东	200 万港币	
暨南大学邵逸夫体育馆	1988	邵逸夫	1000 万港币	多功能、综合性
仲恺农业工程学院何鸿燊体育馆		何鸿燊		
番禺英东体育中心(含体育馆、体育场、游泳池、体育设施)	1987—1988	霍英东	27.1 万美元、520 万人民币	霍英东投资与番禺政府共建
修建广州沙面网球馆	1989	霍英东		该网球馆是一座全天候的现代化网球馆,可承担国内外高水平的网球赛
改造沙面露天网球场	1985	霍英东	250 万港币	7 个国际标准场地,成为全市网球竞赛的中心和训练基地
中山大学体育中心	1986	霍英东	3500 万港币	我国高等学校第一个现代化功能齐全的体育中心
白云区体育中心	1996	刘赐江、梁菊馨伉俪	300 万港币	
曾宪梓足球场	1988	曾宪梓	40 万人民币	这是广东省第一座五人制足球赛用球场
改建广东省体育场	1990	霍英东	496 万人民币	体育场地占地面积 4 万平方米,观众席有座位近 3 万个
体育科研设施	1988	霍英东	9 万美元	捐资为参加 1988 年全国城市运动会的广州市体育代表团装备
增城市体育馆	1986	湛瑞兰等	70.1 万人民币	
番禺区石碁镇沙涌锦标体育馆	1991	江锦标	16.8 万人民币	
广东教育学院校长培训楼、体育中心	1991—1994	田家炳	270 万人民币	

据上表可知,改革开放以来海外乡亲在广州捐建的体育场地有学校体育场地,也有群众公用体育场地,这些体育设施是广州侨乡民众开展体育活动的主要场所,为广州侨乡体育的发展提供了重要的物质保障。

2. 资助体育基金会或者捐资设立体育基金

侨乡体育的发展除了要具备体育场地和设施以外,还需要大量的资金。为了促进广州侨乡体育的可持续发展,华侨华人在捐建体育场地设施的同时,将建立和资助侨乡民间体育组织作为有效的推进措施。1984 年 10 月,香港同胞霍英东"宣布捐赠一亿港元设立体育基金,并且个人亦倾注大量时间和精力发展体育事业以及相关活动。此后,霍英东体育基金会对推动和发展祖国体育事业作出了巨大贡献,20 年来,已累计投入 4 亿港元"。[1]除了设立全国性的体育基金外,海外乡亲在广州市(包括省直属单位)还设立区域性的体育基金。根据广东省华侨捐赠管理系统的不完全统计,改革开放以来,海外乡亲在广州市(包括省直属单位)共设立体育基金项目为 13 项,捐资金额为 1204.3156 万元。具体见表 2-5。

表 2-5:改革开放后海外乡亲在广州设立的体育基金项目一览表

(单位:万元)

捐赠项目	捐赠时间	捐赠者	受赠单位	捐赠金额	项目用途
运动员奖励基金	1996	刘国烈	花都区体育局	8	奖励获奖运动员
基金	1989	林百欣	广东省体育基金会	144.84	用于体育事业发展
基金	1989	霍英东	广东省体育基金会	1000	用于体育事业发展
基金	1989	澳门聚龙集团	广东省体育基金会	30	用于体育事业发展
纪念黎连泽医生体育奖学金	1987	梁乃华	培英中学	0.6	奖励体育优秀生
永兴村体育基金		周耀南	太和镇永兴村	0.88	
刘权达兄弟体育奖学金	1990	刘权达	培英中学	0.5	奖励体育优秀生
林万里体育奖学金	1987		培英中学	0.5	奖励体育优秀生

---

① 梁宏峰:《霍英东体育基金会》,2006 年 10 月 29 日,见 http//news.enorth.com.cn/system/2006/10/29/001446517.shtml。

续表

捐赠项目	捐赠时间	捐赠者	受赠单位	捐赠金额	项目用途
95年亚洲大学生田径赛基金	1995	华南理工大学香港校友会	华南理工大学	10	
化龙镇潭山村龙船基金会	1994	许浩彬等	化龙镇潭山村委会	1.2756	船面装饰、庆功
龙舟活动基金	2007	许林仕明等	化龙镇潭山村委会	2.02	
龙船会基金	1987—1994	许浩彬	化龙镇潭山村委会	3.7	做1、2、3号龙船、体育活动
化龙镇潭山村少乐群狮队基金	1983	许浩彬	化龙镇潭山村委会	2	狮队活动经费

资料来源:广东省华侨捐赠管理系统。

据上表可知,海外乡亲设立的体育基金类型众多,按照性质来划分,有综合性的基金,如1989年林百欣、霍英东、澳门聚龙集团捐给广东省体育基金会的基金是综合性的基金,基金用来支持体育事业的发展,也有专项基金,如海外乡亲设立的95年亚洲大学生田径赛基金、化龙镇潭山村龙船基金会、化龙镇潭山村少乐群狮队基金就属于专项基金;从设立的区域划分,有设在学校的体育基金,如海外乡亲在华南理工大学、培英中学设立的体育基金,有设在政府相关部门的基金,如海外乡亲在广东省体育基金会、花都区体育局以及化龙镇潭山村所设立的体育基金;从基金的用途划分,有专门奖励运动员和体育优秀生的基金,也有针对具体的体育活动而设立的体育基金。

3.捐赠体育设备及用品

改革开放初期,广州体育设备落后,体育用品数量少。基于此,海外乡亲积极向广州捐赠体育设备及用品,捐赠的时间主要集中在改革开放初期。如1984年祖籍白云区金沙街横沙村的美籍华人招友全捐赠价值10万元的龙船1艘给白云区金沙街横沙村。1984年佰仙奴体育服务器公司捐赠给广州呐喊足球队价值5000元的运动鞋120双、运动服60套、裤袜120对。[①] 1988年香港同胞郭荫芳等人捐赠价值5万元的坤甸木制龙船及配套设施给荔湾区东漖村民委员会,其中郭巨炽捐赠全套船桨,价值1万元,郭敬森

---

① 资料来源:越秀区侨务办。

捐赠新船跃水志庆的全部服装,价值1万元,郭荫芳捐赠全套锣鼓旗帜,价值3万元。1998—2005年香港赛马会、澳门赛马会各赠送35匹、46匹退役速度赛马给广东省黄村体育训练基地,用于提高广州赛马的水平。①

4. 资助体育比赛

资助各类体育比赛是海外乡亲支持侨乡体育事业发展的形式之一。改革开放以来海外乡亲捐资支持体育比赛,从支持的体育比赛的级别来看,既有捐资支持大型的国际体育比赛,也有捐资支持全国性的体育比赛,还有捐资支持区一级、镇一级的体育比赛;从支持的体育比赛的项目类别来看,项目类别非常广泛,既有综合性运动会,如支持在广州市举办的第九届全国运动会,也有单项比赛,如足球、网球、乒乓球、龙舟、登山、舞狮、舞蹈、象棋等项目,既有专业比赛,也有业余比赛;从资助的方式来看,大多数以单独捐资一次性地赞助,也有每年赞助。从具体见表2-6。

表2-6:改革开放后海外乡亲资助广州的部分体育比赛项目

捐赠项目	捐赠时间	捐赠者	捐赠金额	项目简介
在广州举办一年一度网球赛和国际少年网球赛	1985	霍英东	30万人民币	
举办"五羊杯"中国象棋冠军赛	1985	霍英东	0.6万美元	成为国内历史最久、水平最高、观众最多、影响最大的民办棋赛
广州市举办可口可乐杯足球赛	1986	华裕民	9.6532万人民币	
广州举办足球世界杯外围赛	1987	华裕民	0.5460万美元	用于支付裁判和队伍住宿费、交通费、比赛场租等
广州举办国际足球比赛	1987	劳瑛	3万港币	作为接待英国足球队经费
在广州举行的首届世界女足锦标赛		戴德丰	10万港币	
在广州举行的首届世界女足锦标赛	1991	霍英东	150万人民币	
鱼窝头镇体运会	1987	黎树娣	0.35万人民币	
白云区运动会及单项体育比赛	1995—2005	镇泰慈善基金会	65万人民币	

---

① 资料来源:广东省侨务办。

续表

捐赠项目	捐赠时间	捐赠者	捐赠金额	项目简介
在广州举办的第三届残疾人运动会		张耀宗		
黄埔区举办龙舟竞渡活动	1990	徐瀛钧	20万港币	该次龙舟竞渡活动以徐瀛钧兴办的"福星门"制衣厂命名为"福星门"龙舟赛
在广州举行的全国残疾人运动会		林文恩	100万港币	
广州市第九届运动会和龙舟、登山、足球、舞狮等比赛活动	1985	英美烟草（香港）有限公司	9万人民币	
举行"升达杯"足球赛	1985	TWD香港升达电子公司	20万港币	
广州兴办体育舞蹈比赛	每年赞助	何鸿燊		
"卓越杯"乒乓球比赛	2003	陈瑞球、梁国贞	26万人民币	用于装修乒协俱乐部
冠名"德荣杯"开展区局机关部门乒乓球赛	2004	张德荣	4万人民币	近200名各级机关工作人员参加，成为一次机关体育盛会
番禺区乒乓球赛	连续六年	张德荣		
广州业余网球赛	2002年开始	杨浩益		
举办迎亚运暨为广州教育基金会筹款穗港足球义赛	1990	霍英东、陶开裕	70万港币	霍英东捐赠港币50万元、陶开裕捐赠港币25万元
化龙镇水门村龙舟体育运动善款	1991	化龙镇海外乡亲	2.005万人民币	

海外乡亲资助侨乡体育比赛是他们热爱祖国、关心祖国体育事业的有力体现，也是他们振兴中华的一种期盼。"海外华侨对侨乡经常性体育活动和高水平性体育比赛经费的资助，不仅摆脱了政府资金匮乏和渠道单一所造成的群众体育活动开展的局限性，而且体育竞赛直观效应也不断增强了侨乡居民的体育意识，激发了人们体育参与热情，形成了地域性的体育项目优势和特色。"①在海外乡亲的长期支持下，广州市形成了一批具有地方

---

① 张红华：《华人华侨对我国体育发展的贡献》，《体育文化导刊》2009年第8期。

特色的体育优势项目,如象棋、乒乓球、羽毛球、游泳、足球、网球、龙舟、舞狮等。这些优势项目有的居于全国领先地位,就整个竞技体育的水平来说,广州市体育竞赛的水平在全国也是遥遥领先,在1999年第四届城运会上广州总分排第二位,金牌和奖牌数均排第三位,2003年第五届城运会上广州更是登上霸主宝座,总分、金牌和奖牌数都名列第一,在第六届城运会上广州取得了金牌第二,奖牌数第一的佳绩。可以说,广州市体育事业的发展离不开海外乡亲的倾情奉献。

（二）海外乡亲捐赠体育的价值考量

1. 为社会办体育树立了标尺

新中国成立后,广州市的体育事业得到国家的重视,体育经费单独由国家拨款,到1960年底,市属体育场地基建投资共776.49万元,体育经费共454.79万元。从1976年起年体育经费突破100万元。但国家拨款仍然满足不了体育事业发展的需求。在这样的背景下,改革开放后,广州体育工作以改革总揽全局,改变体育事业单纯依靠国家拨款的状况,开辟多渠道、多元化的体育经费来源,建立体育基金,接受社会捐赠,走体育社会化的道路,推进体育市场健康发展。华侨华人、港澳同胞积极响应,他们捐资设立体育基金,赞助体育比赛,资助修建体育场馆,成为社会办体育的支柱。他们办体育的范围从资助运动队、体育基金会、体育竞赛、体育协会、业余体校,扩展到资助体育师资培训和体育科研等多方面。在海外乡亲社会办体育方面,香港同胞霍英东先生捐赠热情高、金额多。据统计,"霍英东捐赠给祖国的资金总数已逾40亿港元,其中有1/5也就是8亿是直接捐赠予体育项目"。[①] 在广州,据不完全统计,霍英东先生对广州体育的捐赠达到了4000多万港元和2000多万人民币(其中包括捐赠广东省体育基金会1000万元人民币)。[②]

霍英东先生作为社会办体育的标尺,不仅仅表现在捐款的数量上,更表现在他无私奉献的爱国精神上和以兴办体育振兴中华民族的愿望上。如1981年,五羊杯赛作为国内第一个民办高水平象棋赛在广州创办。时值改革开放初期,好不容易借外商之力办了几届,赞助方突然决定退出。在这样的情况下,霍英东先生"敏锐地觉察到五羊杯赛的巨大潜力,爽快地答应独资赞助。……霍先生一句话,拯救了年轻的五羊杯赛,把中国象棋棋手参赛的待遇和规格提高到前所未见的水平。此后,他多次光临五羊杯赛开闭幕

---

①　陈伟胜:《霍英东与体育》,《广州日报》2006年11月30日。

②　资料来源:广东省侨务办。

式,帮助解决一个个难题,后来更明确表态长期赞助,使五羊杯赛年年不歇,至今已举行 26 届,成为国内历史最久、水平最高、观众最多、影响最大的民办棋赛,在中国象棋发展史上写下光辉一页"。① 正如暨南大学马明达教授评价的那样:"在体育事业上,霍老是身体力行的实践家,他的贡献主要在他的实言实行和无私奉献,以及由此而产生的巨大的社会影响力和感召力。"②

体育社会化目前正成为中国体育发展的一种趋势,而中国体育的社会化萌芽于侨乡,扩展于全中国。在中国体育社会化的过程中,海外乡亲是中国体育社会化的突击队,是社会办体育的支柱和榜样,为发展中国家发展体育事业开创了一条独特的道路。

2. 大大改善和提高了广州体育设施状况

一个城市的体育设施状况是衡量城市体育发展水平的重要标志。在近代,广州体育设施数量少,设备落后,最早的场地是 19 世纪末外国领事馆在沙面租界所开设的网球场和室内游泳池,但只供外国人使用。新中国成立后,随着经济的恢复和发展,广州市体育场地进入一个大建设、大改造时期。1952 年广州市有体育场 2 个,游泳池 3 个,体育馆 0 个,到 1965 年时,有体育场 5 个,游泳池 18 个。在"文化大革命"期间,不少体育场地被毁坏、占用。改革开放以后,在海外乡亲的大力支持下,广州市体育场地建设掀起了高潮,体育设施数量有了迅速增长。具体见图 2-7。

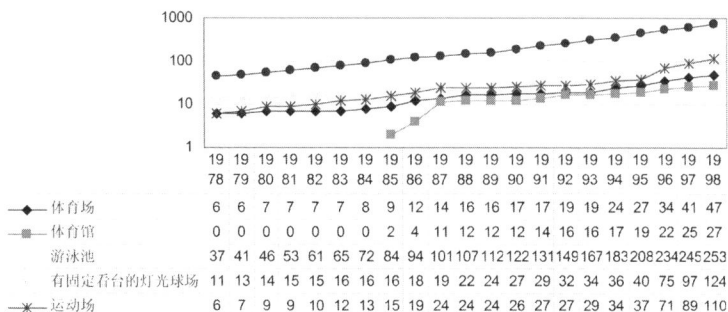

	19 78	19 79	19 80	19 81	19 82	19 83	19 84	19 85	19 86	19 87	19 88	19 89	19 90	19 91	19 92	19 93	19 94	19 95	19 96	19 97	19 98
体育场	6	6	7	7	7	7	8	9	13	15	15	16	16	17	19	19	24	27	34	41	47
体育馆	0	0	0	0	0	0	0	0	4	8	9	11	13	14	14	15	16	19	22	25	27
游泳池	37	41	46	53	61	65	72	84	94	101	107	112	122	131	149	167	183	208	234	245	253
有固定看台的灯光球场	11	13	14	15	16	18	19	20	21	22	24	27	29	32	34	36	40	75	97	124	
运动场									20		24	26	27		32	34	37	71	89	110	

图 2-7:广州市体育设施情况(1978—1998)

资料来源:广州市统计局:《广州五十年:(1949—1999)》,中国统计出版社 1999 年版,第 667 页。

---

① 金陵:《霍英东出手"救"五羊杯》,2006 年 10 月 30 日,见 http://www.ycwb.com.cn/ycwb/2006-10/30/content_1262205.htm。

② 马明达、耿之矗:《体坛功臣——霍英东》,《体育文化导刊》2007 年第 2 期。

　　据上图可知,从 1978 年到 1998 年 20 年时间,广州的体育场增长近 8 倍;体育馆的数量从零增长到 27 个;游泳池增长了 6.8 倍多;有固定看台的灯光球场增长了 11.2 倍;运动场数量增长了 18.3 倍;训练房也增长了 16.5 倍。甚至广州市的体育设施在全国也是名列前茅。据统计,"至 2000 年底,广州市有各类体育设施 6666 个(其中大中型公共体育场馆 201 个),占地面积 19217138㎡,人均占有体育用地面积 2.72㎡,人均公共体育用地面积 1.42㎡,高于国家城市人均公共体育用地面积 1㎡ 的指标。场馆数量和人均体育用地面积分别比 1990 年增长 170% 和 300%,比 1995 年增长 52% 和 40%,均居全国省会城市之首"。①

　　海外乡亲不仅捐建了许多体育场地,而且所捐建的体育场地就质量来说,有的在国内也是一流的。如霍英东先生捐资 3500 多万港元修建的中山大学体育中心,是我国高等学校第一个现代化功能齐全的体育中心。"这个现代化的体育中心,包括 5 个标准网球场,两个排球场,6 个篮球场,一座有 400 米塑料胶跑道、6000 个座位看台的足球场,两个 25 米×50 米游泳池,一个标准跳水池,连同体育馆,占地面积达 10 万平方米。这样规模和设备的体育中心,在国外高等学校亦不多见。目前每天到体育中心进行锻炼的多达 2000 多人次,为我国高等学校的体育教育体系开拓了一个新局面。"②

　　3. 促进了广州体育事业的发展

　　在海外乡亲的支持下,广州市群众体育组织发展迅速,群众体育活动蓬勃开展,全民健身工作成效明显。至 2006 年,"全省国民体质监测报告显示,广州市民体质总评合格率为 90.9%(其中优秀 14.2%、良好 28.7%、合格 48%),合格率和优秀率分别高于全省 3.9 个和 4.2 个百分点。越秀区、黄埔区成为省体育先进区,荔湾区彩虹街、海珠区素社街、白云区新市街成为全国城市体育先进社区,荔湾区花地街成为全国社区体育健身俱乐部,有 10 个居委会被评为广东省体育先进社区(居委),10 个单位被评为广东省全民健身活动点,18 个单位、15 人被评为 2001—2005 年度广东省群众体育先进单位、先进个人,1 个单位和 13 个单位被评为全国、全省体育节先进单位,4 个单位、4 人和 10 个单位、10 人分别获得全国、全省国民体质监测工作先进单位、先进个人称号。"③以花都区花山镇为例,如 1995 年祖籍花山旅居美国三藩市的华侨刘国烈捐赠 85 万元人民币修建花山中学体育馆,还

　① 广州市体育局:《广州市体育场地设施广州市体育工作会议文件汇编》,2002 年。
　② 张金:《一个爱国大亨的传奇——霍英东的创业道路》,黎子流、黄伟宁主编:《广州市荣誉市民传》第一卷,广东人民出版社 1994 年版,第 59—60 页。
　③ 广州年鉴编纂委员会:《广州年鉴(2007)》,广东人民出版社 2007 年版。

捐资8万元给花都区体育局设立运动员奖励基金,用来奖励运动员。2002年旅港乡亲关灿捐赠3万元人民币给荷溪村第四经济社修建篮球场①。在海外乡亲的支持下,花山镇体育取得了喜人的成绩。"花山镇是广州市体育先进镇,自1990年以来连年被评为广州市施行国家体育锻炼标准先进镇。今年,该镇还顺利通过了检查验收,正式成为广东省体育先进镇。花山镇历来把全民健身、群众性体育活动作为精神文明建设的重要内容,广泛开展多种形式的群众性体育活动。并坚持把抓好学校体育教育作为促进全镇体育运动水平提高的重要工作来抓,成效显著。自改革开放以来,该镇自办的业余体校已为国家、省、市等上级用人单位输送了优秀体育人才300多名,其中夺得世界冠军的有邝显耀、邝树伦、江剑芬3人,夺得亚洲和全国冠军的有7人。之后多年,由于种种因素,业余体校曾一度停办。去年,花山镇人大正式通过复办业余体校的议案,并决定每年由政府拨款10万元用作为体校的办学经费。今年11月6日,广州市荣誉市民,乡贤刘国烈先生阖府回乡省亲,为感谢他对家乡体育事业的支持,花山镇政府还聘请刘国烈先生为体校的名誉校长。现在,体校已从全镇各学校选拔了80多名运动健儿,开设了田径、足球、篮球、举重、体操五个训练班。我们期待在不久的将来,会有更多的体育英才在这片沃土上脱颖而出。"②花山镇作为珠江三角洲富裕乡镇,"体育活动得到了社会、企业的资助和海外华侨的赞助,广开渠道、集液成珠,使这里乡镇体育事业的经费有所保证。这种官办与民办相结合、集体和个人办结合、国内与海外办结合的办体育形式,使乡镇体育进一步向纵深发展。"③

　　20世纪初半殖民地半封建社会的中国,积贫积弱,社会极为不平等,体育运动只是达官贵人的运动,平民百姓根本没有机会参与体育运动,更没有展现自我发挥潜能的可能性。20世纪初以来,海外乡亲在侨乡引进和推广体育项目,传播公平竞技理念,开展体育运动,捐建体育设施,一方面赋予了平民百姓参与体育运动的机会,极大地调动了侨乡民众参与体育的积极性,大大增强了民众的身体素质,改变了人们的思想意识和思维方式。"现代体育运动所蕴含的开放式的大众参与方式、公平竞争的准则、运动项目竞赛的高度组织性给社会文化和社会结构带来了新面貌。广东福建侨乡民众广泛参与的、常年或定期举行的体育运动培养了民众的竞技理念,对他们的思

---

① 资料来源:花都区侨务办。
② 肖爱民:《侨乡花山重体育出英才》,《花都乡音》2000年第4期。
③ 钟集均、辛利:《珠江三角洲富裕乡镇体育发展新特点及其模式》,《广州体育学院学报》1996年第2期。

维方式和社会组织水平也产生了深远的影响。"①另一方面,历经几代人长期不懈的努力,目前中国的竞技水平得到了迅速提高,中国体育的综合实力不断提升,中国运动员在奥运会、亚运会等各种竞赛活动中展现了良好的竞技状态和精神面貌,取得了优异的成绩,令世人刮目相看,令国人为之振奋,实现了海外乡亲振兴中华、洗刷雪耻的梦寐以求的夙愿,真可谓资助体育结硕果,扬眉吐气刷雪耻。正如刘权教授所言:"由社会民众广泛参与的、具有相当规模的、常年或定期举行竞赛的体育运动是西方文化的产物。如果按其自然的发展过程,待经济富裕到相当程度后再发展出乡村的文化体育事业,侨乡的体育运动肯定达不到今天的规模。侨乡体育的发达成为广东省侨乡的特色之一,这是海外同胞之功,也是侨乡之福。"②

五、研究结论与对策建议

习近平总书记在党的十九大报告中指出,"文化是一个国家、一个民族的灵魂。文化兴国运兴,文化强民族强。没有高度的文化自信,没有文化的繁荣兴盛,就没有中华民族伟大复兴。"③新时代,中华优秀传统文化的传承与发展正遭遇到全球化的挑战。全球化给中国海外乡亲带来了认同上的困惑,在主体身份认同危机的全球化背景下,寻根意识使海外乡亲反复在思考自己的民族文化身份认同。中国海外乡亲是传承和发展中华优秀传统文化的重要力量,新时代,如何建构海外乡亲对中华民族的文化心理认同,促进中华优秀传统文化的传承发展,是当前国家面临的迫切任务。笔者认为,为使海外乡亲传承发展中华优秀传统文化,可从以下几个方面着力:一是如何使华裔新生代认同中华文化。华裔新生代对中华文化的认知淡薄,认同脆弱,在文化上缺乏归属感,他们在国家政治身份上大多认同于居住国,在教育、学习态度、消费行为、社会主义核心价值观等方面与他们的父辈存在着代际冲突。因此,我们应积极实施"文化中国"战略,建立中华民族共享的文化价值系统和文化象征符号系统,将其纳入"文化中国",以民族文化身份为基础构建认同的精神文化纽带,凝聚价值共识,建构其中华文化认同。二是推动中华优秀传统文化创造性转化、创新性发展。正如学者商志晓所言"创造性转化主要是立足于中华传统文化本身而作出的努力,本体是'中华传统文化',目标是'转化',要求是'创造性',旨归是'服务';而创新性

---

①　罗俊翀:《华侨华人对中国体育进步和竞技理念传播的贡献》,《八桂侨刊》2004 年第 4 期。
②　刘权:《念祖爱乡:海外广东人的情结》,广东人民出版社 2005 年版,第 150—151 页。
③　习近平:《决胜全面建成小康社会 夺取新时代中国特色社会主义伟大胜利——在中国共产党第十九次全国代表大会上的报告》,人民出版社 2017 年版,第 40—41 页。

发展则是以中华传统文化为依托进行的创新努力,'中华传统文化'是底色,'发展'是追求,根本特征是'创新',旨归不只是'服务',重在提炼出融入现代社会形态的新内容,这些新内容一头联结着传统文化,一头则进入到了新文化体系之中。"①因此,推动中华优秀传统文化创造性转化需要海外乡亲与中华民族其他成员一道以现实为尺度,以实践为标准,以解决中华民族面临的现实问题、满足人们的精神需求与促进中华民族的复兴为旨归,力求与现代社会接轨,做到为现实所用。推动中华优秀传统文化创新性发展需要中华民族成员包括海外乡亲从世界先进文明中汲取养分,不断补充、拓展和完善中华优秀传统文化的内涵,赋予中华优秀传统文化新的时代内涵和表现形式。三是推动中华优秀传统文化在海外传播,构建人类文明共同体。中华优秀传统文化在海外的传播,需要发挥华侨社团、华文媒体和华文学校的力量,以华人社区为依托,充分挖掘中华优秀传统文化中具有当代价值、世界意义的思想资源,并将其传播、弘扬和发展,与其他文化一道共同推进人类文明发展进步。

第三节　海外乡亲捐赠广州医疗卫生事业的功效与问题

　　海外乡亲多有赠医施药、兴办医院的优良传统,他们资助广州侨乡的医疗事业始于晚清,改革开放后无论从捐资金额和规模,还是从捐建的医院数量与门类体系都比以前有更大的突破。这一阶段,海外乡亲逐渐从感性捐赠向理性捐赠转变,他们不仅捐赠支持医院的硬件建设外,还更加注重侨乡医院的发展问题,采取捐资支持医学的研究、设立医学基金、培养医学人才、促进医院间的交流与合作等方式支持医院的可持续发展,提高医院的软实力。他们的捐赠改善了广州侨乡医疗卫生基础设施条件,构筑了侨乡医疗卫生服务和保障体系,推动了广州医疗卫生的对外交流与合作,促进了广州医疗卫生事业的现代化与国际化。他们捐赠的每一步都凝聚着他们浓浓的爱国情愫和深深的故土情结。

一、优良传统:海外乡亲兴办医院的光辉历程

　　晚清时期,海外乡亲已开始在广州资助兴办医疗事业。清朝末年,中国

---

① 商志晓:《中华传统文化创造性转化创新性发展的哲学审思》,《光明日报》2017 年 1 月 9 日。

疫病流行,人民深受疾病之苦,官府又无力救济,民间自发地成立了善堂之
类的民间组织。"从19世纪末至20世纪初,先后设立于广州的善堂(名称
有善堂、善院、善社和医院,下文统称善堂)不下18家。"①善堂成立之初,由
于经费不足,救济民众力不从心。于是,由侨乡的归侨等人发动海外华侨捐
款。如1880年祖籍花县的归侨"宋荫棠、黄建文等发动募捐,成立广惠善
堂,在县内各地建茶亭,给路人供应茶水,设置诊所,赠医施药"。② 这一时
期,列入广州著名的"九大善堂"之中的广州方便医院和惠行善院,"其经费
主要靠旅美洲、南洋的华侨支持"。③ 民国时期,海外乡亲这种优良传统得
到进一步发扬,广州市的一些医疗机构常常得到海外乡亲的资助。如
1917年,"以龙归镇南村旅加拿大侨团群安堂和旅新西兰侨团利南堂捐
资,其他海外各埠的南村乡侨资助,由加拿大归侨周启华、周驭威等主持,
创办了南村肇福赠医局(医疗所),免费为村民治病赠药。此赠医局除在抗
日时期广州沦陷停办外,一直坚持到现在。人和镇和蚌湖镇也在20年代由
华侨团体和热心华侨人士出资设办赠医机构"。④ 惠爱医院在1924年受到
了华侨资助,"旧金山中华会馆赞助并通告各埠资助广州芳村惠爱医院的
扩建工程"。⑤ 1925年两广浸信会医院新院建成后,得到海外乡亲的多次
捐款支持,"为了偿还建设新院的欠款,两广浸信会在省港进行募捐,得到
香港同胞、归侨侨眷和教会人士的捐款1.8万多元。同年院长叶培初赴美
国募捐,得到华侨捐款10万美元,还清了建院的借款"。⑥ 这一时期受到资
助的还有萝岗医院,1933年,"萝岗村旅居秘鲁华侨捐资建立萝岗医院,从
此逐步引进西洋医学"。⑦ 西方医学的传入促进了广州乃至中国近代医疗
卫生事业的发展。此外,"柔济医院修建门诊楼和'林荫堂'病房楼等,曾得
华侨资助"。⑧

　　新中国成立后到改革开放前,广州的医疗条件仍然十分落后,卫生资源

---

① 黄艳:《试论广州善堂的发展:(1871—1937)》,暨南大学2001年硕士学位论文。
② 花县地方志编纂委员会:《花县志》,广东人民出版社1995年版,第867页。
③ 龚伯洪:《广府华侨华人史》,广东高等教育出版社2003年版,第304页。
④ 白云区华侨港澳志编辑部:《白云区华侨港澳志》,白云区侨务办公室、白云区侨联会2000
　　年版,第71—72页。
⑤ 广东省地方史志编纂委员会:《广东省志·华侨志》,广东人民出版社1996年版,第
　　325页。
⑥ 广州市东山区人民政府侨务办公室:《广州市东山区侨务志》,广州市东山区人民政府侨
　　务办公室1999年版,第190页。
⑦ 广州市地方志编纂委员会:《广州市志》卷二《区县概况》,广州出版社1998年版,第586页。
⑧ 广州市地方志编纂委员会:《广州市志》卷一五《卫生志》,广州出版社1997年版,第553页。

极为短缺,人民健康水平低下,尤其是郊区严重处于缺医少药状况,卫生环境恶劣,各种传染病流行。"解放前,我国医疗卫生事业十分落后,作为华南地区最大城市的广州也不例外,医疗卫生设施缺乏,防治手段落后,人民健康水平低下。1949 年,广州市仅有公立、私立医院 37 间,病床 3641 张,卫生技术人员 2371 人;1948 年,广州市区的人口死亡率和婴儿死亡率高达15.3‰和 103.9‰,人均期望寿命只有 35 岁。"①这一时期,海外乡亲继续在广州侨乡捐资兴办医院,改善侨乡的医疗卫生条件。如在白云区蚌湖镇,"1950 年初由侨团'保安和'出资开设赠医局,每日上午免费为群众诊病开处方。1955 年改名为蚌湖联合诊所。1956 年又改名为蚌湖卫生院。1963年再改为蚌湖卫生所。"②总部在加拿大温哥华鸦湖乡爱群总社的鸦湖乡华侨幸福会由鸦湖乡旅居海外的华侨在家乡成立的社团,一直以来,鸦湖乡华侨幸福会不间断地资助家乡公益事业,赠医施药,捐款救灾,资助低保困难家庭及孤寡老人。"文化大革命"期间,由于"左"的错误影响,侨务政策被严重破坏,华侨的爱国爱乡热情受到一定程度的挫伤,华侨对广州的支持因而停了下来。

综上所述,改革开放前海外乡亲在广州赠医施药,基本上是一种感性捐赠,他们注重对不幸群体的短期性救助,缺乏对救助对象的长期捐助,捐赠方式单一,只是"输血"式的扶贫济困,缺乏在医疗行业内投资研发新的医疗技术、医务人员交流与培训、健康教育、建立慈善医院等方面的"造血"式的捐赠,缺乏对受赠对象的自身生存能力和发展能力的培养。捐赠手段大多采取募捐,缺乏合理的引导,但也在一定程度上体现了他们救国救民的迫切性。捐赠者基本上是老一辈华侨,他们故土观念浓厚,基本上把善款捐给宗亲,捐赠的区域局限在本土本乡。但是他们的感性捐赠是以利他主义为主要动机,他们把救助不幸群体看作是义不容辞的责任和义务,捐赠不留名,不计回报,意欲通过在侨乡兴办医院实现达到救亡图存和振兴中华的目的。他们尽管身在异乡,但是他们效忠祖国、振兴中华的愿望依然强烈,为了祖国的医疗卫生事业,他们倾力解囊,四处筹资,为中国的医疗卫生事业可谓呕心沥血。他们在归侨侨眷的劝募下,有的直接到侨乡捐款,更多的华侨则是在侨居地把他们一生的积蓄奉献给祖国的医疗卫生事业。海外乡亲的善举在一定程度上减轻了人民的疾苦,西方医学的引进又提高了中国医

---

① 广州市卫生局:《广州卫生事业 60 年》,2009 年 7 月 6 日,见 http://www.gzzxws.gov.cn/gxsl/zts/jflsn/200907/t20090706_13375_8.htm。

② 广州市白云区地方志编纂委员会:《广州市白云区志》,广东人民出版社 2001 年版,第131 页。

疗卫生事业水平。

二、改革开放后海外乡亲捐赠广州医疗卫生事业的功效

本书通过对广州各区的实证调查,选取海外乡亲对广州医疗卫生事业捐赠的 270 个项目为样本,试图考察海外乡亲捐赠广州医疗卫生事业的功效。具体来说,功效表现在以下三个方面:

(一)促进了广州医疗卫生硬件建设的发展,改善了广州医疗卫生设施条件

改革开放初期,广州卫生资源严重短缺,卫生服务供给不足,"由于当时经济发展水平低,财力极为有限,政府发展卫生事业的能力受到极大限制"。① 面临这种情况,广州市各级医疗卫生部门根据《国务院批转卫生部关于卫生工作改革若干政策问题的报告的通知》(1985 年)和广东省政府《批转省卫生厅关于改革医疗卫生单位管理体制的通知》(1988 年)的精神,在市政府支持下,实行多渠道办医,积极发动海外乡亲捐资。"据 1980—1990 年广州医学院系统、广州中医学院系统、中山医科大学系统、暨南大学医院、广东省人民医院、广州市卫生局系统和各区卫生局系统不完全统计,华侨和港澳同胞共捐资人民币 221 万元、港币 8421 万元、美元 110 万元、日元 132 万元。"②改革开放后,海外乡亲主要通过捐建医院楼舍、捐赠医学设备、捐赠医用物资等方式,改善广州医疗卫生设施条件,缓解广州人民看病难的状况。

海外乡亲捐建医院楼舍成为了改善广州医疗卫生设施条件的最主要途径和方式。据不完全统计,海外乡亲捐建医院及卫生站(所)建筑物的项目记录数为 73 项,受赠的医疗卫生机构共 48 所,海外乡亲捐赠总额为 28933 万元。改革开放后海外乡亲捐建医院建筑物的金额巨大,平均每项达到 396 万元,最多的为捐建广州市慈善医院,金额为 6423 万元。海外乡亲捐建方式多样,既有捐建、助建整所医院,又有捐建、助建医院某栋楼舍。据不完全统计,改革开放以来海外乡亲单独捐建医院某栋楼舍的只有 8 项,捐赠金额为 1181. 1825 万元,助建整所医院建筑物和助建医院某栋楼舍共有 65 项,而助建医院某栋楼舍的方式最为常见,达到了 36 项,捐赠金额约为 17903. 7 万元。具体见表 2-7:

---

① 广州市卫生局:《广州卫生事业 60 年》,2009 年 7 月 6 日,见 http://www.gzzxws.gov.cn/gxsl/zts/jflsn/200907/t20090706_13375_8.htm。

② 广州市地方志编纂委员会:《广州市志》卷一五《体育志卫生志》,广州出版社 1997 年版,第553 页。

表 2-7：海外乡亲捐建广州医疗卫生建筑物情况表

医疗卫生机构级别	助建整所医院建筑物数量（项）/金额（万元）	捐建医院某栋楼舍数量（项）/金额（万元）	助建医院某栋楼舍数量（项）/金额（万元）
省级	0	1/33.1125	6/6737.911
市级	1/6423	2/1005.35	5/3835.9
区级	4/1700	1/4	15/6384.617424
镇级	14/1162.58	4/75.7	10/944.72
村级	10/706	0/0	0/0
合计	29/9991.58	8/1118.1625	36/17903.1484

资料来源：广东省华侨捐赠管理系统。

　　海外乡亲更倾向于冠名捐建或助建医院某栋楼舍，如番禺区人民医院的楼舍都是由海外乡亲助建而成，其中澳门同胞何添、何贤昆仲 1981 年捐赠 50 万元助建碧秋楼，香港同胞霍英东 1983 年捐赠 200 万元助建念慈楼，澳门何氏家族 1987 年捐赠 200 万元助建澄溪楼，香港同胞谢瑞兴 1990 年捐赠 42 万元助建瑞兴楼，澳门同胞何添、梁洁庭等人 1994 年捐赠 1232.8 万元助建何添保健中心。这种现象在省直和市属医疗卫生机构中更为普遍，在 15 个省直和市属侨捐项目中，助建整所医院的只有广州市慈善医院 1 项，其他 14 个项目如广东省人民医院广东省心血管病研究所霍英东心脏中心、中山大学附属第一医院何善衡楼（中山一院住院大楼）、中山大学附属第一医院邱德根楼（特诊中心）、中山大学附属第一医院曾宪梓楼（影像中心大楼）、中山大学附属第二医院林百欣国际交流中心、中山大学附属第二医院林百欣医学研究中心、暨南大学附属第一医院放射治疗室（宗汉楼）、暨南大学附属第一医院门诊楼（英东楼）、暨南大学医学院第六附属医院吴炳昌血液透析中心、广州市儿童医院谭兆楼工程、广州市第一人民医院英东门诊医疗中心、广州市第二人民医院谭兆住院楼、广州医学院第一附属医院英东门诊医疗中心、广州医学院第二附属医院何善衡脑科中心等全都是由海外乡亲冠名独资捐建或助建医院某栋楼舍。之所以出现这种情况，其主要原因有二：一是修建大型医院需要巨额资金，所以，海外乡亲往往采取单独捐建或者助建大型医院某栋楼舍的方式支持医院建设。二是侨乡地方政府的激励。为了保护和发扬华侨、港澳同胞捐资兴办公益事业，支援家乡建设的热情，1984 年 10 月广州市人民政府发布了《广州市华侨、港澳同胞投资优惠暂行办法》，《办法》第三条明确规定：对广州市经济建设和文化建设贡献特别突出的华侨、港澳同胞可立碑纪念。同年 12 月广东省人民政府发布了《广东省华侨、港澳同胞捐办公益事业支援家乡建设优待办法》，

《办法》第二条也明确规定:对自愿捐资兴办公益事业成绩显著的华侨、港澳同胞可以为捐建的医院等建筑物命名,题名留念等。1994年,广州市人民政府发布的《广州市为热心公益事业的华侨港澳同胞立碑铭志若干规定》明确规定,对热心资助社会公益福利事业有突出贡献的华侨、港澳同胞可立碑铭志,其中包括以捐赠人姓名命名公共建筑物、场所等形式。这一系列的政策实际上为海外乡亲直接以自己的姓名命名建筑物提供了政策依据,激励了他们兴办医院的积极性。这是一种双赢的举措,也是对海外乡亲慈善的一种回报。

其次,海外乡亲捐赠的医疗设备和医用物资也大大改善了广州市医疗卫生的硬件设施。改革开放以来,海外乡亲捐赠大量的先进设备、种类多样的医用物资,极大地改善了办医条件,促进了广州医疗卫生事业的发展。总体来说,海外乡亲捐赠医用设备和物资呈现以下特点:一是捐赠的项目数量多。例如海外乡亲捐赠医疗设备项目共110项,在区属医疗卫生机构受赠医用设备最多的是番禺区石楼人民医院,达到20项。二是海外乡亲的捐赠具有多次性、长期性。为了支持广州侨乡医疗卫生机构的建设,海外乡亲多次多批长期地支持某一所医疗卫生机构的设备建设。我们以广州市卫生局公布的侨捐项目为例,1978—2003年海外乡亲共捐赠广州市卫生局系统设备和物资共499次,受赠的医疗卫生机构共44所,受赠物质折合金额为6565.068万元。具体见表2-8:

表2-8:1978—2003年海外乡亲共捐赠广州市卫生局系统设备和物资次数情况表

受赠次数	受赠单位	受赠次数	受赠单位
1	广州市陈耀真—毛文书眼科纪念诊所	2	广州血液中心
1	广州市慈善医院	3	广州市传染病医院
1	广州市港务局港湾医院	3	广州市创伤外科研究所
1	广州市广州氮肥厂职工医院	3	广州市第六人民医院
1	广州市化工总公司职业病防治所	3	广州市精神病院
1	广州市仁爱服务中心	4	广州市珠江华侨港澳同胞医院
1	广州中医药大学附一院	4	广州市防疫站
1	广州市卫生局	4	广州市肿瘤医院
1	广州市卫生局服务公司	4	广州医学院附属医院
1	广州市眼库	5	广州市胸科医院

续表

受赠次数	受赠单位	受赠次数	受赠单位
1	广州市药物检测研究所	6	广州市中医医院
1	广州市中山医科大学口腔医疗中心	7	广州市第十二人民医院
1	广州市医疗卫生开发公司	8	广州市呼吸疾病研究所
1	广州市医疗系统	10	广州铁路局中心医院
1	广州中医学院	15	广州市广医二院
1	广州中医学院附属医院	29	广州市广医一院
1	广州市珠江侨场医院	38	广州市第二人民医院
1	广州市珠江华侨农场职工医院	45	广州市红十字会
2	广州市东升医院	48	广州市妇婴医院
2	广州市急救医疗指挥中心	58	广州市儿童医院
2	广州市结核病肺部肿瘤防治所	80	广州市第一人民医院
2	广州市皮肤病防治所	94	广州医学院

资料来源:《侨捐项目使用情况统计表》,2007 年 1 月 25 日,见 http://www.gzmed.gov.cn/portal/site/site/portal/gzmed/showcontent.jsp? contentId = 2499&categoryId = 3228&siteName = gzmed&categoryCode = 001003006003002。

由上表可知,广州市卫生局系统平均每个机构接受海外乡亲捐赠的物品达到 11.34 次,最多的是广州医学院,接受海外乡亲捐赠的物品为 94 次。加拿大籍华人谢华真从 1987 年到 1994 年 7 年时间里共 16 次向广州市儿童医院捐赠,捐赠的物品多种多样,为发展广州市儿童医院的医疗设备作出了积极的贡献。海外乡亲多次向广州市同一所侨乡医院捐赠医疗设备,正反映了他们改变家乡医疗卫生事业落后状况的决心和信心。正是由于他们长期以来的不懈支持,才有了侨乡医疗卫生事业的发展和壮大。三是海外乡亲捐赠的医用设备和物资种类多样,设备先进。改革开放以来海外乡亲捐赠的医疗设备种类多样,以广州医学院受赠的医疗设备种类为例,广州医学院受赠的设备包括办公设备、清洁设备、建筑设备、美容设备、医疗设备等各种设备,光是医疗设备就有 60 多种。并且海外乡捐赠的设备在当时甚至目前也非常先进,大大促进了广州医疗卫生水平的发展。例如,"爱国华侨陈世贤捐赠的显微(SMN)是全国第一台镜下导航设备,是目前最先进的高科技产品,是指导颅脑手术的尖端设备"。[1]

---

[1] 《中山大学附属第一医院神经外科显微导航设备》,见 http://www.gzsums.net/shebei.aspx。

（二）促进了广州医学研究和对外交流，提高了广州医疗水平

改革开放前，海外乡亲在广州侨乡主要是赠医施药、捐建医院建筑物。改革开放后，出现了海外乡亲捐资支持医学研究、促进医院开展对外交流与合作、培养医学人才的新方式。海外乡亲支持广州侨乡医学研究、培养医学人才源于他们振兴中华医学的强烈愿望，源于他们与侨乡医院建立的一种特殊感情。这种强烈愿望和特殊感情促使他们义无反顾、自始至终、不遗余力地支持广州侨乡医学研究，促进侨乡医学人才的培养。

海外乡亲通过资助广州医院和卫生机构软件建设，提高了医院的医疗水平。一是捐资成立医学研究所或研究中心，支持广州开展医学研究。最早的医院研究所或研究中心是 1986 年由香港同胞温祥来倡导并募捐成立的广州医学院神经科研究所。温祥来，祖籍广东梅县，是香港著名神经外科专家，他非常关心祖国的医学事业，在多次回大陆交流考察之后，他深深地感到内地神经科学的落后，于是萌发了帮助内地建立神经科学研究所的强烈愿望。在广州医学院领导的热情相邀之下，1985 年 3 月，他受聘为广州医学院名誉教授。1986 年 12 月，在温祥来博士的倡导和支持下，广州医学院正式成立神经科研究所。温祥来博士从神经科学研究所的创办到发展，自始至终都倾注了极大的心血。研究所创办之前，神经所的规划方案的拟订、科研和医疗工作的指导他都亲力亲为。研究所创办之后，为改善研究所的设备和条件，"他不辞劳苦，奔波于港澳同胞和海外侨胞之间，为研究所先后募集仪器资金总值近 2600 万港元"。[1]　为了引进和培养研究人才，温祥来"先后推荐美国、加拿大、香港等地神经科学界学者 12 人担任研究所的名誉教授、顾问，并多方联系争取资助选送专业人员出国进修留学"。[2]此外，温祥来博士还为广州医学院神经科学研究所开展对外交流与合作牵线搭桥，以提升研究所的学术水平。"过去，温博士多次回国内讲学，联系和资助几十名国内的专家参加国际学术交流。建立研究所后，他及时提供国际上神经科学发展信息。他多次到该所指导实验、研讨科研设计和做手术示范。他协助该所与国际著名神经科学研究机构建立联系。"[3]此外，祖籍海南的美籍华人符必成教授"热心支持广州市医学院开展医疗科研工

---

[1]　《广州医学院神经科学研究所》，见 http://www.lib.gdpu.edu.cn/cyzy/tssjk/yjjg/yxl/200912/t20091208_6440.htm。

[2]　广州市地方志编纂委员会：《广州市志》卷一八《华侨志穗港澳关系志》，广州出版社 1996 年版，第 260 页。

[3]　梁铁恩：《港澳人士捐资广州医学院》，载广州市政协学习和文史资料委员会主编：《广州文史第五十五辑》，广东人民出版社 1999 年版，第 6—7 页。

作,自 1988 年以来,积极联系并免进美国国家毒理研究中心与广医建立学术交流合作关系,美方已免费接受广医 3 批共 6 人前往进修。符必成 4 次自费到广州医学院讲学,并将自带的教学仪器等赠送给该院,曾提供 4 篇论文和科研信息,支持广医的科研工作,对广州市的医疗学术研究、人才交流工作作出了有益的贡献。"①在海外乡亲的支持和指导下,"广州医学院神经科学研究所专科医疗水平已达省内领先地位,在癫痫、儿童神经病、脑肿瘤等方面,已达国内先进水平"。②

广州医学院呼吸疾病研究所也是在海外乡亲的资助下发展壮大的。广州医学院呼吸疾病研究所于 1979 年成立,1991 年澳门中华总商会副会长陶开裕先生及其夫人"给呼吸疾病研究所捐资 20 万港元"③。1994 年广州呼吸疾病研究所决定成立广东省呼吸疾病研究重点实验室,重点实验室的成立急需建设资金,此时,英籍华人傅金珠女士"主动提出捐赠 307 万港元支持建设。其中 220 万港元用于建体育馆,27 万港元用于研究所"。④ 1996 年呼研所呼吸监护中心改建为广州呼吸监护中心,后得到了香港知名人士霍英东先生的支持。"2002 年,霍英东先生捐资 800 万元,改造英东广州重症医学监护中心,2003 年霍英东先生再次捐资 800 万元用于英东广州重症医学监护中心的二期建设。"⑤在海外乡亲的支持下,广州呼吸疾病研究所不断发展壮大,2003 年,被评为"教育部重点学科",同年在抗击非典疫情中发挥了重大作用,受到党和国家及社会各界的好评,被全国总工会授予"全国五一劳动奖状"称号。

广东省心血管病研究所也得到了海外乡亲的大力资助,如果说温祥来博士支持广州医学院神经科研究所是出于一种振兴中华医学的强烈愿望,那么霍英东先生捐资支持广东省心血管病研究所则是缘于他与广东省人民医院的一段特殊的缘分。20 世纪 80 年代早期,霍英东先生因颈部疾病到广东省人民医院求医。当时国内心血管治疗设备差,水平低,即使是广东省人民医院心脏科治疗条件也十分简陋,无法满足病人的需求。霍英东先生

①　广州市地方志编纂委员会:《广州市志》卷一九《人物志》,广州出版社 1996 年版,第 503 页。

②　《广州医学院神经科学研究所》,2009 年 12 月 8 日,见 http://www.lib.gdpu.edu.cn/cyzy/tssjk/yjjg/yxl/200912/t20091208_6440.htm。

③　梁铁恩:《港澳人士捐资广州医学院》,载广州市政协学习和文史资料委员会主编:《广州文史第五十五辑》,广东人民出版社 1999 年版,第 11 页。

④　梁铁恩:《港澳人士捐资广州医学院》,载广州市政协学习和文史资料委员会主编:《广州文史第五十五辑》,广东人民出版社 1999 年版,第 13 页。

⑤　《广州呼吸疾病研究所历史沿革》,见 http://www.gird.cn/about3.asp。

对广东省人民医院表示了极大的关怀,1989 年,"由霍英东先生捐资 2200 万港元、广东省人民医院出资 1000 万元人民币兴建的广东省心血管病研究所霍英东心脏中心建成并投入使用。"①霍英东心脏中心的建成大大提升了广东省心血管病研究所的实力,如今广东省人民医院成为国内心血管病研究领域的三大中心之一。

为了促进广州医学研究,香港同胞林百欣 1992 年向中山大学附属第二医院捐赠 500 万元设立林百欣国际交流中心,1998 年又捐资 100 万元设立林百欣医学研究中心。在海外乡亲和中山大学及医院的大力支持下,林百欣医学研究中心旨在建立一个高水平综合性的医学科研基地,并取得获得长足的进步。2009 年获批广东普通高校"恶性肿瘤基因调控与靶向治疗重点实验室"、2012 年获批广州市"恶性肿瘤分子机理与转化研究重点实验室"、2013 年获批广东省"恶性肿瘤表观遗传与基因调控重点实验室"。近五年来,医研中心帮助医院培养博士生、硕士生 400 多名,医研中心逐步建设成为国内外医学技术交流中心和具有国际先进水平的开放性实验室。②

二是捐资促进了广州医院对外交流与合作,提高了医疗水平。最为典型的案例是加拿大籍华人谢华真对广州市儿童医院的对外交流与合作的倾情奉献。谢华真,祖籍广东台山,系加拿大温哥华 B.C 省儿童医院内分泌科主任、世界著名儿科专家。1986 年 2 月随温哥华友好代表团访问广州时作为医学专家访问了广州市儿童医院。当时广州市儿童医院设备不足、门诊拥挤,谢华真对此表示出极大的关注,并当即表示愿为该院的发展尽心尽力,从此以后与广州市儿童医院结下了不解之缘。在他坚持不懈的努力下,1986 年 5 月广州市儿童医院与温哥华 B.C 省儿童医院结为姊妹医院,此后广州市儿童医院对外交流与合作揭开了新的一页。"为了帮助广州市儿童医院的医务人员和直接了解国外医学新知识、新技术,提高医疗水平和工作效率,从 1987 年 2 月到 1991 年 3 月 4 年间,谢华真从加拿大先后请来 42 位医学护理专家,前来该院讲学和做医疗示范。"③通过一系列的专题讲座和临床指导,大大开阔了儿童医院医务人员的视野,为他们了解国际医学新动态及开展新技术提供了极大的帮助。除了将国外医学专家请进来之外,他还采取把医务人员送出去的方式来促进广州市儿童医院的对外交流与合作。为了解决广州市儿童医院医务人员赴加拿大进行医学交流或培训的费

① 广州年鉴编纂委员会:《广州年鉴(1991)》,广东人民出版社 1991 年版,第 524 页。
② 《林百欣医学研究中心》,见 http://www.syshospital.com/Item/61599.aspx。
③ 钟卓安:《今日白求恩——记谢华真先生》,载黎子流、黄伟宁主编:《广州市荣誉市民传》第一卷,广东人民出版社 1994 年版,第 40—41 页。

用,谢华真特向加拿大国际开发署(CIDA)申请赞助基金,并把广州市儿童医院和加拿大 B.C 儿童医院的交流协作列入 CIDA 资助的中加科教文协作项目。为帮助中国在职儿科医护工作者更新知识,提高医疗技术水平,基金会为他们专门设立了出国进修的学习基金,以切实资助赴加进修、考察、参观学习、讲学交流的有关人员。在基金会成立后的 5 年中,先后组织了中加两国有关官员、专家学者、医务人员 500 多人次进行互访、参观、讲学、进修等。① 在谢华真教授的支持下,"广州市儿童医院在医疗技术水平和综合实力上有了质的飞跃,一批专业从无到有,一些专业从弱到强,成为院重点学科、市重点学科,还有部分专业在国内同行中处于领先地位"。② 此外,美籍华人林逸民一家对广州医院的对外交流也作出了突出贡献,"除捐资 1000万港元给家乡办公益事业外,又资助 4 万美元给广州中山医学院教师出国深造。另一子林建宇多次组织美国医学界人士到广州、上海、北京等地进行学术交流,并积极致力于科技引进工作,促成美国亚西万基金会捐资在北京兴建中美儿童友谊医院。"③

三是捐资设立医学基金,培养医学人才,开展医学研究。根据笔者对广东省侨务办的调查访问,到 2008 年,海外乡亲设立的医学基金项目总数为17 项,项目总额为 2559.62 万元,海外乡亲捐赠 1542.455 万元,占总额的60%。具体见表 2-9:

表 2-9:海外乡亲捐资设立医学基金情况表

表头医学基金类型	医学基金用途	医学基金名称/项目数	海外乡亲捐赠金额(万元)
综合基金	用于医院教学、医疗、科研、对外交流等综合发展	番禺区东涌医院基金(3 项)、广州市花都区胡忠医院基金(1 项)、番禺区大石人民医院基金(2 项)、广州慈爱医院基金(1 项)	218.42
人才培养基金	用于培养医学人才的,它包括育才基金、奖学基金、奖教基金、培训基金、留学基金等	广州市第一人民医院医院育才基金(1 项)、月娥医学奖励基金(1 项)	210

---

① 钟卓安:《今日白求恩——记谢华真先生》,载黎子流、黄伟宁主编:《广州市荣誉市民传》第一卷,广东人民出版社 1994 年版,第 41—43 页。

② 《广州市儿童医院与温哥华 B.C 省儿童医院的友谊源远流长》,2005 年 1 月,见 http://www.guangzhou.gov.cn/zhuanti/2005/01-gzwgh/news/008.htm。

③ 广州市地方志编纂委员会:《广州市志》卷一八《华侨志穗港澳关系志》,广州出版社 1996 年版,第 54 页。

续表

表头医学 基金类型	医学基金用途	医学基金名称 /项目数	海外乡亲捐赠 金额(万元)
医学研究基金	用于医学科研研究	非典型脑炎研究基金会(1项)、抗非典基金会(1项)	1001
医疗救助基金	用于村民的医疗救助	番禺区化龙镇农村合作医疗管理办公室浩安助医基金(1项)、番禺区化龙镇廖李雪颜医疗基金(3项)、曾兆希医治白血病基金(1项)	49.2
医院福利基金	奖励全院职工,改善职工福利待遇	广州市花都区胡忠医院胡忠基金(1项)	63.835

资料来源:广东省华侨捐赠管理系统。

由上表可知,海外乡亲捐赠的医学基金种类多样,既有用于医院教学、医疗、科研、对外交流的综合基金,又有人才培养、医学研究、医疗救助、医院福利等专门基金,其中促进医院医学研究、人才培养和对外交流的基金项目就有11项,捐赠金额达到了1429.42万元,占基金总额的92.67%。这表明海外乡亲捐资设立医学基金最主要目的是促进促进医院医学研究、人才培养和对外交流,以提高医院的研究水平。

海外乡亲捐资支持广州医学研究和交流,无论是出于振兴中华的强烈愿望,还是缘于与侨乡医院建立的特殊感情,其实都是爱国主义情怀的释放。海外乡亲高瞻远瞩,在改革开放之初就用长远的目光洞察到侨乡医疗卫生事业的落后,觉察到侨乡医疗卫生事业的最需,把慈善的视野瞄准侨乡医疗卫生事业最需要、最重要的医学研究领域,实行战略性的捐赠,使捐赠的社会效益发挥到极致,从而提高了广州侨乡医学研究水平,培养了大批医学人才,使广州侨乡的医学研究和人才培养走在全国的前列,这种"科学的慈善"模式值得我们学习。在支持广州侨乡医学研究和交流的过程中,他们自始至终为侨乡医学的发展尽心尽力,有的数次深入侨乡指导医学研究工作,有的不仅自己捐赠,还发动亲朋好友捐赠,有的到了人生晚年还在为侨乡的医疗卫生事业的发展到处奔波,这种慈善精神诠释了海外乡亲爱国爱乡的真谛,应值得每一位炎黄子孙学习。

(三)资助建立了门类齐全的医疗体系和覆盖城乡的医疗卫生网络,促进了广州医疗卫生事业的发展

改革开放以来海外乡亲捐助的卫生机构门类齐全,体系完整,包括各类医院、卫生防疫站、专科防治所、妇幼保健站、医学研究机构、疗养院、门诊

部、镇卫生院和村卫生所等机构。从捐建或助建的医院类别来看,有综合医院、教学医院、专科医院、华侨医院;按专业划分有中医医院、西医医院、中西医结合医院;从捐建或助建的卫生机构楼舍来看,改革开放以来海外乡亲捐建或助建的卫生机构楼舍种类繁多,有住院楼、综合楼、外科楼、内科楼、门诊楼、特诊楼、爱婴楼、放射治疗楼、业务用楼、眼科中心、保健中心、医学交流中心、医学研究中心、重症监护医学中心、脑科中心、血液透析中心、心脏中心大楼、影像中心大楼、康复中心大楼等。

　　改革开放以来海外乡亲捐助的卫生机构范围广泛,从地区来看,广州市所有的区都有海外乡亲捐赠的医疗卫生机构。番禺区为最多,最少的是南沙区也有 23 万元。从捐助的医疗机构的级别来看,包括省属系统、市属系统、区县属系统、镇村属系统,涉及广州侨乡医疗卫生机构的每一个级别,覆盖了城乡医疗卫生网络,把兴办医院、改善民生延伸到侨乡每一个角落。其中省属医院和卫生机构受赠项目 16 项,受赠医院 9 所,市级医院受赠项目 31 项,受赠医院 14 所,区级医院受赠 85 项,受赠医院 27 所,镇级医院受赠 120 项,受赠医院 37 所,村级医疗卫生机构受赠项目 18 项,受赠医院 14 所。具体见表 2-10:

表 2-10:海外乡亲捐赠的医院和卫生机构分布情况表

受赠数(项)/金额(万元)/受赠医院和单位数量(所)/获得医院等级数(所)	省级医院	市级医院	区级医院	镇级医院	村级医院
天河区	5/2101.5/3/三甲 2,一甲 1	6/1828/3/三甲 3			
越秀区	9/8093/4/三甲 3,一甲 1	22/5858.6/8/三甲 8	2/88.19/2/一甲 1,二乙 1		1/8/1/一甲 1
海珠区	1/125.4/1/三甲 1		2/2500/2/二甲 2		7/1048/3/二甲 1,一甲 1
白云区	1/35.3707/1/三甲 1		9/423/3/二甲 3	13/2267/8/二甲 3,一甲 3,二乙 2	3/8/3
荔湾区		3/6761/3/三甲 2,二甲 1	4/1811.6/3/三甲 1,二甲 2		1/6/1

续表

受赠数（项）/金额（万元）/受赠医院和单位数量（所）/获得医院等级数（所）	省级医院	市级医院	区级医院	镇级医院	村级医院
黄埔区			3/139.96/3/三甲2，一甲1	1/4/1/一甲1	2/5.5/2/二甲1
花都区			10/664.681/3/二甲3	21/398.3/4/一甲4	
增城区			2/11.5/3/二甲3	2/51/2/一甲2	1/10/1/一甲1
从化区			2/217/1/三甲1		
南沙区			1/23/1/三甲1		
番禺区			50/4270/6/三甲2，二甲1	83/2427.3/22/一甲18，二甲2，	3/27.8/3
合计	16/10355/9/三甲7，一甲2	31/14447.6/14/三甲13，二甲1	85/10149.2/27/三甲7，二甲14，一甲2，二乙1	120/5147.6/37/二甲5，一甲28，二乙2	18/1113.3/14/二甲2，一甲3

资料来源：广东省华侨捐赠管理系统。说明：受赠医院所获得的医院等级基本上是通过对受赠医院和卫生机构的官方网站查询所得。

改革开放以来，海外乡亲捐资支持广州侨乡医疗卫生事业的资金数额多、医院数量多、捐资规模大。据广州市侨务办统计，从1978年到2008年，海外乡亲对广州市医疗卫生事业共捐赠41177.92万元，占总捐赠的11.41%。海外乡亲捐赠医疗卫生所占的比例，仅次于海外乡亲对教育、工农业生产以及其他公益事业的捐赠，这说明，海外乡亲对广州医疗卫生的支持是很大的。其次，兴办医院的数量也多，海外乡亲兴办医院的增长速度快。1985年海外乡亲捐资兴办的医院只有10家，到1990年时兴办的医院达到了33家，5年间增长了3倍多，到2001年兴办的医院达到了71家，与1990年时相比，增长了2倍多，与1985年时相比，增长了7倍多。再次，捐资规模大。改革开放后，广州市500万元以上侨捐项目有80个，而医疗卫生事业侨捐项目 500 万以上的就占了 14 个。据广州市侨务办 2002 年所做的侨情调查,医疗卫生类占总捐赠的 22.4%,但是当年捐赠款物折人民币 50 万元以上或某项目累计 50 万元以上的兴办公益重点项目中,医疗卫生类重点侨捐项目占总的重点侨捐项目的 30.4%。这些数据说明,海外乡亲捐资在广州侨乡兴办医院的资金规模大。

由于海外乡亲捐赠的资金数额多、医院数量多、捐资规模大,因此,捐赠效果极为显著,据统计,在海外乡亲的资助下,受资助的医院和卫生机构中获得三级甲等的有 27 所,二级甲等的有 22 所,一级甲等的 35 所,二级乙等的有 3 所。在海外乡亲的大力支持下,广州医疗卫生设施条件大大改善,民众看病难的状况得到缓解,医学、医疗水平大大提高,医疗卫生服务和保障能力大大提升。至 2008 年,广州地区医疗卫生机构,达到 2388 个(不含村卫生站),比 1978 年增长 1.5 倍;医院数量达到 218 家,比 1978 年增长 1.55 倍;卫生技术人员达到 8.1 万人,比 1978 年增长了 2.57 倍,卫生机构床位数达到 5 万多张,比 1978 年增长 3 倍多。[①]

综上所述,改革开放以来海外乡亲捐款捐物,慷慨解囊,资助广州医院的硬件建设,改善了广州医疗卫生设施条件,资助广州医学研究和对外交流,提高了广州医疗水平,资助广州建立门类齐全的医疗体系和覆盖城乡的医疗卫生网络,促进了广州医疗卫生事业的全面发展,从而为广州医疗卫生事业的发展作出了不可磨灭的贡献。改革开放以来海外乡亲从资助病人到资助医院,以乡为家,以人为本,始终不渝地为改善中国的民生而竭尽全力;从城市到乡村,他们把慈善的触角伸向侨乡每一个角落,完善了广州侨乡医疗卫生基础设施,构筑了侨乡医疗卫生服务和保障体系。他们用资金、技术和经验推动着广州医疗卫生事业的进步,更是用一颗赤诚的心架设中外医疗合作的桥梁,推动着广州医疗卫生事业的国际化与现代化。

三、海外乡亲医疗卫生捐赠存在的问题剖析

尽管改革开放后海外乡亲对广州医疗卫生事业的发展作出了突出贡献,但是其捐赠工作也存在一些问题,具体表现在以下几个方面:

(一) 捐赠主体以个人为主,捐赠群体培育不足

从捐赠主体的名义来看,捐赠者主要以个人捐赠为主,以企业、社团组织和群体名义捐赠较少。具体见表 2-11:

---

① 广州市统计局:《广州统计年鉴 2009》,中国统计出版社 2009 年版。

表 2-11：海外乡亲对广州医院和卫生机构的捐赠名义情况表

以个人名义捐赠人次和金额数	以企业名义捐赠人次和金额数	以社团组织名义捐赠人次和金额数	以海外乡亲群体名义捐赠人次和金额数
2228 人次，36163.2315 万元	14 人次，1133.19 万元	28 人次，3544.6585 万元	4 人次，336.84 万元

资料来源：广东省华侨捐赠管理系统。

从捐赠主体的名义来，海外乡亲捐赠名义分为个人名义和团体名义。以个人名义捐赠包括以个人名义单捐和个人名义合捐，其中个人名义单捐是海外乡亲捐赠的最主要形式。以个人名义合捐主要包括：夫妇、父子、母子、兄弟、兄妹、翁婿等名义合捐，其中以夫妇名义合捐在个人名义合捐中最为常见。海外乡亲在捐赠广州医疗卫生事业中绝大部分采取个人名义捐赠，主要原因在于以个人名义捐赠更能体现海外乡亲立地扬名、光宗耀祖的心理倾向。海外乡亲捐赠侨乡公益事业虽然具有公益性、无偿性等特点，但是部分海外乡亲也有寻求心理上的慰藉和名誉上的满足感，他们企图通过个人名义捐赠提升个人在家族中的地位和威望，以得到名义上和声誉上的回报。

海外乡亲以团体名义捐赠分为企业名义、社团名义、海外乡亲群体名义。据上表可知，以社团名义捐赠在团体名义捐赠中的次数较多，以社团名义捐赠的一共有 26 个社团，28 人次，分别是世界轮椅基金会香港慈爱协会会、铭源基金（2 次）、香港番禺会所、澳门番禺同乡会、澳门何族宗义堂联谊会、日本国株式会社 WACOAL、九龙烧腊同业商会、荷兰保宁社、香港南沙同乡会、香港继昌堂、四国观光团、温哥华筹建委员会、蚌湖华侨"保安和"、香港继昌堂（2 次）、外商协会、中医促进会（2 次）、香港佛教严楞学处（2次）、香港番禺工商联谊会、香港番禺南村同乡暨工商联合会、香港扶轮社、沙湾同乡会、香港番禺南村镇同乡会、亚洲防盲基金会香港盲人辅导会（共1 次）、日本东京扶轮社香港湾仔扶轮社（共 1 次）。海外乡亲群体名义捐赠主要包括华侨港澳同胞名义、家族名义，在团队名义捐赠中次数最少，只有4 次，这说明，海外乡亲以群体名义捐赠的倾向不是很强烈。尽管以华侨、港澳同胞和家族等团体名义捐赠体现了捐赠者不求回报、不图名誉的心理，但以团体名义捐赠留下的只是团体的姓名，海外乡亲个人的姓名在名单中得不到体现，个人在家族中的地位和威望难以体现，因此这种方式不容易得到海外乡亲认可。

（二）捐赠方式单一，造血性捐赠缺乏

改革开放后海外乡亲捐助广州兴办医院，多采取现金和物品捐赠的方式,捐赠的方式单一,非现金的捐赠缺乏。海外乡亲捐赠的现金和物品都是指定用途的,在硬件建设上主要用于捐建建筑物、捐赠设备和医疗急需的物品,以改善广州医疗卫生设施条件。在软件建设上基本上也是现金和物品方式,如采取捐资支持医学的研究、设立医学基金、培养医学人才、促进医院间的交流与合作等方式支持医院的可持续发展,提高医院的软实力。海外乡亲捐资设立的医学基金并没有请相关的专门资金管理机构和专业人士作投资管理,没有用于投资,只是作为银行的定期存款每年有一定的利息,没能得到更好的增值。实际上,"非现金类的捐赠更具特色,包括有价证券、不动产、无形资产、廉价转让、个人服务和自负成本等等。其中有价证券分为各种公开上市交易股票、公司内部股票、各类债券、人寿保险单等"[1],而非现金类的捐赠在海外乡亲的捐赠中极为缺乏。另外,改革开放后海外乡亲对广州医疗卫生的捐赠绝大部分是"输血"式的,如捐建建筑物、捐赠设备和医用物品,但用于医院的研究、培养医学人才、促进医院的交流与合作的"造血"式的捐赠项目数量较少,捐赠的金额也不多。据前所述,改革开放后,海外乡亲在广州捐赠设立的医学基金只有17项,金额有1542.455万元,况且,海外乡亲设立的医学基金并不完全是用于医学研究和培养医学人才,有的是奖励医院职工和救助困难群众。

（三）捐赠工作缺乏市场化机制,慈善效率低下

首先,从募捐机制来看,捐赠工作缺乏市场化的募捐机制。由于发动募捐的基本上是当地政府部门、医院和卫生院等,因此,侨捐项目去向和用途具有明确指向,大多数是捐向祖籍地的定向捐赠,受赠单位大多是医院、卫生院和当地政府部门。据不完全统计,受赠单位为政府部门和医院的侨捐项目有260项,受赠金额31906.5376万元,占总受赠金额的77.49%。受赠单位为慈善会和基金会等公益性慈善组织的总共只有10项,受赠金额共9271.3833万元,占总受赠金额的22.51%,可见,慈善会、基金会等公益慈善组织并没有成为募捐的主体。当地政府部门或者医院利用海外乡亲参加各类庆典、节日纪念活动、恳亲会、联谊会等宗亲活动时发动募捐,海外乡亲触景生情,即时捐赠,因此这样的捐赠活动是临时性、应急性的捐赠,缺乏"常态化"、市场化的募捐机制。公益性慈善组织具有公益项目运作和丰富的管理经验,它们往往根据群众需求进行市场化的运行、监督与救助机制,追求慈善效率,注重慈善效果。如成立于1994年的广州市慈善会,为了加

---

[1]　王继远、纪晓虹:《五邑华侨慈善教育捐赠现状、问题与对策——以五邑大学接受捐赠为例》,《五邑大学学报》(社会科学版)2015年第2期。

强对项目的管理,专门制定了《广州市慈善会章程》《广州市慈善会基金管理办法》等组织章程和管理制度,并且专门在最高决策机构的理事会下设秘书处,负责处理本会募捐、救助等日常工作事务。如在筹建广州市慈善医院的过程中,广州市慈善会广泛动员社会资源,建立募捐长效机制,从1994—2006年,广州市慈善医院共接受社会捐赠13595.8万元,其中海外乡亲捐赠6423万元,捐赠人数达到40人之多,政府投资4048万元,社会集资3124.8万元,在社会各界的资助下,广州市慈善医院从2001年1月开工,2002年10月就建成。从2002年5月到2006年6月,广州市慈善医院共向困难群众发出慈爱医疗卡共1574个,持卡人每人每月发放4张账单,每单金额30元,另外每人每年可住院2次,每次费用2500元。目前,"广州市慈善会已成为广州地区最大规模、最具影响力、公信力和辐射带动力的枢纽型慈善组织,是广州地区了解慈善、关心慈善、参与慈善的主渠道和主平台"。①

（四）捐赠资金缺乏合理引导,流向不均衡

改革开放后,由于个例侨乡政府缺乏合理的引导,海外乡亲的医疗善款流向不均衡。从捐赠的领域流向来看,资金主要流向硬件建设,软件建设流向较少。从表2-6可见,海外乡亲主要捐赠建筑物、设备和消耗性物质。其中捐赠建筑物的金额为最,占海外乡亲医疗捐赠总额的70.26%,其次是捐赠设备和消耗性物质,25.94%,捐赠基金最少,只占海外乡亲捐赠总额的3.78%。从捐赠的资金地区流向来看,主要流向祖籍地和医院,地区和行业分布不均衡。改革开放以来,海外乡亲捐资兴办医院尽管分布于广州各个行政区域,但地区分布不均衡,番禺区、天河、海珠、白云、花都较多,增城、从化、黄埔、南沙很少。究其原因,一是侨乡政府部门缺乏合理的引导,缺乏对整个医疗侨捐项目的统筹。二是海外乡亲大多捐赠祖籍地。从整个广州市范围来看,海外乡亲捐赠在不同的行政区域捐赠地域稍有不同。在越秀区、荔湾区、海珠区等原来的老城区,海外乡亲跨祖籍地捐赠的现象较为普遍,但在番禺区、白云区、花都区、增城区、从化区等原为郊区后新成立的城区,海外乡亲的捐赠绝大多数是投向祖籍地,他们对本村的感情最深,然后依次是本镇、本区。

从捐助的医疗机构的级别来看,尽管省级医院、市级医院、区级医院、镇村级医院都受过捐赠,但是行业分布也不均衡,海外乡亲对省级医院、市级医院、区级医院捐赠多,对村级医疗卫生机构捐赠较少。具体见表2-12:

---

① 《广州市慈善会简介》,见 http://www.gzcf.org/WebSite/ShowNews/503/7。

表 2-12：海外乡亲捐助的医疗机构级别分布表

	投资总额	海外乡亲捐赠项目数量	捐赠金额	基金数量（项）/金额（万元）	建筑物数量（项）/金额（万元）	设备数量（项）/金额（万元）	汽车和其他物品数量（项）/金额（万元）	海外乡亲捐赠占总额的百分比
省级医院	22736.228	16	10355	2/1001	7/6771	5/2351.45	2/231.73	
市级医院	34697.9788	31	14447.7	3/226.4	8/11264	12/966.3	8/1990.7304	
区级医院	43757.0327	85	10149.2	6/255.985	20/8009	37/1573	22/311.87	
镇级医院	10434.2006	120	5147.6	7/75.5	28/2183	52/1280.757	33/1608.08	
村级医院	1256.2944	18	1113	0	10/706	4/391	4/15.1	
合计	112881.7345	270	41212.5	18	73/28933	110/6562.507	69/4157.5104	

资料来源：广东省华侨捐赠管理系统。

从村级（社区）医疗机构来看，海外乡亲在广州只捐建 10 所村级卫生所，分别是增城区新塘镇黄沙头村卫生站、海珠区石溪中医院（海珠区瑞宝街社区卫生服务中心）、黄埔村卫生站、琶洲村卫生站、番禺区石碁镇石岗东村卫生所、大岗镇岭东村卫生站、石楼镇茭东村医疗站、荔湾区东漖村健康院，黄埔区长洲上庄联社卫生所、夏园社区卫生站。习近平总书记在党的十九大报告明确指出："加强社区治理体系建设，推动社会治理重心向基层下移，发挥社会组织作用，实现政府治理和社会调节、居民自治良性互动。"①慈善组织是社区治理的重要力量，目前，城市社区医疗发展较为缓慢，急需要得到社会组织的支持，得到海外乡亲的支持。

四、研究结论与对策建议

基于以上分析，本书得出以下几个主要结论：

（一）主要研究结论

1.改革开放后海外乡亲的捐赠促进了广州医疗卫生事业的发展，他们是广州医疗卫生事业发展的重要推动者。改革开放后海外乡亲捐建医院建

---

① 习近平：《决胜全面建成小康社会 夺取新时代中国特色社会主义伟大胜利——在中国共产党第十九次全国代表大会上的报告》，人民出版社 2017 年版，第 49 页。

筑物,捐赠医疗设备和医用物品,改善了广州医疗卫生设施条件,大大缓解了广州人民看病难的状况。他们捐资建立医学研究所或研究中心,促进了广州医学研究;捐助广州医院对外交流与合作,促进了广州医疗卫生事业的国际化和现代化;捐资设立医学基金,培养医学人才,提高了广州医院的医疗水平,促进了医院的可持续发展。他们资助建立了门类齐全的医疗体系和覆盖城乡的医疗卫生网络,构筑了广州医疗卫生服务和医疗保障体系,促进了广州医疗卫生事业的发展。

2.侨务政策的激励是海外乡亲对侨乡医疗卫生捐赠的重要外部推动力。改革开放以来,中国的侨务政策发生了根本变化,国家积极维护海外乡亲的正当权益,鼓励海外乡亲为祖国和所在的国的合作与交流发挥作用。为了加强捐赠工作的管理和指导,广东省和广州市都出台了一系列有关捐赠方面的政策,大大增强了海外乡亲捐赠广州医疗卫生事业的信心。

3.海外乡亲在慈善捐赠的过程中也存在着一些问题,这些问题主要表现在:捐赠主体以个人为主,海外社团、企业和群体参与度低,捐赠群体培育不足;捐赠方式单一,造血性捐赠缺乏;在捐赠工作中,政府角色定位不准,政府在侨捐项目的受赠、运行、管理和监督方面存在越位、失位和缺位情况,市场化机制缺乏,慈善效率不高;捐赠资金缺乏统筹规划和合理引导,流向不均衡,后续面临可持续发展问题。

（二）对策建议

目前,尽管广州的医疗卫生事业取得了较大的进步,但是其发展仍面临着诸多问题。广州作为中国的侨乡,应充分利用丰富的海外慈善资源,促进广州医疗卫生事业的可持续发展,笔者认为,侨乡政府可从以下几方面采取措施发挥海外乡亲的作用:

1.完善捐赠制度,保障海外乡亲权益,调动海外乡亲捐赠的积极性。长期以来党和国家成为了海外乡亲慈善捐赠活动的组织者、参与者与管理者,而民间慈善组织大多成为了政府相关部门的附属机构,慈善事业作为民营社会性救助事业的本质属性及其慈善救助的功能没有彰显。因此,必须准确地定位政府部门在海外乡亲慈善事业中的职能和角色,进一步完善侨捐政策法规,健全监管制度和监管机制,充分发挥民间慈善组织的作用,通过慈善组织的运作,提高慈善效率,促进海外乡亲的医疗捐赠。

2.加强宣传,培育捐赠环境和捐赠文化,拓展捐赠群体,切实加大宣传力度,尤其是要加强对海外乡亲的宣传,使他们进一步了解捐赠人的权利,明确捐赠人的合法权益,加强跟踪服务,激发海外乡亲捐赠兴办医疗卫生事业的热情。要充分发挥侨联、侨办的桥梁作用,积极主动地加强与海外社团、基金会、慈善会的联系,充分发挥社团、基金会等社会组织作用,拓宽捐赠渠道,尤其是充分发挥老一辈海外乡亲传帮带的表率作用,争取更多的海外乡亲的后裔加入到捐赠群体中来,拓展捐赠群体。

3.加强捐赠的政策性引导,促进侨乡医疗卫生事业的可持续发展。一是引导海外乡亲进行"造血"式捐赠。如引导他们捐资支持医学研究、设立医学基金、培养医学人才、促进医院学科发展、促进医院间的交流与合作等方式支持医院的可持续发展,发挥海外乡亲的桥梁作用,推动广州与其他发达国家、地区的医疗技术交流与合作,提高广州医疗卫生的软实力,解决医院面临的可持续发展问题。二是引导海外乡亲把资金捐向基层医疗机构,优化医疗资源配置。目前,我国的医疗资源分配不均匀,优质医疗资源集中于大城市及大医院,基层医疗机构建设相对滞后。侨乡政府可以社区的需求为基础,积极引导海外乡亲捐赠深入侨乡社区,把善款投向基层医疗,资助社区慈善组织和基层医院和卫生机构的发展,以优化医疗资源配置。三是引导海外乡亲支持社会办医。目前我国的公立医院发展迅速,而民营医院发展相对缓慢。侨乡政府可引导社会资金包括海外善款投向民营医院,鼓励社会办医。

第四节　海外乡亲对广州生产建设和交通建设的捐赠

生产建设和交通建设捐赠是海外乡亲在广州兴办公益事业的重要内容,海外乡亲对广州生产建设和交通建设的捐赠时间尽管集中在改革开放初期,但是捐赠的金额较多,两者总共占到总捐赠额的23.7%,捐赠大大改善了广州工农业生产和交通落后的面貌,有力促进了广州农业商品化进程、工业化进程和交通事业的迅猛发展。

一、海外乡亲生产建设捐赠及其对广州城乡经济的效用

改革开放以来,党和国家大力鼓励和支持海外侨胞和港澳同胞回国支援祖国的经济建设,地方政府也采取积极措施促进海外乡亲捐赠,在这样的背景下,海外乡亲捐款捐物支持广州侨乡的工农业生产。海外乡亲的捐赠,大大提高了广州侨乡工农业生产总值,改变了侨乡工农业落后的面貌,改善了侨乡经济结构,促进了侨乡农业商品化进程和工业化进程。

（一）广州海外乡亲对家乡生产性捐赠规模的阶段性变化

据不完全统计,1978年至2006年底,海外乡亲捐款捐物支持广州侨乡

的工农业生产总额达 52244.78 万元,占改革开放以来海外乡亲对广州市总捐赠的 14.48%,工农业生产捐赠所占的比例排在第二,仅次于教育捐赠。①

　　改革开放以来,海外乡亲对广州生产建设的捐赠历经起步、发展、高潮、持续和衰落五个阶段,呈现出阶段性特征。我们以海外乡亲对广州市番禺区工农业生产的捐赠为例,番禺区地处广州市南部,位于穗港澳"小三角"的中心位置,是广东省著名侨乡,有华侨华人、港澳同胞约 40 万人。改革开放以来,海外乡亲慷慨解囊,造福乡梓,积极捐助和支持番禺区的工农业生产建设。据不完全统计,改革开放后海外乡亲对番禺区的工农业生产捐赠总额为 19362.8 万元,占整个广州市生产建设捐赠的 27.04%。具体见图 2-8。

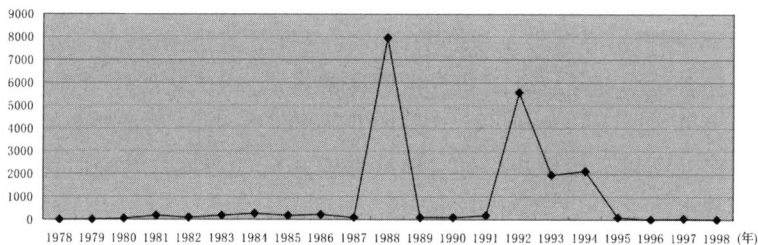

图 2-8:改革开放后海外乡亲对番禺区生产建设捐赠情况图(单位:万元)

资料来源:番禺区侨务办。说明:1998 年以后的年份海外乡亲对番禺区生产建设捐赠金额为零。

　　1978—1982 年是海外乡亲捐赠生产建设的起步阶段。党的十一届三中全会以后,国家实行改革开放,大力鼓励和支持海外侨胞和港澳同胞回国支援祖国的经济建设,1978 年国务院批转有关部门《关于接受海外华侨、外籍人、港澳同胞捐赠外汇或物资的有关规定》,1979 年国务院侨办、海关总署发出《关于对华侨和港澳同胞捐赠进口物资管理的通知》,在国家对捐赠政策的鼓励下,大批海外乡亲回国支援家乡建设。

　　1983—1987 年是捐赠的发展阶段,这一阶段海外乡亲对番禺区捐赠的数量明显增加,达到了 951 万元。这主要是由于国家颁布了有关对华侨、外籍人士以及港澳台同胞自愿捐赠的物资予以减免关税的规定。如 1982 年国务院颁布《关于加强华侨和港澳同胞捐赠进口物资管理的通知》,通知明确规定对华侨和港澳同胞捐赠物资或者使用捐赠外汇进口物资准予免税放行。1984 年,广东省政府颁布《广东省华侨、港澳同胞捐办公益事业支持家乡建设优待办法》,1987 年,广州市政府公布了《广州市侨属集资企业管理

――――――――――

① 　资料来源:广州市侨务办。

办法》和《中共广州市委、广州市人民政府关于加强市带县工作,促进农村经济发展的决定》,鼓励华侨、港澳同胞捐资支援家乡建设,兴办侨属企业。在这样的背景下,海外乡亲对广州侨乡工农业生产的捐赠热情更加高涨,捐赠的数量大大增多。

1988—1992 年是捐赠的高潮阶段。在这一阶段海外乡亲对番禺区工农业生产捐赠的总额为 13877.2 万元,达到了最高峰。1986 年,国务院颁布《关于加强华侨、港澳同胞捐赠和经贸活动中外商赠送国家限制进口的产品管理补充通知》;1988 年,国家进一步放宽限制,允许侨属接收海外亲属免税赠送价值人民币 10 万元以下的生产设备;1989 年国务院又颁布《国务院关于加强华侨、港澳同胞赠送进口物资管理的若干规定》。党和国家一系列的政策激发了海外乡亲捐赠侨乡生产建设的热情,从而使侨属接受海外乡亲捐赠的数量急剧上升。

1993—1997 年是捐赠的持续阶段。1992 年邓小平同志南方谈话以后,中国人的思想得到进一步的解放,沿海地区发展的步伐更加迅速,广州,作为南中国的大都市,许多华侨华人、港澳同胞再一次把目光集聚在曾经养育他们的土地上。他们继续捐赠物资和设备支援广州的经济建设。这一阶段,海外乡亲对番禺区工农业生产捐赠的数量尽管比高峰时有所减少,但总数仍较大,达到了 2244.2 万元,仅次于高峰时期。

1998 年至今是捐赠的衰落阶段。1998 年以后,海外乡亲对番禺区生产建设的捐赠直线下降,后面的年份有些数据为零。这主要是由于 1998 年以后,侨乡广州的工农业生产有了很大的进步,海外乡亲放慢了对生产建设捐赠的步伐,把捐赠的重点放在教育、医疗等其他公益事业上。

(二)广州海外乡亲生产性捐赠的基本特点

1.捐赠区域集中在非中心城区

越秀区、东山区、荔湾区、海珠区是广州原来的老城区,白云区、天河区、黄埔区、番禺区、花都区、萝岗区、南沙区、从化市、增城市是后增加的新城区。"中心城区一般是都市的'老区',都市特征最明显和突出,而郊区或者新区则属于城乡接合部或者来自乡村的都市化,既有城市的特征又有乡村的特征。"①由于白云、花都、番禺、增城、从化、黄埔、萝岗、南沙等非中心城区以前是乡村,所以海外乡亲对工农业生产的捐赠集中在这些区域。具体见图 2-9:

---

① 张应龙:《都市侨乡:侨乡研究新命题》,《华侨华人历史研究》2005 年第 3 期。

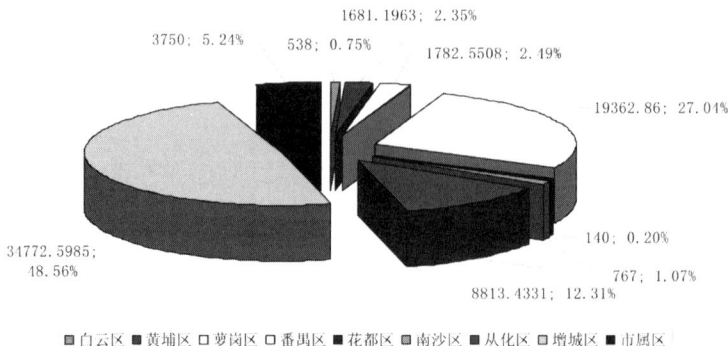

图2-9：改革开放后至2006年底海外乡亲对广州工农业生产捐赠图（单位：万元）

资料来源：根据广州市侨务办提供的广州地区华侨华人港澳同胞捐赠项目分类统计表和番禺区侨
　　　　　务办提供的华侨华人、港澳同胞捐赠兴办公益事业情况登记表制作。

说明：广州市侨务办提供的《广州地区华侨华人港澳同胞捐赠项目分类统计表》工农业生产一项的
　　　总额为52244.78万元，但是番禺区的工农业生产一栏数据为空值。根据番禺区侨务办提供
　　　的华侨华人、港澳同胞捐赠兴办公益事业情况登记表统计，改革开放后到2006年底，番禺区
　　　的工农业生产捐赠总额为19362.8万元，番禺区侨务办提供给笔者的工农业生产捐赠数据也
　　　是19362.8万元，所以在这幅图里笔者就把番禺区的数据加了上去。

2. 捐赠的方式多种多样

改革开放以来，海外乡亲捐赠广州侨乡生产建设的方式多种多样，他们对广州工农业生产的支持不仅仅是捐款，更重要的是捐赠先进的生产物资和生产设备，支持侨乡的生产建设。我们以目前已经录入广东省华侨捐赠管理系统的工农业生产侨捐项目资料表明，到2008年，海外乡亲对广州侨乡工农业生产捐赠的项目共307项，项目总额为11152.8万元，海外乡亲捐赠9091.7万元，其中捐资591.2万元，捐赠物资8517.7万元，华侨捐赠占总项目的81.5%。在这307个项目中，捐赠工农业设备的为132项，捐赠金额为1846.9万元；捐资设立工农业生产基金的有3项，捐赠金额为20.5万元；捐赠工农业消耗性物质的有39项，捐赠金额为6375.9万元；捐赠汽车的有71项，捐赠金额为241.7万元。[①] 捐赠的工农业生产设备多种多样，有拖拉机、抽水机、推土机、挖泥机、发电机、电脑绣花机、录音机、碎石机、平针机、包装机等。

3. 集体接受的捐赠多于个体接受的捐赠

个体主要是归侨、侨眷等国内亲友。"海外华人与侨乡的联系，按关系紧密程度划分，首先是华人与侨乡亲属的关系，其次是华人与侨乡的关系，

---

① 资料来源：广东省侨务办。

第三是华人与祖籍国的关系。研究海外华人与侨乡的联系应当重视华人侨乡亲属的关系,因为这种关系是最基本的。"①尽管海外乡亲与侨乡亲属的关系亲于海外乡亲与侨乡的关系,但是海外乡亲对侨乡的捐赠多于对个体的捐赠。以增城市为例,1978—1993 年增城接受华侨、华人、港澳同胞捐赠物资共 2796 宗,折款为 18856.85 万元,其中集体接受捐赠的宗数为 2377,折款为 15710.05 万元,个体接受捐赠的宗数只有 419 宗,折款为 3146.8 万元。② 具体见表 2-13。

表 2-13:1978—1993 年增城县接受华侨、华人、港澳同胞捐赠物资价款情况表

年份	合计		集体接受		个体接受	
	宗数	折款(人民币)	宗数	折款(人民币)	宗数	折款(人民币)
1978	35	20	35	20		
1979	37	20	37	20		
1980	115	67.9	115	67.9		
1981	66	43.1	66	43.1		
1982	59	63.2	59	63.2		
1983	123	110.6	123	110.6		
1984	411	451.9	411	451.9		
1985	299	506.3	299	506.3		
1986	84	154.19	84	154.19		
1987	242	560.89	242	560.89		
1988	387	874.7	359	811.2	28	63.5
1989	115	451.97	84	375.47	31	76.5
1990	101	1217.1	14	96.3	87	1120.8
1991	302	3997	166	3355.	136	642
1992	231	6736	151	6046	80	690
1993	189	3582	132	3028	57	554
合计	2796	18856.85	2377	15710.05	419	3146.8

资料来源:增城市地方志编纂委员会:《增城县志》,广东人民出版社 1995 年版,第 643 页。

(三) 捐赠对广州工农业生产的积极效用

改革开放以来,海外乡亲对广州生产建设捐赠的作用巨大。具体来说,

---

① 黄昆章、张应龙:《华侨华人与中国侨乡的现代化》,中国华侨出版社 2004 年版,第 42 页。
② 增城市地方志编纂委员会:《增城县志》,广东人民出版社 1995 年版,第 643 页。

海外乡亲的捐赠作用体现在以下三方面。

1. 提高了侨乡工农业生产总值，改变了侨乡工农业落后面貌

新中国成立后，广州工农业生产在第一、第二个五年计划期间有了较快的发展，但是在第三、第四个五年计划时期(1966—1975 年)恰逢"文化大革命"，广州生产建设遭到重创，工农业总产值大幅度下降，"这十年，工业总产值平均每年递增速度下降为 9.5%"，①到 1978 年工业总产值只有 75.3873 亿元，农业生产总值只有 7.994 亿元(按当年价格计算)。② 在这样的背景下，改革开放以来，海外乡亲捐款捐物大力支持广州侨乡工农业生产，改变了广州侨乡工农业落后面貌。海外乡亲捐赠的生产设备许多是从国外引进的，设备先进，对改变工农业生产落后面貌发挥了巨大作用。如 1979 年，新加坡籍华人陈德薰回中国观光，对广州市的包装行业考察之后，感到广州和华南地区的包装工业技术设备较落后。为促进广州市包装工业技术的发展，"陈德薰先生向广州二轻局无偿赠送价值 100 万美元的日本产幅宽 1.5 米的瓦楞纸箱生产线。由广州市二轻局和包装装潢工业公司投资 313 万元人民币，于 1982 年建成占地面积 2.3 万平方米的羊城纸箱厂"。③ 羊城纸箱厂的建立，改变了广州包装工业长期落后的状况。可以说，新加坡籍华人陈德薰先生对广州市包装工业的支持拉开了改革开放后海外乡亲支持广州工业建设的序幕。在番禺区，广州市荣誉市民"吴有沅还建议创办实业，壮大村镇经济，并为此捐赠设备，引进技术，支持办起了潭洲针织厂。现在，该厂已发展为有 500 多工人、400 多台设备、年创汇近 300 万港元的中型企业，为桑梓建设作出了有益的贡献。"④海外乡亲除了捐赠生产设备外，他们还捐赠化肥、农药、农用薄膜、饲料添加剂等工农业消耗性物质，如 1994 年周泗来捐赠价值 460 万元的农用薄膜 1000 吨给番禺区鱼窝头镇人民政府，陈添喜捐赠价值 400 万元的 2450 吨的塑料薄膜给番禺区榄核镇政府，1995 年张志雄捐赠价值 345 万元的饲料添加剂 1000 吨给番禺区人民政府。⑤ 他们捐赠的汽车种类也繁多，有面包车、客货车、农用车、摩托车等。此外，为了提高工农业生产技术，促进工农业生产的发展，海外乡亲还捐资资助工农业科技。如 1984 年，广州市荣誉市民祖籍番禺的香港

① 广州年鉴编纂委员会:《广州年鉴(1983)》,广东人民出版社 1983 年版,第 80 页。
② 广州市统计局:《广州五十年 1949—1999》,中国统计出版社 1999 年版。
③ 广州市地方志编纂委员会:《广州市志》卷五(上)《工业志》,广州出版社 1998 年版,第 329 页。
④ 贺忠:《匡扶梓里 敦睦乡谊——记吴有沅先生》,载黎子流、黄伟宁主编:《广州市荣誉市民传》第一卷,广东人民出版社 1994 年版,第 132 页。
⑤ 资料来源:番禺区侨务办。

同胞李发捐款 4 万元支持番禺区南村镇农科站建设。2001 年,"祖籍黄埔的香港同胞曾庆时、曾树铭等人捐资 8.7 万元用于农村科技站建设"①。

在海外乡亲大力支持下,广州侨乡工农业快速发展,工农业生产总值得到巨大增长。具体见图 2-10。

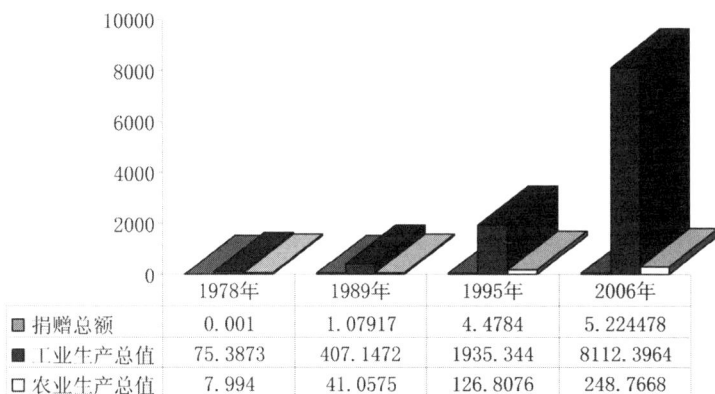

	1978年	1989年	1995年	2006年
▨ 捐赠总额	0.001	1.07917	4.4784	5.224478
■ 工业生产总值	75.3873	407.1472	1935.344	8112.3964
□ 农业生产总值	7.994	41.0575	126.8076	248.7668

图 2-10:改革开放后海外乡亲生产建设捐赠与广州工农业生产总值的关系图(单位:亿元)

资料来源:广州年鉴编纂委员会:《广州年鉴(1990)》,广东人民出版社 1990 年版,第 99 页;广州年鉴编纂委员会:《广州年鉴(1996)》,广东人民出版社 1996 年版;广州市统计局:《广州五十年(1949—1999)》,中国统计出版社 1999 年版,第 422、482 页;广州市统计局:《广州统计年鉴(2007)》,中国统计出版社 2007 年版,第 265、290 页。

由上图可知,1978 年,改革开放刚刚开始,海外乡亲对广州侨乡工农业生产的捐赠只有 10 万元,广州侨乡的工业生产总值为 75.3873 亿元,农业生产总值为 7.994 亿元,到了 1989 年,经过十年的捐赠,海外乡亲对广州工农业生产的捐赠总额已达到 1.07917 亿元,捐赠的数量比 1978 年时大为增加,因此,捐赠产生的作用也增大,工业生产总值达到了 407.1472 亿元,增加了 5.4 倍之多,农业生产总值也比 1978 年增长 5.1 倍多。从 1978 年到 1995 年时,海外乡亲对生产建设的捐赠总共达到了 4.4784 亿元,相对于到 1989 年时的捐赠总量,增加了 4.14 倍多,这一阶段,捐赠发生的作用进一步增大,广州侨乡工业生产总值 1995 年时达到了 1935.344 亿元,相对于 1989 年增加了 4.75 倍,农业生产总值达到了 126.8076 亿元,比 1989 年增加了 3 倍多。到 2006 年,海外乡亲对广州生产建设的捐赠总额为 5.224478 亿元,捐赠产生的经济效应更为明显,广州工业生产总值达到了 8112.3964

---

① 《黄埔区海外侨胞、港澳同胞主要捐赠情况》,2003 年 2 月 26 日,见 http://www.hp.gov.cn/hpqsw/shyj/t20030226_1066.htm。

亿元,农业生产总值达到了248.7668亿元。

2.改善了侨乡农业经济结构,促进了"三高"农业发展

海外乡亲的捐赠改善了广州侨乡农业结构,促进了侨乡的农业商品化进程。改革开放初期,广州侨乡市郊农业以种植业为主,林业、牧业、副业、渔业所占的比例小,"1978年全市农业总产值中,种植业的产值占53%,社队工业产值占32%,其他占15%"。① 改革开放后,海外乡亲支持广州兴办种畜场、林果场、石矿场、养鸡场、奶牛场等农牧林渔场,促使侨乡经济结构向农、林、牧、副、渔全面发展。如1978年,"由香港同胞刘浩清、邓焜共同捐资30多万美元,在美国购买全套机械设备以及蛋鸡优良种苗,在广州郊区创办了全国第一家机械化养鸡场,并聘请美籍华人许志俭任技术指导。1979年正式投产"②。除了担任技术指导外,美籍华人许志俭先生本人还向广州市赠送了一批养鸡设备和零配件。"为办好这间养鸡场,许志俭辞掉年薪5万美元的美国洛杉矶蛋城有限公司副总经理的职务,亲自来广州市传授机械化养鸡技术,帮助安装机械,培养养鸡科技人才。在他的苦心经营下,广州机械化养鸡场成为全国最大的蛋鸡场,每年为广州市民提供优质鸡蛋几百万斤,为全国各地提供了大量优质种蛋,为全国10多个省市培养了千多名现代化养鸡业的专业技术人才。"③1987年,"香港中华总商会常务董事黄佩球等8位先生捐资港币30万元,从英国农场选购长白、大白、杜洛克、汉普夏等4个猪品种各24头及仪器设备一批送给广州市,同时建立广州市良种猪场,承担繁殖、推广的任务"④。此外,白云区的竹料公社畜牧场、增城市镇龙公社迳头养鸡场、番禺区沙湾青山湖农场、番禺区化龙镇东溪村荔枝园、花都区梯面镇红山村2队的鱼塘、黄埔区南岗区公所沙步乡的奶牛场等农牧林渔场都受到海外乡亲的资助。

在海外乡亲的支持下,广州侨乡农业结构发生了变化,具体见图2-11。

由上图可知,广州侨乡农业(种植业)占整个大农业的比例"六五"时期为71.74%,"七五"时期为66.35%,"八五"时期为57.30%,"九五"时期为51.83%,"十五"时期为56.19%。可见,从"六五"时期到"十五"时期种植业在整个农业所占的比例总的趋势是下降的,只有"十五"时期与"九五"时期相比稍微有所上升,但与前面三个时期相比还是下降的。相应地,渔业、

---

① 广州年鉴编纂委员会:《广州年鉴(1983)》,广东人民出版社1983年版,第184页。
② 广州市地方志编纂委员会:《广州市志》卷七《外经志》,广州出版社2000年版,第123页。
③ 广州市地方志编纂委员会:《广州市志》卷一八《华侨志穗港澳关系志》,广州出版社1996年版,第192页。
④ 广州市地方志编纂委员会:《广州市志》卷八《农业志》,广州出版社1996年版,第145页。

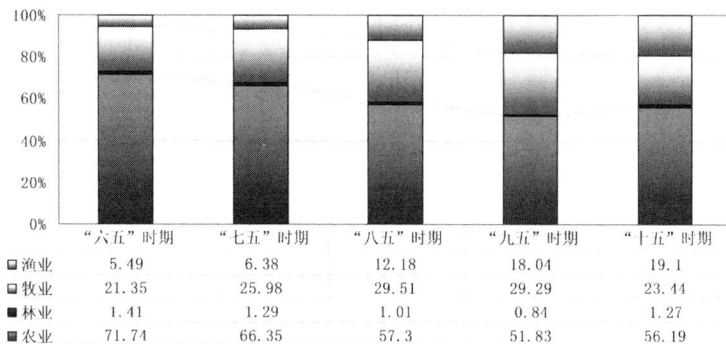

	"六五"时期	"七五"时期	"八五"时期	"九五"时期	"十五"时期
渔业	5.49	6.38	12.18	18.04	19.1
牧业	21.35	25.98	29.51	29.29	23.44
林业	1.41	1.29	1.01	0.84	1.27
农业	71.74	66.35	57.3	51.83	56.19

图 2-11：改革开放后广州侨乡农业结构演进（单位：%）

资料来源：广州市统计局，《广州统计年鉴（2006）》，中国统计出版社 2006 年版，第 299 页。说明：按现行价格计算。

牧业、林业从"六五"时期到"十五"时期在整个农业中所占的比例逐步上升。海外乡亲资助广州侨乡兴办各种农林牧、副渔等产业，不仅改善了农业经济结构，而且还促进了农业商品化的进程。我们以"八五"时期的最后一年 1995 年为例，1995 年，广州市农业和农村经济保持了良好的发展势头，农、林、牧、副、渔业全面发展。全年农业增加值 73.54 亿元，比上年增长6.5%；农业总产值 126.81 亿元，比上年增长 9.27%。农业商品化程度有所提高，农业商品率 83%。农业生产结构调整步伐加快，优质、高产、高效的"三高"农业有新发展。①

3. 活跃了民营经济，推动了侨乡农业的工业化进程

改革开放后，海外乡亲支持家乡兴办侨属企业，促进了广州的工业化进程。所谓侨属企业是指"由归侨、侨眷集资或接受海外人士捐赠款、物兴办的集体企业，称侨属集资企业"②。1981 年，广州市华侨眷属开始利用侨资创办侨属企业。据市侨务办调查，"至 1986 年 8 月，全市侨属企业共 128家，集资金额 600 多万元，安排就业 3108 人……利用华侨、港澳同胞捐赠款物及生产设备兴办的有 56 家。"③1986 年 9 月，市侨办召开侨务经济工作会议后，侨属企业进一步发展。至 1988 年，"华侨、港澳同胞前来投资兴办企业 560 多家，资助国内亲人集资兴办侨属企业 610 多家。"④至 1990 年，侨

① 《广州市 1995 年国民经济和社会发展统计公报》，1995 年 4 月 28 日，见 http://www.gz.gov.cn/vfs/content/newcontent.jsp？contentId=134054&catId=4115。
② 广州年鉴编纂委员会：《广州年鉴（1988）》，广东人民出版社 1988 年版，第 610 页。
③ 广州年鉴编纂委员会：《广州年鉴（1987）》，广东人民出版社 1987 年版，第 86 页。
④ 广州市地方志编纂委员会：《广州市志》卷一《大事记》，广州出版社 1999 年版，第 655 页。

属企业"已发展到810家,集资金额1亿元,其中有5000万元资金是海外亲友支持的,有6399台(套)生产技术设备是侨属海外亲友捐赠进来的,在业职工1.2万人,营业场地3.4万平方米,年产值4亿元,行业主要是商业和轻工业。在家电、日用品、工艺品、制衣、眼镜、家具等生产项目,已经聚集了一批技术力量。一些产品进入国外市场。"①1993年到1998年广州市侨属企业在海外乡亲的支持下,发展更加迅速,到1993年上半年,广州市侨属企业"便达3311家,集资近5亿元,年产值达18亿元,上缴税收近3000万元"②。到1998年,广州市侨属企业"共有4793家,年总产值46.54亿元,上缴税费9899万元,安排就业人数89295人"③。在海外乡亲的支持下,广州工农业生产有了较大的发展,1998年以后,海外乡亲减少了对广州生产建设的支持,把资金和设备纷纷捐向其他领域,所以从1998年后,侨属企业发展的步伐减缓。根据笔者对广州市侨务办的调查访问,到2002年,广州市侨属企业总数为3079家,第一产业449家,第二产业890家,第三产业1626家,企业人员总数4.77万人,企业资产总额201931万元,总资产50万—100万元企业有726家,总资产100万—200万元企业有266家,总资产200万元以上企业有66家,历年侨资总额占资产总额比例为10%,营业销售收入319651.05万元,利润总额15656.34万元,上缴国家税费总额9812.71万元,创汇总额4961.45万美元,盈利企业总数2111家,亏损企业总数860家。④

　　侨属企业兴办以后,改变了归侨、侨眷依赖侨汇的传统习惯,使他们逐步走上了劳动致富的道路,为广州侨乡经济的发展注入了新鲜血液。再且,侨属企业不仅每年为国家上缴大量税款,带来了大量的外汇收入,还安排了少至几千,多至几万人的就业,大大促进了广州侨乡经济发展。具体见图2-12。

　　由上图可知,侨属企业从1981年兴办到1986年时,企业数量才128间,到了1998年企业数量竟然达到了4793间,13年间数量增长了37倍多,集资金额也是年年上升,安排就业的人数从1986年的3108人发展到1998年时的89295人,13年间增长了28倍多。上缴税款1989年只有510万元,至1998年时达到了9899万元,增长了19倍多。尽管至2002年侨属企业

---

① 广州市地方志编纂委员会:《广州市志》卷一八《华侨志穗港澳关系志》,广州出版社1996年版,第192页。
② 吴树波:《联侨入股——发展侨属企业的新形式》,《华侨与华人》1993年第2期。
③ 广州年鉴编纂委员会:《广州年鉴(1999)》,广东人民出版社1999年版,第103页。
④ 资料来源:广州市侨务办。

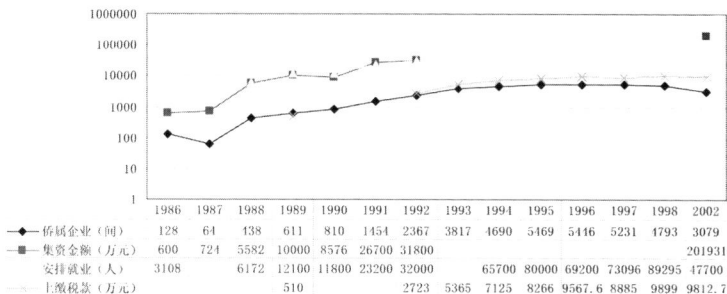

图 2-12：改革开放后广州市侨属企业情况表

	1986	1987	1988	1989	1990	1991	1992	1993	1994	1995	1996	1997	1998	2002
侨属企业（间）	128	64	138	611	810	1154	2367	3817	4690	5469	5416	5231	4793	3079
集资金额（万元）	600	724	5582	10000	8576	26700	31800							201931
安排就业（人）	3108		6172	12100	11800	23200	32000		65700	80000	69200	73096	89295	47700
上缴税款（万元）			510				2723	5365	7125	8266	9567.6	8885	9899	9812.7

资料来源：广州年鉴编纂委员会：《广州年鉴（1987—1999）》，广东人民出版社 1987—1999 年版；广州市越秀区侨务办提供的《关于侨情调查汇总数据的说明》。

说明：表中数据空缺的地方是广州年鉴没统计，并不表示当年捐赠的数据为零。

的上述数据比高峰时有所减少，但仍然相比于 1986 年的数量有很大的提高。这说明海外乡亲资助亲人兴办侨属企业，实质上是支持广州侨乡经济的发展，促进了侨乡工业化的进程。正如郑一省博士所言，"华侨华人、港澳同胞亲属企业是在改革开放的土壤上绽开的一朵奇葩，是中国新时期侨务工作坚持为经济建设服务的成功尝试，也是广大归侨、侨眷和港澳亲属在当地政府有关政策指引下，释放出巨大的生产积极性的一种具体表现。"[1]

　　海外乡亲资助亲友办个体户、专业户，激活了侨乡经济。改革开放之初，海外乡亲最初的捐物完全是馈赠式的，馈赠对象多集中在自己的旧友与亲朋身上。他们在侨乡的眷属有的利用亲人资助，办起了个体专业户。据统计，"至 1985 年，广州市有侨、港属个体户 1.6 万户，占个体户总数的 20%。东山区侨务办 1985 年曾对该区 2600 多户个体户进行调查，其中 904户是侨、港属，占个体户总数的 34.7%。侨属个体户多是待业青年，不少人的资金由海外亲友资助。据市侨务办 1985 年 2 月对越秀区 56 户侨属个体户调查，资金部分或全部来源于侨汇的有 41 户，占总户数的 73%；户主本人是待业青年的 34 户，占 60%。1984 年底至 1985 年 12 月，全市 38 户个体户接受海外亲友捐赠的生产资料，计有良种树苗、种鸽、种蛋、制衣设备、压塑机及幼儿园用品等，价值人民币 225131 元。"[2]侨属个体户的发展，活跃了侨乡市场，繁荣了侨乡经济。如在白云区，在海外乡亲的资助下，侨属个体户数量不断增加，到 1988 年时，"已办起侨属个体户、专业户共 900 多户，投

---

① 郑一省、赵利屏：《东南亚华侨华人、港澳同胞与侨乡建设——梅州市个案研究》，《华侨华人历史研究》2001 年第 2 期。

② 广州年鉴编纂委员会：《广州年鉴（1986）》，广东人民出版社 1986 年版，第 85 页。

资额为 2000 万元,从业人数 7800 人。这些个体户、专业户主要是运用国外、港澳亲人所赠外汇及自有资金,从事种养和加工业生产"。① 在增城的新塘镇,侨属个体户在海外亲人资助下实力不断壮大,"新塘镇 40 家侨属个体户接受海外亲人赠送的先进制衣设备 345 台(套),大量生产'牛仔裤',产品销往全国各地,成为增城县生产'牛仔裤'的基地"。②

综上所述,改革开放以来,海外乡亲捐赠先进的生产设备,捐资引进良种牲畜和种苗,支持亲友兴办侨属企业和办个体户、专业户,改变了侨乡工农业落后的现状,为侨乡经济的发展注入了新鲜的血液,加速了广州农业商品化和工业化的进程,为广州城乡经济发展作出了突出的贡献。

二、改革开放后海外乡亲的捐赠与广州交通的发展

广州自古以来就是我国南方的重要门户,然而在旧中国,广州交通运输业为帝国主义、官僚资本、封建把头所控制,交通运输非常落后。"到新中国成立前夕,广州通往外地的公路只有 16 条,共 243 公里。大多数公路桥危路窄,勉强通车。"③新中国成立后,广州交通建设发展迅速,尤其是 1978 年后,"广东率先实行改革开放,特殊政策和灵活措施促进了经济的发展,机动车辆迅速增加,广州市出口道几条主干线昼夜的交通流量比 70 年代初增长了五六倍,原有公路已不适应新形势的需要。交通堵塞造成人员往来受阻,大批货物及信息无法及时传递,严重制约了经济的发展。"④这就要求广州必须加快交通基础设施建设。为筹措交通建设所需的巨额资金,广州市采用"上级部门给一点、地方财政拨一点、各行各业集一点"等方法,通过多种渠道筹集资金。广州市属地方政府也积极行动起来,动员各行各业、海外华侨捐助、集资建筑公路。与此同时,华侨华人、港澳同胞急家乡人民之所急,他们纷纷回乡捐资建桥修路,使侨乡的交通运输条件得到很大的改善。

（一）改革开放后海外乡亲捐赠广州交通概况

据不完全统计,改革开放以来海外乡亲对广州市交通共捐赠 33274.04 万元,具体见图 2-13。

改革开放以后海外乡亲对广州侨乡交通的捐赠就其过程来说,可以分为三个阶段。

---

① 广州年鉴编纂委员会:《广州年鉴(1989)》,广东人民出版社 1989 年版,第 76 页。
② 广州年鉴编纂委员会:《广州年鉴(1986)》,广东人民出版社 1986 年版,第 85 页。
③ 番禺县地方志编纂委员会:《番禺县志》,广东人民出版社 1995 年版,第 58—63 页。
④ 胡巧利:《变化的时空:广州百年交通与通信概览》,广州出版社 2001 年版,第 60—62 页。

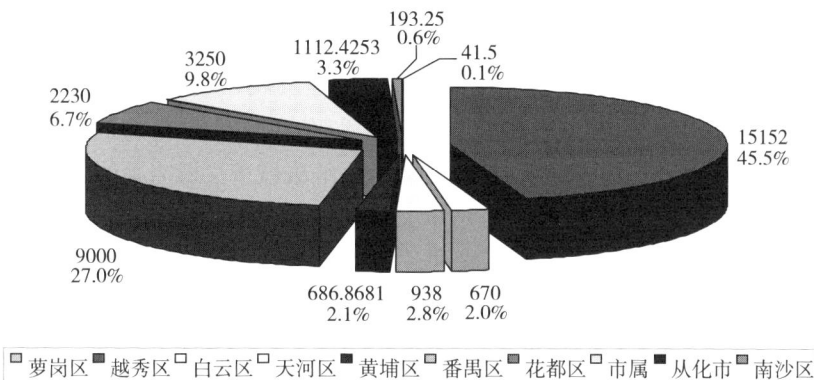

图2-13：改革开放后至2006年底海外乡亲对广州市交通捐赠情况（单位：万元）

资料来源：广州市侨务办提供的广州地区华侨华人港澳同胞捐赠项目分类统计表。

1.20世纪80年代捐资建桥修路，广州交通突飞猛进

改革开放以来，广州经济的高速发展使广州这座中心城市的地位与作用日益凸显，带动交通需求的快速增长，交通成了城市发展的命脉。改革开放以来，港澳知名人士霍英东和何添、何贤昆仲及众多旅外乡亲纷纷捐款支持广州侨乡建桥修路。为了支援家乡建设，1990年香港同胞霍英东先生"捐资3000万港元，助建沙湾大桥，奠基之日，成立'霍英东家乡建设基金会'"①。从1978年至1989年海外乡亲捐资建桥修路的金额为8709.7万元，占改革开放以来总捐赠的25.1%。②　在海外乡亲的支持下，1981—1990年期间，是新中国成立以来广州公路发展最快、成绩最好的10年。"从1981年至1990年，先后改造等级公路592.8公里，新建桥梁191座共15964.6米，新建公路197.9公里。……到1990年底，广州市的干线已全部实现无渡口通车；全市百分之百的镇和百分之九十五的村已通公路；公路通车里程从1949年的240多公里上升到了3554公里，公里密度每平方公里达48.1公里，高于全国、全省的公路密度平均值，在全国省会城市中名列前茅。番禺的公路桥梁建设成绩尤为显著，在港澳知名富商霍英东、何贤等人的大力支持下，建成公路大桥19座，总长度9025.62米，成为全省公路大桥最多的县（市）。"③至1990年底，"569条共3500公里的省、县、乡道，初步形成四通八达的公路网，全市的镇、95%的村通公路。公路密度每平方公里

---

① 广州市番禺区档案局、广州市番禺区档案馆：《乡间之光——荣誉市民画册》，2005年版。
② 广州年鉴编纂委员会：《广州年鉴（1990）》，广东人民出版社1990年版，第99页。
③ 胡巧利：《变化的时空：广州百年交通与通信概览》，广州出版社2001年版，第60—62页。

达 37 公里,居全国省会市前列"。①

2. 20 世纪 90 年代起资助交通基金会,广州交通如虎添翼

随着改革开放的推进,广州社会经济迅速发展,城市建设日新月异,而城市交通相对落后,严重影响了市民的生活和城市各项功能的运转,制约了广州未来的发展。为了加快城市路桥建设,解决城市交通需要的巨额资金,1993 年广州市政府决定成立广州市交通建设管理基金会。这一举措得到海外乡亲的热烈响应。广州市交通建设管理基金会总投资额为 18372 万元,其中海外乡亲捐赠 12152 万元,人民政府投资 650 万元,社会各界集资 5570 万元,海外乡亲的捐赠占广州市交通建设管理基金会大部分,从捐赠的数量来说,有捐赠上千万元的,也有捐赠几千元的;从捐赠者来说有个人,也有企业;从捐赠者成分来说,大都是港澳实业家,这主要是由于广州濒临港澳,许多港澳人士在广州办了企业,他们经常往返于港澳与广州之间,对广州交通现状深有感触,所以他们捐资广州市交通建设管理基金会,意在支持广州交通,进而促进港澳与广州经济的发展,这对港澳地区与广州都是双赢的,对他们的企业在广州的发展也是有利的。

自广州市交通建设管理基金会成立到 2006 年 8 月止,为发展广州现代化交通和改善广州交通基础设施状况先后提供资金达 1.06 亿元,其主要项目见表 2-14:

表 2-14:广州市交通建设管理基金会资助广州交通的项目一览表

序号	项 目 名 称	项目金额(万元)
1	在东风路沿线兴建了四座人行天桥	1900
2	拨款给市公安局交通警察去除购买执法巡逻车,交通指挥系统及控制信息系统等	3990
3	拨款给市公用事业局购置公共汽车	3067
4	广州市中心区交通改善实施方案款	681
5	整治交通启动资金	619
6	拨付交通规划研究所交通规划研究费	95
7	省警察总队、武警支队购置警车、更换四区通讯设备	110
8	为残疾人联合会康复巴士公司提供资金	50

资料来源:广州市越秀区侨务办提供的广东省华侨港澳同胞捐赠兴办公益事业项目确认呈报表。

———————————

① 广州市地方志编纂委员会:《广州市志》卷四《公路志》,广州出版社 2000 年版,第 586 页。

广州市交通建设管理基金会成立以来在海外乡亲及社会各界人士支持下不断壮大与发展,海外乡亲仍在继续为广州交通的发展尽心尽力。

3.21 世纪再接再厉,广州交通硕果累累

进入 21 世纪后,海外乡亲继续捐资支持广州侨乡的交通建设,到 2002 年,海外乡亲对广州交通捐赠的金额为 1.914225 亿元,占总捐赠的 8.9%。到 2007 年海外乡亲对广州交通捐赠的金额为 3.330404 亿元,占总捐赠的 9.15%。尽管进入 21 世纪后,海外乡亲对广州建桥修路的捐资相对于 20 世纪 80 年代的高峰时期在总捐赠中所占的比例有所下降,但捐资的金额还是在上升。2002 年到 2007 年海外乡亲对广州市交通捐赠金额为 1.416179 亿元,五年间相当于 1978—1989 年这 11 年的 1.6 倍多。这说明进入 21 世纪后海外乡亲对广州交通捐赠的金额还是呈上升趋势的。

在海外乡亲的支持下,广州市交通建设硕果累累。到 2007 年,广州公路里程达到 8726 公里,共修建桥梁 2524 座,桥梁长度为 284584 米。2007 年广州的公路里程比 2001 年增长了 1.6 倍,桥梁数量增长了 2 倍多,桥梁长度更是增长了 4.3 倍;比 1990 年公路里程增长了 2.45 倍多,桥梁数量增长了 3.32 倍多,桥梁长度增长了 10.64 倍。可见,广州公路桥梁的发展历程凝聚了海外乡亲的心血,海外乡亲对广州市的交通建设作出了不可磨灭的贡献。

(二)海外乡亲捐赠广州交通的特点

以番禺区为例,番禺区地处珠江三角洲,河涌交错,是水网之乡。番禺区过去被称为"锅底地",交通是河多路少,船多车少,渡口多桥少,交通运输以水运为主,公路运输比较落后。"1978 年,全县水运能力为 4.2 万吨,陆运能力仅 2327 吨;公路只有 6 条,105.5 公里;桥梁 22 座,328 米。全县 22 个镇中,只有 12 个镇可通车。"①改革开放以来,番禺经济得到了迅速发展,每天来往广州和市桥的汽车达 7000 多辆次,建造桥梁的迫切性已十分明显。番禺县政府采取群众集资、港澳同胞捐资和各级政府拨款等办法,发展交通运输业。海外乡亲积极响应侨乡政府的号召,他们捐款捐物,修桥建路,支持番禺的交通建设。至 2006 年底,海外乡亲对番禺交通捐赠共 0.9 亿元,占海外乡亲对番禺区总捐赠的 14.56%。

改革开放以来,番禺区海外乡亲在家乡建桥修路虽然规模大小不同,资金巨细有别,但其热心专一,故捐赠人数甚多,几乎各村都有。据不完全统计,改革开放以来至 2008 年,海外乡亲捐赠番禺区公路桥梁项目共 70 项,

① 广州年鉴编纂委员会:《广州年鉴(1989)》,广东人民出版社 1989 年版,第 501 页。

遍及番禺区的每一个乡镇,有的甚至在同一个村有几个建桥修路的项目。具体来说,海外乡亲在番禺区捐资建桥修路具有以下特点:

1. 捐赠建桥修路遍及城乡

从建桥修路的内容来看,修建的公路桥梁不仅有国道、省道,还有县(区)道、乡(镇)道、村道。如由港澳同胞何添、何贤、霍英东先生助建的大石大桥、洛溪大桥就属于国道105线桥梁。由霍英东先生助建的沙湾系列大桥、三善大桥就属于省道桥梁。由香港同胞庄绍绥先生独资捐献320万元修建的石楼镇莲港大桥就是镇道桥梁。但海外乡亲捐赠的大多数是乡(镇)道和村道。这种现象在广州侨乡其他各区(除越秀区)也是一样。早在"1988年,村镇公路也有较大的发展,新建村镇公路54.3公里。现在,县内的通车里程已达378公里,比1978年增加2.5倍。全县已实现了镇镇通汽车,88%的村已通公路"。①

2. 捐赠方式主要有助建和捐建两种

助建就是海外乡亲捐资与政府投资和社会各界集资相结合。这种情况比较常见于修建大型公路和桥梁,需要集聚多方力量。如兴建大石大桥,"其中省、市投资400万元,县集资72万元,港澳知名人士霍英东、何添和已故何贤先生捐资500万元"。② 此外,洛溪大桥也是由霍英东与何添昆仲助建的,沙湾系列大桥和三善大桥是由霍英东捐资助建。第二种是捐建。这种方式就是由海外乡亲单独捐资修建道路桥梁。这种情况较常见于修建村道和村里桥梁。因为修建村道和村里桥梁需要的资金相对较少,所以海外乡亲往往单独捐资。从海外乡亲捐赠的61个项目中,单独捐资就有44项,占总项目数的72.13%。

3. 捐赠的时间主要集中在1992年以前

由于珠江三角洲一带河流纵横,20世纪80年代初,陆上交通是当地经济发展的瓶颈,建桥修路就成为广州侨乡经济发展的当务之急,所以改革开放初期,广州市政府以及地方政府积极鼓励海外乡亲捐资建桥修路,以解决广州交通落后的现状。这一阶段海外乡亲对番禺区建桥修路的捐资金额总体上是呈上升趋势的。具体见图2-14:

由上图可知,从1980年到1991年海外乡亲对番禺区建桥修路的捐资尽管个别年份相对于以前有所下降,但总体上是呈上升趋势的,这说明,随着改革开放的深入,随着番禺经济的发展,海外乡亲对交通支持的力度也在

---

① 广州年鉴编纂委员会:《广州年鉴(1989)》,广东人民出版社1989年版,第501页。
② 番禺市地方志编纂委员会:《番禺县志》,广东人民出版社1995年版,第365页。

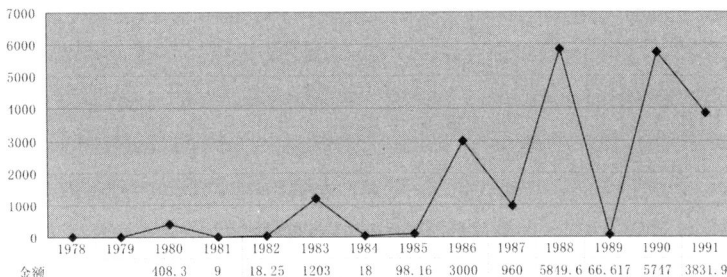

图 2-14：1978—1991 年番禺区海外乡亲捐资建桥修路情况表（单位：万港元）

资料来源：番禺市地方志编纂委员会：《番禺县志》，广东人民出版社 1995 年版，第 936 页。

加大。从捐赠的数额来看，这一阶段，海外乡亲捐资建桥修路的数额大，在总捐赠中所占的比例也很大。据有关资料统计，1978—1991 年海外乡亲对番禺区总的捐赠金额为 4.27618221 亿港元，建桥修路的捐赠金额就为 2.12098843 亿港元，占总捐赠的比例为 49.6%。由于海外乡亲建桥修路主要集中在这一段时间，所以，这一阶段，在海外乡亲的支持下，番禺区的交通建设取得了可喜的成绩。"至 1991 年，全县共建公路桥梁 140 座，总长 13633 米（其中 100 米以上的大型桥梁 23 座）；5 米以内跨径的涵洞 734 座，总长 11379 米（长度以横过公路计）。与民国时期相比，桥梁座数增长 26.2 倍，长度增长 262.2 倍。地处水网地带的番禺公路交通，昔日被江河阻隔，今天遇水有桥，畅通无阻。"①

4. 捐赠者基本上是捐向祖籍地，且以港澳同胞为主

据统计，捐资支持番禺区建桥修路的海外乡亲祖籍基本上都是番禺区，这主要是因为改革开放以来，海外乡亲回乡支援家乡建设，他们对发展侨乡的交通对于侨乡经济和社会发展的重要意义深有认识，如广州市荣誉市民何添"对此不仅认为只是方便人们、改善交通，而是看得更深更远，他要改善家乡的投资环境，发展经济，尽快地使人民生活进入小康，使家乡更快地富裕起来。这是他的夙愿"。② 霍英东先生更是认为"路通财通"，要致富，先通路。捐赠者以港澳同胞为主是由于番禺的海外乡亲主要是港澳同胞。据广州市侨务办 2002 年的侨情调查，番禺华侨华人港澳同胞总数为 40.11 万人，其中港澳同胞为 34.06 万人，占总数的 84.92%。③

---

① 番禺市地方志编纂委员会：《番禺县志》，广东人民出版社 1995 年版，第 360 页。

② 司徒华森：《绿叶对大地的情义——小记何添先生》，载黎子流、黄伟宁主编：《广州市荣誉市民传》第一卷，广东人民出版社 1994 年版，第 77 页。

③ 资料来源：广州市侨务办提供的华侨华人、港澳同胞、侨港澳眷属各区、县级市分布情况表。

海外乡亲捐资对番禺区建桥修路,不但使区内各乡镇路路畅通,而且北接广州,西达顺德、中山、珠海、新会、江门等县市,南沙开发区更沟通了与港澳的交通,使番禺成为珠江三角洲公路交通干线的枢纽。至2003年,"共建成公路桥梁280多座,主干道通车里程达到838.92公里,是全国公路桥梁最多、最长的县级市(区)。"①

三、研究结论与对策建议

改革开放以来海外乡亲对广州的生产建设捐赠和交通捐赠,是海外乡亲基于广州侨乡的经济需求进行的捐赠,其目的是促进广州的工农业生产和交通的发展,改变广州的工农业生产和交通落后的面貌。

改革开放后海外乡亲在广州的生产建设捐赠,不仅增加了广州的工农业生产总值,更为关键的是改善了广州的工农业经济结构,促进了侨乡经济和社会的转型。主要表现在:第一,促进了广州侨乡从消费型侨乡向生产型侨乡的转型。新中国成立前,海外乡亲一般通过侨汇的方式赡养在侨乡的亲属。侨汇的输入促进了侨乡经济的复兴,但同时也导致侨眷对侨汇产生了依赖性,进而直接导致了消费性侨乡的生成。新中国成立后尤其是改革开放后,大批归侨侨眷直接参加生产劳动,海外乡亲捐赠生产设备、物资来支持侨乡生产建设,促使广州侨乡从消费性侨乡到生产性侨乡的转变。第二,促进了广州侨乡农业经济结构的转型。在农业生产结构上,促使侨乡由种植业为主向农、林、牧、副、渔各行业全面发展;在农产品品种结构上,促使侨乡向优质、高产、高效的"三高"农业发展;在农业经营结构上,在海外乡亲的技术指导下,促使广州形成了"基地+农户""公司+合作社+农户""公司+基地+农户""合作社+农户""批发市场+农户"等农业产业化的"广州模式",实现了农业产业化经营,推动了农业市场化进程。第三,促进广州工农业生产由"输血型"向"造血型"转换。海外乡亲资助侨乡兴办侨属企业,以国际市场为导向,以出口创汇为目标发展外向型经济。正如日本学者山岸猛所言,"侨属企业便进一步转换为生产型、外向型、创汇型企业,并要求企业实行'三来一补'和与海外亲属、朋友的合作、合资。截至1991年,荔枝区有40%的侨属企业已转换为生产型。换言之,是从'输血型'转换为'造血型'。"②

---

①　温喜祥:《番禺之最(公路·桥梁)》,《番禺侨讯》2003年第4期。

②　[日]山岸猛:《对外开放后侨乡的经济变化与海外华侨华人(下)——以改革开放后至20世纪90年代初的人口移动为中心》,《南洋资料译丛》2008年第4期。

但是改革开放后海外乡亲对广州生产建设捐赠主要是资金、物资和设备的捐赠,捐赠时间集中在 1998 年以前,缺乏可持续性,实际上海外乡亲的生产建设捐赠还有很大的提升和发展空间。尤其是我国加入 WTO 以后,我国的工农业将面临国际工农产品市场的激烈竞争。目前广州侨乡的农业生产的科技水平和组织化程度低,农业生产管理模式落后,这需要侨乡地方政府在发展工农业生产方面采取切实可行的措施。笔者认为,侨乡政府可从以下几个方面着力:一是广泛开展与海外乡亲的经济技术合作。先进的生产技术是工农业生产可持续发展的重要保障。因此,侨乡政府应广泛开展与海外乡亲的经济技术合作,重点引导海外乡亲捐赠先进的生产技术设备,资助工农业科技,资助青年科技人员和企业家进行高新技术产品的开发和科研工作。二是积极利用侨资和侨企,创新工农业经营组织形式,构建具有国际竞争优势的工农业产业体系。侨资大多来源于经济发达的国家和地区,它们技术含量较高,与国际市场联系紧密。侨乡政府充分发挥侨企产业化组织的示范效应,塑造新的工农业产业组织结构,培植一批具有市场开拓能力和国际竞争优势的生产型、外向型和创汇型的现代大型企业。

与生产建设捐赠相比,海外乡亲捐赠广州交通建设时间上具有连续性,项目上具有可持续性。从捐赠时间上,海外乡亲生产建设捐赠的时间主要集中在改革开放初期,而交通建设捐赠的时间具有连续性,进入 21 世纪后海外乡亲对广州的交通捐赠金额仍然在增加。从捐赠的类型来看,生产建设捐赠更多地基于一种感性捐赠,而交通建设既有感性捐赠,也有理性捐赠。海外乡亲捐赠广州市交通基金会,捐赠者大多是企业家,他们通过捐资成立交通基金会,既做到了行善,又通过公益事业关联型营销活动扩大了企业的知名度,使捐赠得到实质回报,从而真正实现了捐赠方和受助方双赢的局面。从捐赠行为发生的关系来看,海外乡亲生产建设捐赠的行为首先发生在海外乡亲与侨乡的亲属之间,交通建设捐赠的行为主要体现在海外乡亲与侨乡的关系。从捐赠的地域来看,生产建设捐赠主要集中在番禺、从化、花都等原来的郊区,而交通捐赠遍布在广州的所有区域。

交通是侨乡经济发展的命脉,"要想富先修路","路通则财通"充分说明了交通建设在侨乡建设中的重要地位。建桥修路是海外乡亲造福桑梓的重要内容,他们在广州侨乡一方面捐资修建大型桥梁和道路,大大改善了侨乡的交通状况,另一方面他们又捐资修建家乡的村道、镇道,使田间小道变成了宽阔大道,有力地推动了村镇建设。更为重要的是,海外乡亲在资助侨乡路桥建设的过程中,开创性地提出了以路养路、以桥养桥、过路过桥收费的新主张,并率先在全国把它付诸实践,开始了交通领域的一大革命,大大地促进了侨乡交通建设的发展,并使侨乡经济的发展形成了良性循环。他们是筑路者,更是带路者。

第五节　福利性与公益性:海外乡亲慈善捐赠与
　　　　广州其他公益事业的发展

改革开放后海外乡亲在广州捐办公益事业,从慈善领域来划分,可以分为两大部分,一部分是指福利性慈善,主要包括扶贫济困、敬老爱幼、助残恤孤、赈灾救荒等,受益对象主要是侨乡的社会弱势群体。海外乡亲在广州的救助性慈善成为了侨乡社会福利的重要组成部分。另一部分指公益性慈善,包括支持教育、医疗、科技、文化、体育、旅游、治安、环境保护等事关社会发展和人类共同需要关注的问题,受益对象主要是侨乡的广大民众。由于教育、文化体育、医疗卫生在本文的前面章节都有单列,所以本节重点论述海外乡亲在广州兴办的市(村)镇建设、科技、旅游、治安、环保等其他公益事业。

一、广州的社会福利社会化与海外乡亲的慈善推动

社会福利的含义有广义和狭义之分,“广义的社会福利是指由政府和社会提供的一切低于或高于基本生活水平的经济收入、政策扶持和服务保障等。狭义的社会福利是民政部门代表国家提供的针对弱势老人、残疾人、孤儿和优抚对象提供的收入和服务保障”。① 本书是从广义上论述社会福利,所论社会福利的供给主体是海外乡亲。海外乡亲在广州针对弱势老人、残疾人、孤儿和优抚对象等弱势性群体提供的福利性慈善成为了广州社会福利的重要组成部分。

（一）海外乡亲参与侨乡社会福利的动力

1. 侨乡政策的支持

社会福利社会化,是以“福利多元主义”为理念基础的一种福利改革实践。新中国成立后,长期以来,我国社会福利都是由国家民政部门包办,国家将大量的公共资源用于福利事业,以公共权力干预市场分配的不公,虽然保障了社会成员的基本生活,但是国家的负担过重,浪费了许多公共资源。后来,我国实行市场化的改革,市场经济被引入社会福利领域,随着而来的是市场失灵。上述情况引起了中国有识之士的反思:国家福利究竟是谁的

---

① 周良才:《中国社会福利》,北京大学出版社 2008 年版,第 2—3 页。

责任？我国应实行什么样的福利模式？西方国家在社会福利领域的理论给我们提供了借鉴。20世纪70年代以来，西方学者提出了"福利多元主义"，主张福利主体与福利来源的多元化。罗丝将提供社会福利的部门分为家庭、市场和国家等三个部门，他认为若将这三个部门进行福利整合，那么就会形成一个社会的福利整体。"约翰逊将提供社会福利的部门分为4个部分：（1）国家部门提供的直接和间接福利；（2）商业部门（commercial sector）提供的职工福利，向市场提供有营利性质的福利；（3）志愿部门（voluntary sector），如自助、互助组织、非营利机构、压力团体、小区组织等提供的福利；（4）非正规部门（informal sector），如亲属、朋友、邻里提供的福利。"①因此，由政府、市场、家庭和社会共同提供社会福利，实行社会福利社会化，是许多国家福利改革的方向。

1986年国家民政部开始提出并倡导"社会福利社会化"的思想，2000年发布《关于加快实现社会福利社会化的意见》，明确提出多种形式捐助或兴办社会福利事业，同年民政部首次明确了"社会福利社会化"的工作思路。民政部原部长多吉才让在"社会福利社会化工作会议"上指出，"社会福利社会化，是在政府的倡导、组织、支持和必要的资助下，动员社会力量建设社会福利设施，开展社会福利服务，满足社会对福利服务的需求"。② 社会福利社会化工作思路的明确和社会福利事业政策法规体系的基本形成，为海外乡亲参与侨乡社会福利提供了政策上的支持和法律的依据。

2. 侨乡弱势群体的存在

对于弱势群体这一概念，国内学术界有多种说法，目前社会学界达成了基本共识，所谓"社会弱势群体是由于某些障碍及缺乏经济、政治和社会机会，而在社会上处于不利地位的人群"。③ 目前学术界赞同北京大学社会学系王思斌教授观点的人较多。王思斌采取西方社会学观点，他认为，"人们还是把弱势群体分为两类，即生理性弱势群体和社会性弱势群体"。④ 其中，生理性弱势群体包括老年人、残疾人和儿童；社会性弱势群体包括城市失业和下岗职工、贫困人口。也有学者将社会弱势群体分为三类。陈成文在《社会弱者论》一书中，在将社会弱者分为"生理性社会弱者""社会性社会弱者"之外，还补充了"自然性社会弱者"，主要包括脆弱地区的人口、自

---

① 彭华民：《福利三角：一个社会政策分析的范式》，《社会学研究》2006年第4期。
② 多吉才让：《积极推进社会福利社会化进程加快发展社会福利事业》，社会福利社会化工作资料汇编，2000年。
③ 王思斌：《社会转型中的弱势群体》，《中国党政干部论坛》2002年第3期。
④ 王思斌：《社会转型中的弱势群体》，《中国党政干部论坛》2002年第3期。

然灾害的灾民。① 对于社会弱势群体的分类本书采纳陈成文的观点。生理性弱势群体主要是由于先天体力、智力、年龄等因素的劣势而导致处于竞争不利的地位,在广州主要包括老年人、儿童和残疾人;社会性弱势群体主要是由于社会结构变迁、经济体制转轨和产业结构调整等社会经济因素造成的,在广州主要包括城市失业者、下岗工人、农民工以及贫困人口;自然性弱势群体主要指灾民。社会弱势群体在经济上属于贫困人口。据有关资料统计,"广州目前尚有低保线以下的贫困人口十一万人,占城市户籍人口近一个百分点。其中传统救济对象'三无'人员(即无劳动力、无固定收入、无人抚养)占一成五;因病致贫占一成;退休、无业或下岗导致生活水平达不到最低保护线标准占七成以上,成为这个富裕大都市城乡贫困人口主力。"②广州侨乡弱势群体的大量存在为海外乡亲参与侨乡福利提供了广阔的舞台。

3. 侨乡社会福利的需求

侨乡社会福利需求既包括社会弱势群体的福利需求,又包括一般群体的福利需求。美国著名心理学家马斯洛在《人类动机论》中,把人的各种需求归纳为 5 个层次,并认为在低层次需求获得相对满足之后,才能发展到较高层次的需求,但高层次的需求得到满足后,低层次的需求仍然存在,只是对行为的影响作用降低了而已。正如马克思在《德意志意识形态》中所说的那样:"我们首先应当确定一切人类生存的第一个前提也就是一切历史的第一个前提,这个前提就是:人们为了能够'创造历史',必须能够生活。但是为了生活,首先就需要衣、食、住以及其他东西。因此第一个历史活动就是生产满足这些需要的资料,即生产物质生活本身。"③因此,人的发展首先是获取物质生活资料的能力。同时,人的全面发展,不仅表现在个人需求的多方面发展,也体现在个人能力的全面发展上。因此,根据马斯洛关于人的需求的五个层次,可以说是侨乡民众的福利需求是一种多层次的需求,是一种全面的需求。

然而,侨乡民众的福利需求并没有得到很好的满足。改革开放以来,人民急剧增长的对社会福利的需求与现有的福利供给严重不足的矛盾日益加剧。据调查,"全国 1.26 亿老年人中大约有 1400 万老年人要求进入福利机

---

① 陈成文:《社会弱者论:体制转换时期社会弱者的生活状况和社会支持》,时事出版社 2000 年版,第 34 页。

② 《无业及下岗人员成为广州十一万贫困人口新主力》,2003 年 9 月 12 日,见 http://www.beelink.com.cn/20030912/1423754.shtml。

③ 《马克思恩格斯选集》第 1 卷,人民出版社 1995 年版。

构养老,占11%多,而各类福利机构中能够提供的老年人床位只有97.7万张,不到全国老年人总数的0.8%,与发达国家8%和一些发展中国家5%的供养比例相比,差距甚远"。① 侨乡民众社会福利需求的增加,为海外乡亲在侨乡提供社会福利提供了巨大空间和动力。

（二）慈善供给:侨乡社会福利的需求与海外乡亲的参与

面对侨乡社会弱势群体和全体民众福利的需求,改革开放后海外乡亲提供的社会福利内容广泛,既包括生理性弱势群体的福利,如老年人福利、儿童福利、残疾人福利,又包括社会性弱势群体福利,如城市失业和下岗职工、贫困人口等福利,还包括自然性社会弱势群体的福利,如救济灾民。根据笔者对广州市侨务办的调查访问,改革开放后到2006年底,在民政方面,海外乡亲共捐赠23497.72万元,占总捐赠的6.51%。各区捐赠的具体情况见图2-15。

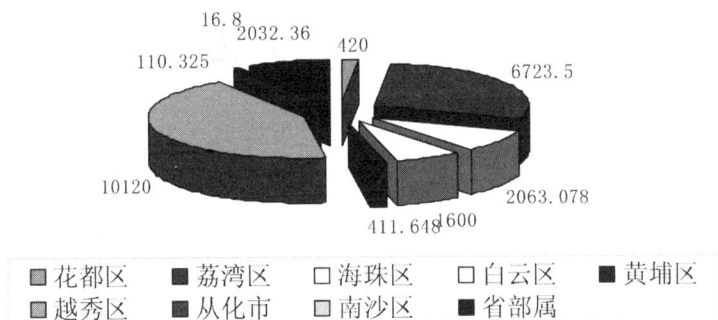

图2-15:1978—2006年广州地区海外乡亲在民政方面捐赠统计(单位:万元)

资料来源:根据广州市侨务办提供的广州地区华侨华人港澳同胞捐赠项目分类统计表制作而成。

1. 生理性弱势群体的福利需求与海外乡亲的慈善捐赠

生理性弱势群体主要是由于先天体力、智力、年龄等因素的劣势而导致处于竞争不利的地位,在广州主要包括老年人、儿童和残疾人。

（1）广州养老机构的发展现状与海外乡亲的慈善参与

敬老、养老、助老是中华民族的传统美德。改革开放前海外乡亲救助的对象也只局限在对孤寡老人和部分生活困难的老年人,资助的内容主要是解决老年人的生活问题。改革开放后,我国的养老形势发展了重大变化。一方面,中国人口结构老龄化特征更加突出,目前我国已经成为世界上老年人口总数最多,老年人人口增长速度最快的国家。广州人口老龄化趋势正

---

① 朱勇、朱红:《福利社会化春天来了》,《中国民政》2000年第1期。

日益加剧,据统计,"2002 年广州人口平均预期寿命达到 75. 24 岁,比 2000 年上升了 0.55 岁。老年人口呈现逐步上升的趋势,老年人口所占比重上升了 1.06 个百分点,高于 7%的老龄化国际标准 2.88 个百分点"。① 另一方面,老年人的生活方式、生活需求日益多样化,老年人对社会福利和服务的需求不断增加。然而,目前广州养老机构的发展仍然不能满足老年人的社会福利需求:一是养老机构数量匮乏,老年福利事业仍然滞后于社会和经济的发展。"据广州市民政局数据,截至 2013 年底,60 岁以上老人达 133 万人,约占全市总户籍人口的 16.0%,预计到 2015 年将会达到 150 万人。按照到 2015 年广州实现'9064'养老目标,即 90%老年人在社会保障体系和服务体系支持下通过家庭照顾养老,6%左右的老年人可由社区提供日间照料和托老服务,4%的老年人可入住养老机构,广州各类养老机构至少应提供 6 万张床位。"②截至 2013 年底,"广州共有各类养老服务机构 162 家,总床位 43000 张"。③ 老年人急剧增长的对社会福利的需求与现有的福利供给严重不足的矛盾日益加剧。二是资金缺乏,政府对养老机构投入不足。经营收入和政府补贴是当前养老机构维持运营的主要经费来源。广州公办养老机构收费标准偏低,经营收入不足以严重影响其正常运行。而民办养老机构得到的政府补贴明显偏低,广州对民办养老机构新增床位每张给予 1.5 万元的补贴,大大低于北京 4 万元和上海 3 万元的补贴标准。因此,以吸收民间资本为关键,发动海外乡亲在内的民间力量参与广州老年人的福利事业,弥补市场养老需求缺口,推动广州社会化养老服务体系建设,成为广州养老机构发展的迫切任务。

在这种背景下,海外乡亲及时地参与到广州侨乡老年人的福利事业中来,他们成为了广州老年人社会福利社会化的推动者之一。他们积极捐款捐物,为家乡的老年人提供众多的社会福利服务,他们主要从以下几方面开展慈善实践。

第一,开展敬老活动:满足老年人生存与安全需求。老年人最基本的需求是生存与安全需求。改革开放后海外乡亲捐款捐物,设立敬老基金,开展敬老活动,对侨乡的老年人提供生活上的帮助和照顾,满足老年人生活与安全需求的福利。根据笔者对广东省华侨捐赠管理系统的查询,改革开放后海外乡亲在广州捐赠的敬老物品和善款项目达到 48 项,捐赠金额

---

① 沈柏年:《2004 广州经济形势分析与预测》,广东人民出版社 2003 年版,第 330 页。
② 陈贝:《影响广州养老机构发展的三大问题》,《中国国情国力》2014 年第 9 期。
③ 陈贝:《影响广州养老机构发展的三大问题》,《中国国情国力》2014 年第 9 期。

为 568.541 万元,设立的敬老基金项目达到 47 个,捐赠金额为 952.7794
万元,捐赠的区域覆盖番禺、黄埔、白云、花都、海珠、荔湾等区。尤其是以番
禺区为最多,设立的敬老基金项目达到 33 个,从区到镇再到村,每一级行政
区域都有海外乡亲为老人们设立的福利基金。海外乡亲在广州侨乡的敬老
活动呈现出敬老主体的多元化、敬老活动的长期化、定期化和多样化等
特点。

　　第二,捐建老年人设施,满足老年人尊重与享受需求。改革开放后海外
乡亲大力在广州侨乡建立福利设施,丰富老年人的精神文化生活,以满足老
年人尊重与享受需求的福利。根据笔者的调查,改革开放后,海外乡亲捐建
的老年人福利设施项目数量达到了 85 个,捐赠总额为 5226.4602 万元。具
体见表 2-15。

表 2-15:改革开放后海外乡亲在广州捐建的老年人福利设施一览表

区域	老年人福利设施
白云区 (33 个)	广州市老年人服务中心、白云区老人活动中心、均禾街平沙村老人活动中心、京溪街麦地社区老人活动中心、石井街潭村敬老活动中心、石井街潭村敬老亭、石井街凰岗村老人活动中心、太和镇北村老人协会、太和镇大沥村敬老院老人活动场所、太和镇南岭敬老院、太和镇园夏村敬老院、太和镇南村颐老协会、太和镇永兴村永兴庄敬老院、人和镇蚌湖敬老院、人和镇敬老院、人和镇秀水村燕龄聚会楼、人和镇矮岗村仁兴老人活动中心、人和镇凤和村红一敬老院、人和镇凤和村沙鹿尾敬老院、人和镇凤和村汉仪老人活动中心、人和镇凤和村合龙庄老人活动中心、人和镇凤和村草塘老人活动中心、人和镇凤和村凤西老人活动中心、人和镇凤和村红二队老人院、人和镇横沥村敬老院、人和镇高增村上和里敬老院、人和镇鸦湖村老人活动中心国兴楼、江高镇罗溪村敬老院、江高镇敬老院、江高镇水沥村敬老院、江高镇新楼村梁庆贤康乐中心、钟落潭镇敬老院、广州市老人院慈云康复大楼
番禺区 (27 个)	何添颐养园(番禺区颐老园)、石碁镇石岗东村敬老院、石碁镇石岗敬老院、石碁镇敬老院 D 座楼、石碁镇敬老院大楼、石碁敬老院耆乐楼、石碁镇敬老院慕莲小筑楼、石碁镇傍西村敬老院、石碁镇傍西村肇康健身馆、石碁镇傍东村老人活动中心、石碁镇永善村浩珠老幼中心、石碁镇官涌村老人活动中心、石碁镇大龙敬老慈善(建筑物)、石碁镇大龙村康乐中心、石楼镇颐养院、石楼镇岳溪村敬老院康乐楼、石楼松所文化中心、大岗镇潭洲敬老院、大岗镇灵山敬老院、大岗镇马前村老人院、新造镇南约村敬老院、化龙镇莘汀村活动中心、化龙镇敬老院、沙湾敬老中心张周慕冰楼、南村镇樟边村敬老院、钟村镇谢村老人院、钟村镇敬老院综合楼
花都区 (9 个)	花县花山敬老院、花山镇五星村曾贵寿娱乐中心、花山镇五星村尚德中心、新华镇公益村老人活动中心、狮岭镇石岗村老人活动中心、狮岭镇长岗村老人活动中心、狮岭镇敬老院、赤坭镇敬老院、赤坭镇莲塘老人室
越秀区 (2 个)	广州市华侨老人福利院、东山区华侨福利院

续表

区域	老年人福利设施
从化市 （1个）	侨宏康乐苑
荔湾区 （4个）	荔湾南源街老人康乐中心、马家祠老人康乐中心、东漖老人文娱康乐活动中心、岭海颐老会
黄埔区 （3个）	黄埔区颐康园（福利院）、南园老人活动中心、深井老人活动中心
南沙区 （1个）	南沙敬老院
增城市 （1个）	永和敬老院
海珠区 （4个）	何贵荣夫妇福利院（敬老院）、何耀全福利院、石溪敬老院、海珠区社会福利院
天河区 （1个）	广州市社会福利院

资料来源：各区侨务办提供的华侨港澳同胞捐赠兴办公益事业情况登记表。

　　海外乡亲资助的老年人福利设施具有以下规律：一是范围广泛且具有集中性。海外乡亲捐赠设立的福利设施覆盖了除萝岗区以外的行政区域。此外，海外乡亲在诸如番禺、白云、花都等区捐建的老年人福利设施辐射到镇、街和村，从而使区、镇、村级都有他们捐建的敬老福利设施。二是种类齐全，设施先进。海外乡亲捐建的老年人福利设施有敬老院、颐老园、敬老大楼、老人活动中心、文化中心、娱乐场所、康乐中心、卫生所、老年人大学等，种类俱全，提供老年人的供养、医疗、康复、娱乐和教育等方面的服务，使老年人老有所养、老有所医、老有所学、老有所乐，满足老年人对社会福利的各种不同的需求。海外乡亲资助的敬老院设施也极为先进，许多敬老院达到了国家级、省级、市级、区级等级标准。改革开放后广州侨乡的老年人福利机构利用侨力和侨资不断探索社会福利社会化的新路子，"社会福利社会化"不断发展完善。海外乡亲捐建或助建的上述老年人福利机构都是实行社会福利社会化的典范。这些老年人福利机构投资主体多元化，有政府承办、社区承办、个人承办、个人与集体合办与社团自办等形式，筹资渠道多样化，有政府拨款、社会扶持、自办经济实体、接受社会各界人士和海外乡亲捐赠、吸收企业资金、自费代养人员服务收费等方式。此外，它们实行市场化的运行机制，对五保老人等困难老人实行免费入住，同时又注重经济效益，独立经营，自负盈亏，对不符合免费入住条件的老人实行收费制度，做到服务对象公众化,服务队伍专业化,服务功能多样化。在海外乡亲的支持下,广州侨乡老年人福利机构正探索出一条成熟的社会福利社会办的新路子。

　　第三,资助创办老年人大学,满足老年人发展需求。老年人在获得较低层次的物质生活需求以及较高层次的医疗、康复、娱乐等尊重与享受需求的同时,他们也需要更高层次的自我实现、自我发展的需求。针对侨乡老年人的这种高层次的福利需求,改革开放伊始,海外乡亲就开始资助广州侨乡创办老年人大学,使老年人老有所学,学有所用。其中最典型的就是 1981 年由 17 位老人发起创办并由社会各界人士和港澳同胞资助成立的广州岭海颐老会。此后,广州岭海颐老会不断发展壮大,其属下的机构岭海老人大学(1984 年)、岭海老人公寓(1986 年)、岭海医疗门诊部(2004 年)、广州岭海护理职业培训学校(2005 年)、岭海老人公寓护理部(2007 年)相断得以创办。尤其是岭海老人大学的创办对老人的自我发展意义更为重大,它是由港澳同胞及社会热心人士资助创办的全国第一间民办老人大学,开创了中国民间创办老人大学的先河。广州岭海颐老会的成立,不花国家的钱,实行国家、社会、家庭"三结合"的养老形式,成为新型的"五有"综合性老人之家。① 在港澳同胞的支持和参与下,广州岭海颐老会满足了老年人养、医、学、为、乐、教多种福利需求,拓展了我国社会福利社会办的途径,为其他地区兴办社会福利事业提供了一个成功的范式。

　　综上所述,改革开放后海外乡亲在广州侨乡提供老年人福利,由孤寡老人、生活困难的老人扩展到全体老人,由老有所养到老有所医、老有所乐、老有所学、老有所为,由临时性的提供福利到设立基金长期提供福利,体现了新时期海外乡亲在侨乡提供的老年人福利发展的趋势。他们在广州侨乡提供的老年人福利改善了老年人福利设施状况,提高了老年人的生活水平和生活质量,使侨乡形成了敬老爱老的风气,促进了侨乡的精神文明建设和社会的和谐发展。他们是侨乡老年人的福音,是侨乡老年人福利的一支生力军,是侨乡老年人福利社会化的参与者、推动者。

　　(2)从补缺到普惠:海外乡亲资助下的广州儿童福利事业的发展

　　儿童福利有狭义与广义之分。狭义上的儿童福利是对处于不幸境地儿童的福利,广义上的儿童福利是对全体儿童的福利,既包括对正常儿童提供的社会福利,也包括对处于不幸境地的儿童福利。儿童福利历来是海外乡亲慈善事业关注的主要领域,改革开放前,海外乡亲提供的儿童福利主要是

---

① 　王林生:《广州之最(1949—2009)》,广东省出版集团、广东经济出版社 2009 年版,第 86 页。

对困境儿童的福利,集中在对无依无靠、无家可归和无生活来源的孤儿、弃婴、残疾儿童和有行为偏差的儿童的救助上,这种福利显然是一种补缺型的福利观。改革开放后,儿童社会福利的需求层次越来越高,而现有的儿童福利水平较低,无法满足儿童的福利需求,因此迫切需要海外乡亲的参与。"儿童社会福利在本质上是一种完整全面的社会建设,是尊重儿童权利的诸多表现形式中的一种底线,它建立在社会对每一个儿童的发展成长负有责任和义务这样一个基本认识之上。"①海外乡亲在广州侨乡提供的儿童福利正是基于促进儿童全面发展、健康成长的一种责任和义务,是一种普惠型的儿童福利。

第一,捐资养育儿童,满足儿童基本生活需求。改革开放之初,广州侨乡儿童福利机构设施条件差,资金极为缺乏,所以满足儿童的基本生活需求成为各级儿童福利机构的首要任务。海外乡亲捐助广州侨乡儿童福利机构始于20世纪80年代初,90年代达到高峰。根据笔者的调查,在这一阶段,捐赠的海外乡亲人数进一步增多,受赠的儿童福利机构数量增加,接受海外乡亲资助的儿童福利机构计有广东省儿童福利会、广州市社会福利院(广州市儿童福利院)、番禺区儿童福利会、白云区妇女儿童福利会、越秀区儿童福利会、芳村区儿童福利会、海珠区儿童福利会等儿童福利机构。21世纪后受助的儿童福利机构主要有广州市社会福利院和广东省儿童福利会。海外乡亲在广州侨乡提供儿童福利,主要是资助当地的儿童福利机构,通过这些儿童福利机构对遭遇不幸的儿童,包括孤儿、弃婴和残疾儿童等提供福利服务,以实现对家庭功能的替代,这说明海外乡亲缺乏对生活在部分功能家庭和正常家庭的儿童福利服务。但是另一方面,我们也要看到,进入新世纪后,海外乡亲资助侨乡儿童福利机构的频率明显减缓,他们把资助的重点由侨乡儿童福利机构逐渐向有儿童的困难家庭和正常家庭转变,提供儿童福利的服务对象逐渐由儿童福利机构内的孤残儿童转向侨乡所有儿童。

第二,捐资救治儿童,满足儿童的健康需求。据市妇联儿童部对全市12个区(市)的调查,广州市患有各类重病儿童500多人。为挽救重病的儿童,病童的家庭无不背上沉重的经济负担,高昂的医疗费使病童的家庭倾家荡产,债台高筑。而病童的家长大部分为弱势群体(低收入、下岗、失业人员),面对天文数字般的医疗费,家长只有焦虑、无奈甚至放弃,一个个有望

---

① 陆士桢:《简论儿童福利和儿童福利政策——儿童福利政策》,2007年4月2日,见 http://blog.china.com.cn/lushizhen/art/71879.html。

治愈的生命,由于缺乏医疗费而过早地夭折,闻者无不心痛。① 重病儿童急需海外乡亲的帮助。面对这样的现实,在海外乡亲的支持下,2001 年成立广州市重症儿童基金会,基金会初始基金为 499.0023 万元,港澳同胞共捐赠 52.5077 万元,占总额的 10.52%;广州市人民政府投资 65.3401 万元,占总额的 13.09 万元;社会各界集资 381.1545 万元,占总额的 76.38%。在海外乡亲以及社会各界的捐助下,"几年来一共有 22 批共 573 个孩子得到了基金的帮助,其中有 380 多名孩子完全康复,共花费基金 1400 多万元"。②

第三,捐资教育儿童,满足儿童教育和发展需求。捐资教育儿童是海外乡亲振兴中华的愿望所在,也是满足侨乡儿童教育和发展需求的重要途径。改革开放后海外乡亲支持广州的儿童教育以支持学校教育为主。据不完全统计,改革开放以来,海外乡亲在广州捐建幼儿园和托儿所共 41 所,项目总额 4568.6165 万元,其中捐赠总额为 3402.1665 万元,占地面积 40280 平方米,建筑面积 59617 平方米。③ 校外教育是提高教育质量的重要手段。海外乡亲在支持广州儿童校内教育的同时支持儿童校外教育,把儿童的校内教育与校外教育有机地结合,探索儿童教育的新模式。改革开放后海外乡亲支持广州侨乡儿童校外教育最典型的善举是助建广州市儿童活动中心。据统计,海外乡亲共捐赠 240.991 万元,占总捐赠的 10.81%。捐赠者人数多,包括 107 位个人和 7 个团体,而且都是香港同胞。

综上所述,改革开放后海外乡亲捐助的对象不断拓展,由儿童福利机构中的儿童转向侨乡所有儿童,捐赠的方式由养为主向养、治、教、康转变,捐赠的目的从保障儿童的基本生存权向促进儿童全面健康发展转变,捐赠的取向由补缺型取向向普惠型取向转变,这些转变都表明:海外乡亲在侨乡的所从事的儿童福利正由狭义儿童福利向广义儿童福利转变,由消极性的儿童福利向制度性的儿童福利转变。这些转变具有重大的现实意义,给侨乡乃至整个中国都带来了积极的影响:从对侨乡层面产生的影响来说,海外乡亲在侨乡的儿童福利一方面起着催发剂的作用,促进了侨乡儿童的全面发展和幸福,为侨乡教育、经济与社会的发展打下了坚实的基础,另一方面起着黏合剂的作用,对孤儿、弃儿、问题儿童等的援助,在一定程度上防止了社会问题的产生,促进了侨乡社会的安全和稳定;从对整个中国层面产生的影

---

① 广州市妇联儿童部:《广州市儿童福利会救治重症儿童专项基金情况》,2008 年 2 月 25 日,见 http://www.gz.gov.cn/vfs/subsite/flw/content.jsp? contentId=545926。

② 广州市妇联儿童部:《广州市儿童福利会救治重症儿童专项基金情况》,2008 年 2 月 25 日,见 http://www.gz.gov.cn/vfs/subsite/flw/content.jsp? contentId=545926。

③ 资料来源:广东省华侨捐赠管理系统。

响来说,海外乡亲生活在海外和港澳地区,这些国家和地区儿童福利事业发达,制度先进,经验丰富,海外乡亲把这些国家和地区儿童福利的先进理念和丰富经验运用于侨乡,有助于中国儿童福利事业的发展。

(3)平等、参与、共享:海外乡亲在广州助残护残的理念与实践

残疾人是一个有特殊困难的社会弱势群体。广州市残疾人口众多,"2008年,广州市的残疾人比率为5.26%,残疾总人口53.56万人"。① 长期以来国家承担着残疾人保障的主导责任,国家有限的财力难以满足残疾人的保障需求,因此,要发展残疾人事业需要利用各种社会资源,包括海外资源,走官民结合的社会化道路。改革开放后广州市残疾人福利事业得到了港澳同胞与海外侨胞的热心捐助,"仅广州市在实施《残疾人事业"八五"计划(1991—1995)》期间,就收到港澳人士捐款赠物价值3000多万元"。②

改革开放以来海外乡亲对广州残疾人的捐助主要表现在以下四方面:

一是保障残疾人的基本物质生活,满足残疾人的生存需求。改革开放后海外乡亲捐资保障残疾人基本物质生活最主要方式是捐资给残疾人机构,通过这些机构资助残疾人。根据笔者对广州侨乡的调查,改革开放后受到海外乡亲资助的残疾人机构共11家,受赠总额为2658.913万元。受赠最多的是广州市残疾人福利基金会,该基金会自1982年成立以来,受到海外乡亲的捐赠共2079.2833万元。③ "中国当前的慈善事业,主要有两个方面的功能:首先是满足生存权的慈善救助;第二是实现发展权的慈善教育。也就是'养'与'教'的问题。"④改革开放后海外乡亲把重点和首要目标放在保障残疾人的基本物质基础生活上面,满足残疾人的生存权,体现了海外乡亲人道主义的原则和以人为本的理念。

二是捐资对残疾人教育培训,满足残疾人教育与发展需求。"所谓慈善教育,主要包括援助因贫困而失学的孩子,为有特殊困难的残疾人、重病症患者、下岗人员提供培训内容。"⑤对残疾人开展慈善教育,进行教育培训,是提高残疾人的素质和能力的重要途径。海外乡亲对广州残疾人的慈善教育从改革开放伊始就已开始资助,采取的方式主要是资助残疾人学校。

---

① 广州年鉴编纂委员会:《广州年鉴(2009)》,广东人民出版社2009年版。
② 梁左宜:《"光明使者"陈梁悦明》,载广州市政协学习和文史资料委员会主编:《广州文史第五十三辑》,广东人民出版社1998年版,第128页。
③ 资料来源:广东省侨务办。
④ 上海市慈善基金会、上海慈善事业发展研究中心:《慈善:关爱与和谐》,上海社会科学院出版社2004年版,第21页。
⑤ 吴锦良:《政府改革与第三部门发展》,中国社会科学出版社2001年版。

三是资助残疾人康复,满足残疾人健康需求。早在 1986 年,我国第一个基层康复中心——广州市荔湾区金花街残疾人康复中心成立时,"香港同胞陈国栋先生捐助了港币 1 万元"。① 到 20 世纪 90 年代中期,海外乡亲资助残疾人康复达到高潮,其标志是 1993 年香港同胞于元平、林百欣、吴汉良等 3 人捐赠 1500 万元给广州市残疾人福利基金会兴建的华南地区设施和功能较齐全的非营利性综合康复医疗机构——广州市残疾人康复中心。这一时期受到捐助的还有广东省残疾人联合会。2006 年香港同胞陆慧全和黄伟波各捐赠价值 6.4 万元的 OT-SOFT 语言认知训练与评估系统器材给越秀区残联,用于残疾人康复训练。② 海外乡亲资助残疾人康复有利于残疾人融入社会,与健康人一样平等地享受社会精神文明和物质文明的成果。

四是促进残疾人就业,满足残疾人社会参与需求。劳动就业是残疾人平等参与社会的主要标志,残疾人就业始终是社会弱势群体当中就业最特殊、最困难的一个群体。目前,在广州,"福利企业只有 200 多家,解决的也只是部分残疾人的就业问题,残疾人的就业数量与残疾人总数之间的比例是极不平衡的。根据 2000 年对残疾人(6.6 万人)情况的调查数据,广州市残疾人中,就业、下岗和失业占调查总人数的比例分别是 32.84%、3.29% 和 13.33%。下岗失业人数刚好是就业人数的一半"。③ 这说明广州残疾人就业特别需要社会各界包括海外乡亲的支持。改革开放后,海外乡亲在给残疾人"输血"的同时,也给他们"造血",帮助那些有条件的残疾人就业。如 1993 年,华南旅行社公司捐赠了价值 20 万元的物资给广州市残疾人职业培训中心,用于残疾人职业培训。在白云区,2003 年 9 月香港镇泰集团捐资 10 万元给白云区残疾人综合服务中心用于残疾人职业技能培训,④海外乡亲资助残疾人就业这种慈善模式为中国残疾人事业的发展提供了极好的借鉴。

五是捐资保障残疾人合法权益,满足残疾人基本权益需求。2001 年为保障残疾人合法权益,广州市残联决定设立残疾人法律援助基金,从 3 月至 5 月,有 64 个单位捐了款,筹得 220 多万元。其中,由香港同胞彭磷基创办的广州市番禺祈福新屯房地产有限公司捐赠 100 万元、广州镇泰集团有限

---

① 广州年鉴编纂委员会:《广州年鉴(1988)》,广东人民出版社 1988 年版,第 445 页。

② 资料来源:越秀区侨务办。

③ 广州市人民政府残疾人工作委员会秘书处、广州市残疾人联合会:《广州市残疾人事业年鉴(2000—2005)》,广州市人民政府残疾人工作委员会秘书处,2005 年,第 161—162 页。

④ 白云区政府侨务办公室:《关于白云区侨捐项目的公示》,《穗郊侨讯》2007 年第 4 期。

公司捐赠了 10 万元。① 由港澳同胞创办的企业对广州市残疾人的捐赠几乎占了当年捐赠的二分之一。海外乡亲捐资保障残疾人合法权益,为残疾人的权益保障提供了资金来源,开创了支持残疾人事业发展的新局面,有利于广州残疾人事业的长期稳定地发展。

在海外乡亲的大力帮助下,以及社会各界的支持下,改革开放后广州残疾人事业获得了巨大的发展,"广州市已经基本形成了政府主导、社会参与、部门配合的促进残疾人事业发展的良性机制,残疾人参与社会生活的环境和条件大为改善,残疾人的自身素质和社会参与能力也明显提高"。② 海外乡亲支持广州残疾人事业,从单一的捐资保障残疾人的生活到关注残疾人的教育、康复、就业以及权益的保障等各方面的发展,从为残疾人提供教育、康复及福利保障,再到 21 世纪为残疾人的权利平等、社会参与和成果共享贡献力量,无不蕴含着"平等、参与、共享"的理念,无不体现着以残疾人为本的特色。改革开放后我国的残疾人权益保障基本上是一般性的制度安排,缺乏残疾人福利事业及其他特殊援助相对应的专项性的制度设计。改革开放后海外乡亲在侨乡为残疾人提供特殊的社会福利需求,这种专项性的援助实际上弥补了我国残疾人保障制度的缺陷,完善了我国的残疾人保障事业。因此,在我国残疾人事业社会化的过程中,海外乡亲作为一种重要的社会力量,是我国残疾人事业社会化的参与者、推动者和完善者。

2. 社会性弱势群体的需求与海外乡亲的慈善捐赠

老年人、儿童、残疾人等生理性弱势群体在改革开放前占据主导地位,但是改革开放后,社会性弱势群体成为社会弱势群体的主流。改革开放后由于社会结构变迁、经济体制转轨和产业结构调整,我国产生了一些社会性弱势群体,如失业者、下岗工人、农民工以及贫困人口。尤其是"90 年代中后期以来,广州大都市区户籍贫困人口总量大幅增加,种类由单一走向多元,新增种类中的下岗、失业和无业人员、在业低收入者等成为主体。救助对象从基本无收入的个体为主拓展到有少量收入的家庭为主,贫困深度降低"。③ 因此,关爱社会性弱势群体成为了海外乡亲在改革开放后

① 广州市人民政府残疾人工作委员会秘书处、广州市残疾人联合会:《广州市残疾人事业年鉴(2000—2005)》,广州市人民政府残疾人工作委员会秘书处,2005 年,第 55 页。

② 广州市人民政府残疾人工作委员会秘书处、广州市残疾人联合会:《广州市残疾人事业年鉴 2006》,广州市人民政府残疾人工作委员会秘书处、广州市残疾人联合会 2006 年版,第 73—74 页。

③ 袁媛、薛德升、许学强:《转型期广州大都市区户籍贫困人口特征和空间分布》,《热带地理》2006 年第 3 期。

慈善的主题。

海外乡亲关爱社会弱势群体主要有两种方式,一是捐资设立福利基金或捐助侨乡的福利基金会,给侨乡的社会弱势群体提供长期的福利,这是最主要的方式。海外乡亲捐资设立的福利基金名目繁多,有慈善基金、福利基金、扶贫助困基金等。根据已经录入广东省华侨捐赠管理系统的数据显示,其中海外乡亲捐资设立福利基金项目118项,项目总额为405622.7818万元,华侨捐赠4054.1034万元,政府投资411万元,社会集资401157.6784万元。从以上的数据中我们可以看出,社会集资在项目总额中所占比例最大,达到98%,其次是华侨捐赠,政府在社会福利中投入最少,这表明侨乡政府逐渐从社会福利领域退出,华侨成为侨乡社会福利的重要力量,社会福利社会办在侨乡得到了较好的贯彻和实行。二是临时性的救助,直接捐钱捐物救济社会弱势群体。在海外乡亲关爱的社会性弱势群体当中,除了失业者、下岗工人、贫困人口以外,还包括一群特殊的社会弱势群体,那就是务工人员。"据有关部门不完全统计,广州市务工人员群体的总数已经达到约300万人,庞大的务工人员群体在广州从事着各种行业的工作,已经与广州城市经济的发展和市民的生活紧密联系在一起,可以说是广州市城市建设和经济发展一支不可或缺的社会力量。"[1]但是务工人员文化素质较低,竞争能力弱,收入也较低,有时候受到社会的排斥,他们是城市中的社会弱势群体。改革开放以来海外乡亲也关注着务工人员这一特殊群体,虽然他们有的不是自己家乡的人,但是家乡的繁荣离不开这一群体的贡献,所以海外乡亲把捐赠的对象由自己家乡的人扩大为家乡作贡献的外乡人。如旅港乡亲、番禺市政协委员苏惠女士夫妇和香港九龙中医促进会会长刘庆德先生带领的香港九龙中医促进会学员一行30人,1998年5月1日晚,适遇从湖南到大岗镇客家制衣厂工作的女工吴献平,因宫外孕致失血性休克,生命垂危。香港九龙中医促进会的学员在观摩手术时,获知这位病人的困难情况后,为病人得到及时的救助,全体学员发扬扶危济困的精神,主动捐款2700多元,向患者献上了他们一片爱心。经过医务人员几天来的精心治疗,病人的病情稳定,身体逐渐康复。[2]务工人员作为社会弱势群体,他们需要医疗保险、失业保险、工伤保险、生育保险、养老保险,他们需要社会各界的帮助。目前,华侨华人、港澳同胞对农民工提供的社会福利只是临时性

---

① 中共广州市委党校、广州行政学院课题组:《广州社会阶层变化及其政治影响》,广州出版社2006年版,第294页。

② 叶少凤:《同为异乡病人献爱心》,《番禺侨讯》1998年第31期。

的,起到临时救济的作用,并不能也没有满足农民工多种社会福利方面的需求。但是与过去相比,这毕竟是社会的一大进步,是海外乡亲捐赠的一种新趋势。

　　3. 海外乡亲对自然性弱势群体的关怀

　　广州由于地处海陆接合部,承受海陆两面袭击,自然灾害频繁。赈灾济民是海外乡亲施善的传统领域。据不完全统计,改革开放以来广州市的海外乡亲在扶贫救灾方面捐赠金额共 14383. 4336 万元。① 1993 年,中国红十字会广州备灾救灾中心成立,总投资额 1335 万元,其中政府投资 1000 万元,美国华侨捐赠 335 万元。改革开放后,海外乡亲在广州侨乡赈灾济民出现过三次高潮,第一次是 1994 年。1994 年夏季,华南地区遭遇特大洪水,灾情十分严重,海外乡亲对灾情表示出极大的关注和支持。根据笔者的调查,在此次洪灾中,捐赠较多的是从化市、番禺区、增城市的海外乡亲。从化市的海外乡亲共捐赠 7167. 6702 万元,用于灾区房屋、道路、农田、水利和修复,捐赠的物品有进口马来西亚胶合板、进口挖掘机、俄罗斯进口尿素、柴油等。番禺区的海外乡亲共捐赠 5247. 13 万元,救灾的物资多种多样。在增城,新界增城同乡福利会、旅港增城同乡会、增城同乡联谊会、香港刘昌盛堂和青衣商会、旅港增邑增义堂增城商会以及海外乡亲个人共捐赠扶赈灾款4. 01 亿元。第二次是 2003 年。2003 年春,广州等地暴发传染性非典型肺炎,根据有关部门的不完全统计,截至 2003 年 6 月,"北京、天津等 19 个省、市、自治区接受华侨华人捐赠的货币及物资折合人民币共 2. 0726 亿元,其中广东省接受华侨华人捐赠 4101 万元。"②霍英东先生毅然从霍英东基金会中捐出 2000 万元巨资,支持南粤人民抗击非典。广东省政协委员港区委员捐赠 201 万元给广东省中医院成立抗非典基金会。这两个基金会的设立对于研究和抗击非典发挥了重要作用。第三次是 2006 年。2006 年广东省粤北、粤东及珠三角大部分地区遭受暴风雨袭击,海外乡亲及时伸出援助之手,至 2006 年 8 月 23 日,"来自 27 个国家和地区的海外侨胞、港澳同胞和广东侨资企业为灾区捐款已超过 7000 万元。除了一些富商巨贾的大笔捐款外,还包含了许许多多普通侨胞、港澳同胞的小笔捐赠。"③2005 年,华侨、港澳同胞向广东省慈善总会捐赠 1520. 9896 万元,设立救灾基金,用

---

　　① 　资料来源:广东省华侨捐赠管理系统。

　　② 　朱凌峰:《慈母身:牵系海外儿女——世界各地华侨华人积极为我抗击"非典"贡献力量综述》,《侨务工作研究》2003 年第 4 期。

　　③ 　翁淑贤:《海内外侨界为广东灾区捐款 7000 万元帮助救灾赈灾》,2006 年 8 月 23 日,见 http://news.xinhuanet.com/overseas/2006-08/23/content_4995789.htm。

于救助受灾的群众,在这次救灾中,由海外乡亲捐资成立的救灾基金发挥了重大作用。为了促进救灾工作的长期发展,与捐赠其他的福利事业相比,海外乡亲抗灾济民呈现出以下特点:一是极为关注,迅速参与。自然灾害牵动着每一位中华儿女的心,灾害发生后他们有的直接到当地华人社团设立的募捐场所捐赠,有的以特快邮递的方式把赈灾物质寄往家乡,有的直接深入灾区展开救援。二是广泛发动,主动联络。自然灾害由于破坏性大,重建任务艰巨,海外乡亲深知众人拾柴火焰高,所以他们奔走相告,由当地的华侨社团广泛发动当地侨界捐款捐物,并且主动与家乡的民政局、侨务办、慈善组织以及亲人联络,以及时地了解灾情,及时地把善款和物资送往灾区。三是情系灾区,大爱无垠。家乡的自然灾害把海外乡亲与灾区人民紧紧地联结在一起,也只有在这时,海外乡亲才真正打破祖籍的界限,哪里有灾情,哪里就有海外乡亲的爱心。涓涓捐款汇爱心,大灾大难见真情。海外乡亲的捐款犹如一条条亲情纽带,把灾民和捐赠者联结起来,又如一缕缕灿烂的阳光洒向灾民的心田,让人温暖,使人感动,催人奋进。

随着"社会福利社会化"思想在广州侨乡的贯彻与落实,国家释放的公共空间越来越大,海外乡亲参与侨乡社会福利的机会也越来越多。在侨乡社会福利社会化的进程中,海外乡亲无疑充当了参与者、支持者、推动者、导航者的角色,他们是侨乡社会福利社会化的生力军,是侨乡社会福利社会化的助推器。慈善事业是第三次分配,海外乡亲通过民间捐赠实现了社会福利的第三次分配,促进了侨乡社会的安定团结。

二、海外乡亲对村镇建设等其他公益事业的捐赠

改革开放后,海外乡亲大力资助广州公益事业的发展,除了捐赠前面所述的领域外,还捐助村镇建设,为全体村民谋福祉;捐赠科技,促进广州科技腾飞;捐赠环保,实现广州可持续发展;捐赠旅游,促进广州经济和旅游业的发展;捐赠治安,促进广州的社会稳定。

(一) 村镇建设捐赠:谋求全体村民福祉

捐助村镇建设,是海外乡亲在侨乡从事社会公益事业的重要内容。改革开放以来,随着农村经济的迅速发展,广州侨乡的一些小城镇出现了发展瓶颈,交通拥挤,环境卫生差,管理混乱。20 世纪 80 年代初,广州市大力加强村镇建设,海外乡亲的资助成为村镇建设的重要资金来源。如 1978—1983 年番禺区市桥镇建设资金来源的构成是:"县镇各部门自筹占 61%,省、市拨款占 3%,镇投资占 13%,县地方财政拨款占 4%,华侨、港澳同胞捐

助占10%,私人投资占9%。"①捐建公园是海外乡亲支持侨乡村镇建设的重要内容。据不完全统计,改革开放以来,海外乡亲捐建公园17个,项目总额536.4893万元,华侨捐赠403.4893万元,政府投资5万元,社会集资130.8万元。②捐建水利水电、卫生所,美化村容也是海外乡亲支持侨乡村镇建设的主要内容。

　　改革开放以来,海外乡亲回到侨乡后看到自己家乡落后的面貌,触景生情,他们纷纷捐款捐物,支持侨乡村镇建设。从捐赠类型来看,海外乡亲捐赠村镇建设是一种感性捐赠行为,这种捐赠行为是建立在海外乡亲对侨乡的情感基础之上。海外乡亲在捐赠村镇建设的过程中,以海外乡亲合资和海内外乡亲集资最为常见,有的项目甚至发动全村所有的海内外乡亲集资,海外乡亲之间、海外乡亲与侨乡民众之间的互动频率大,程度深,效果显著。如,2002年春天,塔岗村为改变村容村貌,计划建一座文娱综合楼,给村民提供一个康乐场所;建一座牌楼,展示塔岗村的文明风貌;建一条水泥大道,美化村中环境。这三项工程合计需要资金几十万元。在海外华侨和港澳同胞的热忱捐资感召下,塔岗村民和外出谋生的塔岗村籍人士,甚至出嫁女,都纷纷解囊,为建设家乡的公益事业添砖加瓦。③社会互动具有相似性原则,一般发生在资源和生活方式上具有相似或相近特点的行动者之间。从社会互动的向度来看,海外乡亲捐赠村镇建设属于同质互动,"同质互动多与表达性行动相连,而表达性行动要求得到他人的情感与支持,期待他人的同情和共鸣,从而同意和分享自我对他们的资源的要求(认可)"。④从海外乡亲在村镇建设社会互动的基础来看,互动双方的认可和获利是互动发生的基础。海外乡亲对侨乡的认可以及侨乡当地政府和民众给予海外乡亲身份、权力和地位的认可是双方互动发生的重要基础。此外,互动双方的共赢是另一重要基础。海外乡亲捐赠村镇建设,侨乡得到了慈善资源,海外乡亲则获得了名声和权力等声誉回报,实现了光宗耀祖的目的。"华侨受传统文化影响,都有光宗耀祖的欲望。长期在外受异族歧视的华侨华人,受压抑的心灵更滋生强烈显露自己和希望受人尊重的愿望。这些愿望,在外国难以实现,回到家乡就容易得到。"⑤可见,海外乡亲把家乡看作是光宗耀祖

---

① 广州年鉴编纂委员会:《广州年鉴(1984)》,广东人民出版社1984年版,第248页。

② 资料来源:广东省华侨捐赠管理系统。

③ 刘惠珍:《老华侨情牵故里》,《荔乡情》2002年第2期。

④ 李云:《从社会资本视角看海外慈善资源的获取与利用——以广州祠堂文化的复兴为例》,《广西社会主义学院学报》2014年第2期。

⑤ 黄嵩渠:《论华侨华人与侨乡的关系及其新变化》,《华侨与华人》1994年第1期。

的扬名地,纷纷在家乡做善事,以改变家乡落后的面貌。

海外乡亲捐建村镇建设主要根据侨乡村镇建设的需求,但大多数侨乡村镇建设是全方位的,所以海外乡亲全方位的捐赠显得尤其普遍。如在白云区,华侨捐赠涉及村镇建设的方方面面,捐资为家乡修筑水渠,安装自来水管、铺设水泥村道,改善村庄环境卫生、美化村容等。"白云区蚌湖镇旅居加拿大侨领苏焰财在家乡'鱼种塘'搞卫生村,出钱又出力,使昔日又脏又乱的'鱼种塘'被评为'爱国卫生运动先进单位'。"①在番禺区,海外乡亲全面支持村镇建设的事例也不胜枚举,尤其值得书写的是祖籍番禺石碁镇石岗东村的张耀宗先生,张耀宗先生有感于昔日农村的脏乱,对村镇建设尤为关注。他出资整治了石岗东村的所有水渠和街道,全部用水泥铺设,并配套绿化。他还出资将过去建在村中的牛舍全数迁出村外,改善了村卫生条件。此外,张耀宗捐资建了一座发电站,并捐赠了一台发电机,使石岗东村的村民们用上了电灯。又兴建了一所具有一定规模和标准的卫生所,还赠送了两辆救护车,供村民们急病时使用。石岗东村已经完全不是过去概念意义上的农村。在张耀宗的关心下,石岗东村的面貌有了巨大变化。②　在海珠,"何善衡对家乡亲人的生活也非常关心,他从发展生产、兴办企业、发展交通、兴修水利等措施改善乡民的生活,他给石溪村捐资购买耕耘车4台、电动车100台、交通运输车、救护车、客车、面包车等共20辆,以及工农生产设备一大批。又于1991年捐资港币100万元为石溪村兴修水利,整治石溪河涌,改善了石溪村排灌和排污状况。1989年,又捐赠港币30万元建一个石溪东壁花园,为石溪村点缀美景。"③海外乡亲全方位地支持家乡村镇建设,正表明他们改变家乡面貌、振兴家乡的强烈愿望。

海外乡亲捐助村镇建设,捐赠的对象由往日的直系亲属为主转变为以旁系亲属和表亲为主,进而把捐赠的对象扩展到全村、全镇的其他乡亲,他们捐赠公园、水塔、卫生所等福利设施都是供全村或全镇的乡亲享受,他们捐赠的主观愿望是改善民生、促进全体村民的福祉。海外乡亲捐赠对象的扩大,有利于缩小侨乡社会的贫富差距,促进侨乡人与人之间的和谐。海外乡亲捐助村镇建设,大大改变了广州侨乡村镇面貌,改善了人民的居住条件与生活环境,加速了农村城市化和城乡一体化的进程,促进了广州侨乡社会

①　广州市地方志编纂委员会:《广州市志》卷一八《华侨志穗港澳关系志》,广州出版社1996年版,第242页。

②　徐南铁:《情系石岗东——小记张耀宗先生》,载黎子流、黄伟宁主编:《广州市荣誉市民传》第一卷,广东人民出版社1994年版,第124页。

③　海珠区侨办:《广州市海珠区荣誉市民》,海珠区侨务办内部资料。

的转型。

（二）科技捐赠：促进侨乡科技腾飞

新中国成立前广州市科研基础薄弱，科研机构数量少，规模小，而且设备落后，科研条件差。新中国成立之后，各类科研机构逐步建立，科技事业得到一定的发展。但是在"文化大革命"期间，科技事业遭到严重打击，科技活动一度陷入停顿状态。改革开放以前，海外乡亲在广州科技兴市中的作用主要表现为支持广州开展科技交流与合作，为科技的发展创造好的外部环境，但由于历史条件的限制，这种作用显得极为有限，难以促进侨乡科技快速地发展。

改革开放以来，尤其是20世纪90年代后海外乡亲支持广州科技兴市的方式有了重大转变，他们资助侨乡成立科技基金会，以民间的力量开创了国内成立科技基金会的先河。改革开放以来，广州经济社会迅速发展，然而广州的科技进步仍然滞后于经济社会的发展，科技的落后与经济社会的发展矛盾越来越突出。为了加快科技的发展，1990年广州市政府制定了《广州"科技兴市"规划（1990—2005）》，要求市、区、县、镇（乡）建立科技发展基金，要求各地发挥邻近港澳、华侨众多的地缘和人缘优势，充分发挥华侨华人、港澳同胞在科技兴市中的作用。1992年邓小平南方谈话后，沿海地区经济发展的速度明显加快，为了给经济的发展以强有力的支撑，1992年6月28日，广州市成立了国内第一个科技基金会——广州科技进步基金会，华侨华人、港澳同胞积极地捐款捐物，进行大力支持。据不完全统计，这次基金会成立的原始基金总额为10052万元，其中华侨华人、港澳同胞捐赠总额7550万港元。此外海外乡亲还资助区科技发展基金会。1992年11月成立的广州市第一个区级科技进步基金会——白云区科技进步基金会得到了海外乡亲的鼎力支持。白云区科技进步基金会"到1993年底，向社会各界共筹集资金473万元，其中港澳同胞捐款238万港元"。[①] 白云区科技进步基金会成立后，"到1994年第3季度，共获增值资金50多万元，小部分用于奖励有突出贡献的科技人员，大部分支持重点项目作启动资金。1995年，在基金增值部分中拨出48万元，用于支持项目、奖励以及培训、技术和信息交流等科技活动"。[②]

除了资助广州侨乡科技基金会之外，有的海外乡亲还单独捐资设立科

---

① 广州市白云区地方志编纂委员会：《广州市白云区志》，广东人民出版社2001年版，第888页。

② 广州市白云区地方志编纂委员会：《广州市白云区志》，广东人民出版社2001年版，第888页。

技基金,促进广州科技的发展。如广州市荣誉市民曾宪梓 1996 年"捐资 100 万元,建立了'广东省农科院曾宪梓科技奖励基金'"。① 用于奖励在科技上有突出的专家、学者。在曾宪梓的支持下,广东省农科院科技成果硕果累累,"九五"和"十五"期间,该院获国家农业类科技成果奖励 12 项,占全省三分之一;获广东省农业类科技奖 129 项,占全省 39%。据农业部对"十五"期间全国 1077 个独立农业科研机构综合能力评估结果,该院有 8 个研究所进入前 50 名,其中 3 个研究所进入前 10 名,综合实力继续位居全国省级农科院前列。② 现在海外乡亲仍在源源不断地继续支持科技基金会的发展。

改革开放后海外乡亲的科技捐赠呈现以下特点:

第一,捐资规模大。李兆基、李嘉诚、何鸿燊、林百欣、郑裕彤、胡应湘、郭炳湘 7 人各捐赠 1000 万港元,利国伟捐赠 250 万港元,黄华捐赠 200 万港元,廖自强捐赠 100 万港元。

第二,港澳实业家成为捐赠的主体。如李兆基是香港恒基兆业地产有限公司主席,李嘉诚是"长江实业集团有限公司"董事局主席,何鸿燊是澳门旅游娱乐有限公司总经理,林百欣是香港丽新集团主席,郑裕彤是香港新世界集团主席,胡应湘是香港合和集团主席,郭炳湘是香港新鸿基地产发展有限公司主席,利国伟是香港恒生银行董事长,黄华是香港南方国际集团有限公司主席,廖自强是科卓投资有限公司主席。他们有的祖籍是广州人,有的是祖籍广东但在广州活动或者创业过的港澳同胞。他们的公司大多数都在广州进行投资,他们资助广州科技的发展是一种双赢的举措,通过捐赠为自己的企业在广州的投资赢得良好的声誉和创造有利的环境,同时又促进了广州科技和经济的发展,体现了投资与捐赠相互联系、共同发展的一种趋势。

第三,捐赠区域不均衡。改革开放以来,海外乡亲对广州市科技的捐赠在区域上不均衡,各区在科技上接受的捐赠具体表现为:白云区 267 万元,市属单位 3966 万元。其他各区几乎是空白。

第四,设立创业基金,出现了科技捐赠的新现象。除了设立科技进步基金外,近年来,一些海外乡亲为了支持广州发展高科技产业,设立创业基金。如香港裕达隆有限公司执行董事张松于 1993 年捐赠 2570 万元设立裕达隆

---

① 广州年鉴编纂委员会:《广州年鉴(1997)》,广东人民出版社 1997 年版,第 337 页。

② 《广东省农业科学院简介》,2009 年 2 月 9 日,见 http://www.gdaas.cn/lanmushow.asp? website＝关于我院 &websiteid＝1。

创业基金,支持和资助广州市青年科技人员和企业家进行高新技术产品的开发和科研工作。① "蒋震拨出 8 亿港元创立蒋氏工业慈善基金会,用于资助内地培训高级工业管理人才和进行科技交流,计划在 10 年内每年资助 70 名厂长、经理赴港培训,总费用 1000 万港元;廖自强热心支持中国发展航天工业,多方帮助广州筹集科技进步基金,并捐资 100 万元人民币,还积极参与广州科技城的筹划工作。"②

科技进步基金会得到海外乡亲的捐赠后,发挥了应有的作用。如广州市科技进步基金会作为广州市实施科技兴市发展战略的重要举措之一,10 多年来,基金会运用每年增值的资金支持科技事业累计 8000 多万元,开创了一条以民间筹集资金支持科技事业发展的新路。它在弘扬尊重知识、尊重人才,促进社会科技进步发挥了重要的作用,取得了显著的成绩,受到社会各界的好评,被评为广州科技进步的助推器。广州市科技进步基金会成立以来,主要开展了以下四方面的工作:

第一,重奖杰出科技人员。重奖突出贡献科技人员是基金会成立的初衷和主要工作之一。基金会大幅度提高"科技进步奖"的奖金,还倡导设立"广州市科学技术突出贡献奖"。此外,基金会还设立了"高新技术开拓奖""科技创业奖""科技金桥奖""科技上星奖""医疗卫生科技进步奖""农业科技金穗奖"等,每年均投入数百万元用于科技奖励。从 1992 年至 2000 年,基金会用于奖励科技人员的奖励款项达 2034 万元。其中获得"广州市科学技术突出贡献金鼎奖"的科技人员 36 人次,"广州市科技进步奖"724 项,其他专项奖 28 批次。重奖科技人员的实施,调动了科技人员的积极性,推动了企业的科技进步,增强了全社会尊重知识、尊重人才的意识,产生了良好的社会效应和经济效益。

第二,开展境外人才培训。基金会还积极开展多层次、多形式的人才培训工作。至 2007 年底,基金会共组织和资助 130 批(次)共 2990 人到新加坡、美国、英国、德国、俄罗斯、日本、韩国、澳大利亚和北欧等境外地区和国家以及香港特区进行培训,提供经费近 4000 万元。

第三,参与科普宣传活动。基金会充分利用自身的优势,与科技部门和有关单位联合开展各种科技活动,提高全民的科技意识。成立 17 多年来,积极参与每年举办的"科技活动月(周)宣传活动",联合举办大型《科普长

---

① 资料来源:越秀区侨务办。
② 广州市地方志编纂委员会:《广州市志》卷一八《华侨志穗港澳关系志》,广州出版社 1996 年版,第 415 页。

廊》和"科普之旅"活动；开展企业技术创新成果宣传活动，组织新闻媒体报道；邀请著名学者作科技知识与新经济专题报告会；举办"广州市优秀科普作品评选活动"以及开展广州地区十件大事评选活动等。

第四，支持科技开发项目。为推动科技成果转化为生产力，基金会有重点地支持和资助了一批技术含量高的高新技术成果；另外还在工业设计、微创外科、眼库建设和呼吸疾病研究所等领域给予经费资助或设备支持。这些资助和支持都产生了良好的效果，为经济的发展作出了积极的贡献。①

在海外乡亲的支持下，广州市科技突飞猛进，取得了丰硕的成果。具体见图 2-16。

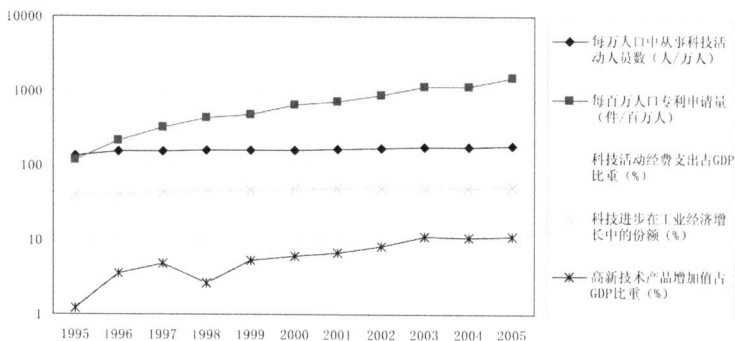

图 2-16：广州市科技发展成果（1995—2005）

资料来源：广州市统计局，《广州五十年（1949—1999）》，中国统计出版社 1999 年版，第 653 页；广州市统计局，《广州统计年鉴（2006）》，中国统计出版社 2006 年版，第 609 页。

据上图可知，1995 年到 2005 年十年间广州市每万人口中从事科技活动人员数增长了 1.3 倍。增长速度最快的是每百万人口专利申请量，十年间增长了 12.46 倍。科技活动经费支出占 GDP 比重也是每年总体上增长，十年间增长了 1.67 倍，科技活动经费支出占 GDP 比重最多的年份是 2003 年，竟达到了 4%。高新技术产品增加值占 GDP 比重也是逐年快速增长，2005 年比 1995 年增长了 9 倍多，增长的速度仅次于每百万人口专利申请量。

现代科学技术已经成为影响经济增长的决定性因素。海外乡亲资助广州侨乡科技，为侨乡科技的发展注入了强大动力，解决了科技发展的瓶颈，从而促进了侨乡科技的腾飞。尤其是他们以民间的方式参与筹集科技发展

---

① 《广州市科技进步基金会简介》，2008 年 3 月 6 日，见 http://www.gzmstpf.org.cn/contents/5/8.html。

资金,开创了科技筹款的先河,开拓了以民间捐赠形式促进科技事业发展的新路子,为其他地区发展科技提供了一个极好的榜样。

（三）环保捐赠:助力侨乡经济社会发展

改革开放以来,广州经济的发展为环境保护带来前所未有的机遇,但随着城市化步伐的加快,人口的迅速增长、经济总量大幅度的增加,加大了对资源的需求和消耗的强度,给环境带来更大的压力。而侨乡政府对环保资金的投入力度,尚不能满足未来急剧增加的环境保护资金需求,这就为海外乡亲捐赠环保事业提供了广阔的市场。

海外乡亲捐资支持广州侨乡的环保事业,始于20世纪90年代中期,起步较晚,最早的记录是1994年黄埔区市容环境卫生管理局受赠海外乡亲捐赠的价值3.7万元的环保物资。到了1997年,香港华港制衣公司董事、广州市荣誉市民黄焕柱捐资花都绿化工程100万元,美国金联贸易有限公司总裁、花都区福虹房地产开发有限公司董事长、广州市荣誉市民黄柱焕捐资100万元人民币支持花都绿化工程建设及花都教育民政福利事业。[1]

到了21世纪后,海外乡亲对广州侨乡环保扶持的力度加大,捐赠的人数增加。为了使环境保护与经济、社会协调发展,成为全国环境保护模范城市,2003年9月,广州市委、市政府启动了"青山绿地、蓝天碧水"民心工程,白云区也提出"奋战五年,建成绿色白云"的目标,侨界人士积极响应,踊跃捐款。"广州市荣誉市民、日成集团主席郑柱成先生捐款28万元,广州市荣誉市民、镇泰集团董事长黄铁城先生、副董事长卢沃棠先生捐款20万元,广州市荣誉市民李业顺先生捐款1万元,广州市荣誉市民梁少贞女士捐款1万元,香港穗郊同乡会捐款2万元,香港穗郊同乡会副理事长、训诚假发厂董事长钟志文先生捐款1.5万元,香港穗郊同乡会副会长、港洋公司总经理朱广波先生捐款1.1万元,白云区政协港澳特约委员、彩虹制衣公司董事长陈彩虹女士捐款1万元,良田镇侨联主席、良田复合肥厂厂长林始联先生捐款1万元,龙归镇侨联会捐款2000元,广州市侨商会会长莫广松先生捐款1000元,东山区侨商会会长刘志明先生捐款1000元,李迎春小姐捐款1000元。"[2]此外,祖籍花都区炭步文冈村的旅港乡亲谢丽嫦女士为了家乡的环境绿化,"向村委提出划出1600亩山地,重育新树苗,由她出资购苗种植管理。经过三年的辛苦耕作,1600亩光秃秃的山岭全部披上了绿装,树

---

① 《广州市荣誉市民》,《花都乡音》2000年第3期。
② 云讯:《白云区侨界为"绿色白云"踊跃捐款》,《穗郊侨讯》2002年第3期。

木已经成材。村民们不禁感叹:是谢丽嫦这样的善心人改变了家乡的绿化环境。"[1]在社会各界包括海外乡亲的大力支持下,"广州市的建成区绿地率、建成区绿化覆盖率、人均公共绿地面积(平方米)、公园个数分别由 2002 年的 28.67%、32.64%、8.59、144 上升到 2005 年的 33.20%、36.38%、11.32、191,园林绿化指标全部达到国家园林城市、国家环保模范城市、国家卫生城市、全国文明城市标准。"[2]

海外乡亲支持广州环保事业基本上是个人和企业的捐赠行为,相对于其他领域,很少出现夫妻携手、兄弟联合、同宗乡亲集体捐赠的现象。捐赠的方式简单,只是捐赠现金和物质,其中以捐赠现金为主,没有出现捐资设立基金、捐资促进环境科学研究等高层次的形式来促进侨乡环保可持续发展的现象,捐赠的过程也断断续续。这些都说明海外乡亲对环保事业捐赠的热情不高,对环境保护在侨乡的重要性认识不够。环境保护是我国的一项基本国策,也是广州市实施可持续发展战略的关键环节。加强环境保护,改善环境质量,使生态环境适应经济发展和人民群众对美好生活的需求,是广州市当前和今后发展的迫切任务,因此,侨务部门要大力宣传,极力支持,积极引导。

(四) 旅游捐赠:推动侨乡旅游业和经济发展

海外乡亲对广州侨乡的旅游业始于改革开放后。改革开放开始后,海外乡亲回到家乡支持家乡建设,却发现家乡的宾馆、酒店、旅游景区较为缺乏和落后,所以由港澳知名人士倡议和发起,捐建了一批旅游设施。

20 世纪 80 年代,海外乡亲支持广州侨乡旅游业的发展主要是捐建宾馆、饭店,捐赠物资。番禺宾馆是改革开放后海外乡亲在广州捐建的第一个宾馆。1978 年广交会期间,在港澳知名人士何贤的引领下,另一知名人士霍英东先生第一次回到家乡番禺寻根问祖。接待乡亲,整个番禺从上到下都充满热情,但是,"当时番禺只有在大北路有家华侨旅馆(今禺山商店地址),设备非常简陋。霍英东找到何贤、张耀宗商量,大家捐资在番禺建间宾馆。何贤先生非常赞同,说番禺在港澳、在海外有同胞、侨胞 30 多万人,回到番禺连一间像样的宾馆都没有,建议番禺县政府建一间宾馆"。[3] 于是,1979 年由乡贤霍英东、何贤先生所倡议和发起,由港澳知名人士何贤、霍英东、梁昌哲嗣、张耀宗等人捐资,兴建了番禺宾馆。1985 年,"黄埔区长

---

[1]　谢汉升:《家乡的好女儿——谢丽嫦》,《花都乡音》2005 年第 4 期。

[2]　罗艾桦、周方、欧阳永晟:《"青山绿地 蓝天碧水"工程回眸:"绿色广州"脱颖而出》,2006 年 9 月 20 日,见 http://news.xinhuanet.com/environment/2006-09/20/content_5112699.htm。

[3]　番禺市地方志编纂委员会:《番禺县志》,广东人民出版社 1995 年版,第 428 页。

洲镇华侨、港澳同胞捐资 20 万元兴建乡村景点"。① 1988 年,"旅居加拿大的爱国华侨商承宇先生捐资 10 万元港币,在饭店后座四楼建一'爱莲阁',装修成比较高档的小型营业厅,经过扩建装修",②建成了总面积达 9998 平方米的沙河大饭店。除了旅游设施受到捐建外,广州还受捐了旅游物质。如 1979 年和 1980 年香港海洋动物园分别捐赠动物一批给广州动物园,用于发展广州的旅游事业。

　　20 世纪 90 年代,海外乡亲支持广州侨乡旅游业主要是捐资支持旅游景点的开发,促进旅游区的发展。丹水坑风景区位于广州市黄埔区南岗镇内,1993 年,黄埔老华侨彭康"捐款 280 万元人民币支持南岗镇旅游业的开发"。③ 紧接着在 1995 年,"南岗镇港澳乡亲秦锦钊、秦玉昆、苏国光等捐资330 万元兴建丹水坑风景旅游区旅游设施"④目前,在海外乡亲的支持下,丹水坑风景区已发展为广州市新兴的旅游景点。这一时期受到海外乡亲资助较多的另一个项目是广州市番禺莲花山旅游区。广州市番禺莲花山旅游区是一个溶古代粗犷和现代秀美于一体的风景名胜区,1984 年,莲花山风景区山上的联谊楼、思乡亭、慎远亭,"三座亭台楼阁为香港番禺工商联谊会长区志祥、李佳等捐资兴建"⑤。1993—2006 年何贤社会福利基金会一直支持莲花山旅游区的建设和开发,共捐赠844.99 万元给广州市番禺莲花山旅游区用于番禺莲花山旅游区莲花塔重修。⑥ 在海外乡亲的支持下,番禺莲花山旅游区 2002 年被广州市政府评为"新世纪羊城八景"之一——"莲峰观海",同年还被国家旅游局评定为 4A 级旅游区。从化市旅游资源丰富,早在民国时期,温泉成了名噪一时的风景区。新中国成立后,从化旅游资源进一步得到开发。改革开放后从化的旅游业进入兴盛时期。开发旅游资源需要大量的资金,海外乡亲急家乡人民之所急,1995 年捐赠从化市旅游办 100 万元,用于从化市的旅游开发。⑦ 海外乡亲虽然捐赠的数目不算很大,但在旅游业的发展最关键的时刻,这 100 万元就如一场及时雨,促使着从化旅游业茁壮成长。目前从化正以旅游引领从化走向世界,全力打

---

① 《黄埔区海外侨胞、港澳同胞主要捐赠情况》,2003 年 2 月 26 日,见 http://www.hp.gov.cn/hpqsw/shyj/t20030226_1066.htm。
② 广州市白云区地方志编纂委员会:《广州市白云区志》,广东人民出版社 2001 年版,第 312 页。
③ 广州市黄浦区地方志编纂委员会:《广州市黄埔区志》,广东人民出版社 1999 年版,第 96 页。
④ 《黄埔区海外侨胞、港澳同胞主要捐赠情况》,2003 年 2 月 26 日,见 http://www.hp.gov.cn/hpqsw/shyj/t20030226_1066.htm。
⑤ 番禺市地方志编纂委员会:《番禺县志》,广东人民出版社 1995 年版,第 77 页。
⑥ 资料来源:番禺区侨务办。
⑦ 资料来源:从化市侨务办。

造广东"达沃斯"。可以说,从化旅游的发展有海外乡亲的一份功劳。

综上所述,海外乡亲在广州侨乡捐赠旅游业,主要集中在20世纪八九十年代,这表明海外乡亲对广州侨乡旅游业的捐赠具有临时性和应急性,捐赠的目的除了促进侨乡旅游业的发展之外,还有为他们的投资创造好的条件的目的。海外乡亲支持旅游业方式比较单一,基本上是捐资修建宾馆、酒店及其他旅游设施。与海外乡亲在广州投资建立的宾馆酒店相比,海外乡亲捐建的宾馆、酒店的数量少,规模小,这说明海外乡亲更倾向于投资宾馆和酒店。进入21世纪,广州侨乡正在打造"青山绿地、蓝天碧水"工程,旅游业的发展面临着历史性的发展机遇,侨务部门应及时地引导海外乡亲支持侨乡旅游业的发展。

（五）治安捐赠:促进侨乡社会发展和稳定

海外乡亲对治安的捐赠是改革开放后海外乡亲在广州侨乡捐赠公益事业的新现象,也是海外乡亲随着侨乡社会形势的发展开拓的公益事业的新领域。海外乡亲对广州侨乡治安的资助始于1992年以后。1992年邓小平同志南方谈话掀起了中国沿海地区改革开放的新高潮,随之而来的是大量流动人口进入广州,由此外地人员入穗犯罪案件也随之增多,广州的治安形势变得日益严峻。在这样的情况下,海外乡亲积极捐款捐物,支持、鼓励全社会成员见义勇为,勇敢地同违法犯罪行为作斗争,以促进侨乡社会治安的稳定。据广州市侨务办的统计,改革开放以来到2006年底,海外乡亲对广州治安的捐赠金额为3156.5万元,占总捐赠36.079298亿元的0.88%。其中越秀区受赠2656万元,花都区受赠330万元,白云区受赠120万元,从化市受赠43万元,荔湾区受赠7.5万元。

海外乡亲支持广州治安主要方式是成立或者资助治安基金会。具体见表2-16。

表2-16:改革开放后海外乡亲捐资成立的广州治安基金会一览表

（单位:万元）

侨捐项目	捐赠时间	主要捐赠人	项目总额	捐赠金额
广东省见义勇为基金会	1993	周泽荣等（中国香港）	10871.69	7576.69
广州市公安民警基金	1993	刘盈福等（中国香港）	3700	2656
增城治安基金	1994	湛兆霖、廖榕就（中国香港）		85

续表

侨捐项目	捐赠时间	主要捐赠人	项目总额	捐赠金额
增城市新塘镇社会治安基金	1993—1998	湛兆霖等（中国香港）	204	204
东山区治安基金	1995	赵涛峰		20
广州市番禺区见义勇为基金会	1997	祈福房地产等	407.18	407.18
番禺区石碁镇治安救急基金	1997	曾本贤（中国台湾）	50	50
增城市朱村街治安基金		岑耀勤（加拿大）	40	40
花山镇自治治安基金会	2003	刘棉（美国）	10	10
花都区狮岭镇维稳治安基金	2003	张有为（中国香港）	160	160
广东省公安民警医疗救助基金会	2005	李嘉诚基金会、林世铿（中国香港）	8950.76	1600

资料来源：广东省华侨捐赠管理系统。

　　大的治安基金会都是由内外乡亲集资捐助，华侨和港澳同胞同心协力，反映了海内外乡亲维护侨乡稳定、促进侨乡和谐发展的共同心愿。海外乡亲捐资成立的治安基金会涉及省级、市级、区级、镇级、街道等各个层次，使维护社会稳定的网络延伸到侨乡的每个角落，在无形中充当了润滑剂、减压器的角色，因而有利于侨乡社会的安定团结。稳定是发展的前提，侨乡经济的发展离不开社会的稳定。海外乡亲在捐赠促进侨乡经济发展的同时，又着眼于"为之于未有，治之于未乱"，高瞻远瞩，及时地根据侨乡的需求捐资设立治安基金，捐款捐物支持侨乡治安，有的虽数额不大，但造福一方，体现了他们回报故里的浓浓故乡情意。

三、研究结论与对策建议

　　改革开放以来海外乡亲在广州捐办公益事业，分为福利性慈善和公益性慈善。海外乡亲作为广州的社会力量，他们在侨乡提供福利性慈善，以仁爱、孝亲、慈悲、善恶为理念，以侨乡的生理性、社会性和自然性弱势群体为捐赠对象，通过捐赠来解决侨乡社会弱势群体的生存、教育、健康以及社会参与问题，满足侨乡社会弱势群体的多层次需求。他们捐赠由补缺型取向向普惠型取向转变，由救助型向福利型转变，使受益对象从"三无"人员、"五保户"、孤儿等传统服务对象扩展到老年人、儿童、残疾人及有需求的居民提供福利服务，做到服务对象公众化。他们在侨乡既有捐款捐物等临时性救助,也有捐资设立基金或捐资支持侨乡基金会的长期福利,海外乡亲的福利性慈善在一定程度上缓解了侨乡社会福利机构的供需矛盾以及发展不平衡等问题,推动了侨乡精神文明的发展,促进了侨乡社会的和谐和稳定。因此,在侨乡社会福利社会化的进程中,海外乡亲无疑充当了参与者、支持者、推动者、引领者的角色,他们是侨乡社会福利社会化的生力军和助推器。

改革开放后海外乡亲在广州兴办公益事业,涉及教育、文化体育、医疗卫生、生产建设、村镇建设、科技、旅游、治安、环保等多个领域。与福利性慈善相比,从慈善理念上海外乡亲在广州的公益性慈善明显体现出"爱人类"之意,他们把促进整个人类的福祉作为慈善的目标,他们在侨乡捐赠不仅仅是改善侨乡的面貌,更是关注人类所共同面对的全球性发展问题,他们把侨乡作为他们慈善理念的试验田,来解决如何缩小贫富差距、如何改变全球环境恶化、如何用科技推动社会进步等问题,实质上为后发展中国家的改革和发展提供了可借鉴的经验和模式;在慈善动机上,海外乡亲捐办公益事业,不完全是利他主义,也包含互惠主义,是利己基础上的利他。捐资支持广州科技、旅游、环保和治安的海外乡亲大多是港澳企业家,这些企业家在广州大多数都有公司,他们意图通过捐赠既为侨乡的经济和社会发展作贡献,又为公司在侨乡的发展赢得好的环境与声誉,与侨乡做到"共建、共享、共赢"。因此,海外乡亲更注重对捐赠对象自身发展能力的培养和捐赠项目的可持续发展,注重慈善的效果、效益和效率。在慈善对象上,海外乡亲由爱祖先、爱父母、爱家人的血缘亲族之爱,扩及对他人、群体乃至全人类之爱,通过侨乡兴办公益事业以促进侨乡和中国的现代化。

笔者认为,侨乡的社会福利社会化前景广阔,任务艰巨,对于海外乡亲在侨乡兴办的福利和公益事业,当地政府可从以下几个方面采取措施:一是处理政府、第三部门与海外乡亲的关系,明确它们各自扮演的角色及职能。在海外乡亲捐建的社会福利机构中,政府与民间组织的关系有待完全摆正,它们往往成为了社会福利机构的运行者。"福利多元主义理论的核心理念是分权与参与。所谓分权是指政府将福利领域的权力不仅要由中央转移给地方政府,而且也要从政府部门转移到市场与社会。参与的实质是福利消费者和私人部门、非营利组织都可以参与福利服务的提供与决策。"①因此,政府应该扮演福利服务的规范者、购买者、管理者和仲裁者角色,将福利领域的权力转移给市场和社会。

---

①　焦亚波:《社会福利社会化背景下的上海养老机构发展研究》,华东师范大学 2009 年博士学位论文,第 11 页。

二是合理引导海外乡亲慈善资源的流向,解决侨乡社会福利机构和公益项目发展不平衡问题。首先是领域的不平衡,改革开放以来海外乡亲捐赠领域主要在教育、工农业生产、医疗卫生,而科技只占捐赠海外乡亲捐赠总额的 1.17%,治安只占总额的 0.87%。其次是地域的不平衡,以科技为例,市属单位 3966 万元,白云区 267 万元,其他各区几乎是空白。捐建的老年人福利机构也呈现不均衡现象。其中白云(33 个)和番禺区(27 个)受赠 60 个,其他 9 个区总共才 26 个,在这 9 个区中从化、南沙、增城、天河每个区只有 1 个,这 9 个区的总和还不及白云、番禺一个区的量。在数量最多的白云区,海外乡亲在人和镇捐建的老年人福利机构就有 14 个。由于缺乏统筹规划和合理引导,导致海外乡亲捐赠的社会福利设施过于集中,分布不均衡。海外乡亲的捐赠虽然要遵循其捐赠意愿,但是政府部门可以合理地加以引导。

三是大力发展非营利组织,充分发挥海外慈善资源的效益。非营利组织是介于政府与市场之间,又和政府与市场相互联系、密切相关的组织。"非营利组织是发展社会福利的良好载体,应建立政府和民间组织合作的新型关系,促进民间力量在协调社会利益、缓和社会矛盾、提供社会服务、规范社会行为等方面发挥积极作用,推动民间组织为建设和谐社会服务。"[1] 侨乡政府应大力鼓励非营利组织的发展,加强对非营利组织的金融支持,以便在社会福利服务上充分地发挥非营利组织的作用。

四是积极引导海外乡亲资助社区服务组织,完善社会福利社会化的主体。社区与家庭也是社会福利社会化的主体之一。目前社区与家庭是我国社会福利社会化的薄弱环节,因此,引导海外乡亲资助社区服务组织显得尤为必要。海外乡亲通过资助社区服务组织,社区服务组织根据社区居民的需求,为居民提供优质多样化的社区服务,促进社区的和谐发展。

第六节　慈善的共性与个性:海外乡亲慈善捐赠的区域比较

慈善事业有共性,也有个性。慈善事业的共性是指慈善事业的共同本质,慈善事业的个性是指慈善事业的差异性,海外乡亲在侨乡的慈善捐赠活动是共性与个性的统一体。我国地域辽阔,幅员广大,侨乡经济发展具有不

---

① 鲍柏焕:《福利社会化背景下养老机构发展研究——以浙江民办养老机构为例》,浙江大学 2007 年硕士学位论文,第 7 页。

平衡性、区域性、地方性特征,慈善事业地域差异明显。因此,对慈善事业展开区域研究和比较显然是推进整体研究的重要途径。因此,本章选取越秀区、番禺区、白云区、花都区等四区为比较对象,通过海外乡亲在四区的慈善捐赠活动的比较,探寻海外乡亲在侨乡慈善捐赠的总的规律与特点,并找出海外乡亲在不同区域慈善的差异性。

越秀区、番禺区、白云区、花都区作为广州颇为代表性的侨乡,各区具有不同的历史背景。越秀区是广州市最古老的中心城区,是历代岭南行政中心所在地,历史上广州的文化中心,因此,它又是典型的都市侨乡。番禺区、白云区和花都区都是以前的郊区,是广州典型的乡村侨乡。

一、四区侨捐主体比较

改革开放后越秀区、番禺区、白云区、花都区的海外乡亲人数有多少? 参与捐赠的海外乡亲占各区海外乡亲的比例是多少? 哪一区的海外乡亲捐赠的比率高? 海外乡亲在侨居地的分布情况如何? 这些都是本节研究的主要内容。

(一) 四区捐赠主体的来源比较

2002 年,据广州市侨务办所作的侨情调查,广州市海外华侨华人 106.08 万人,港澳同胞 87.72 万人,共 193.80 万人。越秀区(包括原东山区)、番禺区、白云区和花都区华侨华人共 75.34 万人,港澳同胞 57.79 万人,共 133.13 万人,占广州市所有华侨华人、港澳同胞总数的 68.69%。四区参与捐赠的华侨华人、港澳同胞分布于世界六大洲,其中以港澳地区的同胞最多,华侨华人捐赠者以北美洲为最多,其次为亚洲,最少的为非洲。四区海外乡亲人数、参与捐赠的人数及其分布分别见图 2-17 和表 2-17。

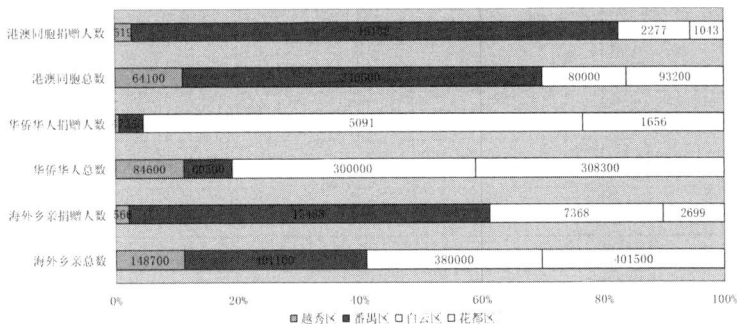

图 2-17:越秀区、番禺区、白云区和花都区海外乡亲构成图(单位:人)

表 2-17：四区海外乡亲捐赠者分布的主要国家与地区情况表

		越秀区	番禺区	白云区	花都区
港澳	香港	452/47464.5372	15082/53348.361	2246/12565.865	1030/14723.601
	澳门	34/5818.7939	50/4935.348	31/15.3666	13/25.1
北美洲	美国	7/374.8825	15/247.4848	132/1169.0248	822/1846.9051
	加拿大	13/346.382	9/189.5355	1822/584.7055	4/22.25
	巴拿马	0	0	0	634/542.8615
	伯利兹	0	0	0	7(0.538)
南美洲	秘鲁	2/50.41	0	159/520.7734	1/9
	阿根廷	0	0	1/0.05	0
	厄瓜多尔	0	0	22/16.502	2/9.5
	洪都拉斯	0	0	35/30.9172	0
	圭亚那	0	0	7(0.801)	0
亚洲	马来西亚	0	2/23.5	38/14.5034	17/621.4361
	新加坡	0	38/90.3265	51/9.29	7/61.4883
	泰国	4/231.0298	0	0	5/37.786
	印度尼西亚	5/1882.032	0	0	0
	菲律宾	1(53.7)	0	0	0
	越南	0	0	0	1/0.02
	日本	1/200	0	6/34.15	1/92
欧洲	英国	0	1/1.77	89/63.4788	0
	法国	0	1/5	1/0.1	0
	荷兰	0	0	1/0.02	0
	比利时	0	0	1/12	0
大洋洲	澳大利亚	0	0	3/0.14	3/15.34
	新西兰	0	0	397/105.3273	1/0.1

资料来源：越秀区侨务办和广东省华侨捐赠管理系统。说明：越秀区华侨华人、港澳同胞人数表包括了原越秀区和原东山区华侨华人、港澳同胞人数。原越秀区华侨华人是1.58万人，港澳同胞是1.53万人；原东山区华侨华人是6.88万人，港澳同胞是4.88万人。

据上表可知,参与捐赠的海外乡亲来源的共性:

第一,港澳同胞捐赠人数占总人数的比值高于华侨华人捐赠人数占总人数的比值。从数量来看,华侨华人总人数比港澳同胞总人数多 17.55 万人,但是参与捐赠华侨华人总人数比参与捐赠的港澳同胞总人数少 1.1821万人。说明港澳同胞参与家乡建设的比率要远远高于华侨华人。笔者认为出现这种情况的原因主要有以下几方面:一是广州毗邻港澳,港澳同胞到广州捐赠相对比较方便。而华侨华人分布于亚洲、北美洲、南美洲、大洋洲、欧洲、非洲等世界六大洲,有的相隔万水千山,到广州捐赠相对来说比较困难。二是投资与捐赠往往连接在一起。港澳同胞离广州近,他们有许多投资在广州办企业,他们在企业赢利之余,把企业的一部分利润用来捐赠,支持广州侨乡的公益事业。

第二,捐赠者的分布具有集中性且与侨居地的经济发展和捐赠传统密切相关。四区的海外乡亲分布于世界六大洲,参与捐赠的海外乡亲主要分布于世界五大洲,据笔者对广东省华侨捐赠管理系统的查询,四区还没有来自非洲国家的捐赠者。海外乡亲捐赠者的分布具有集中性,华侨华人捐赠者在北美洲集中在美国、加拿大、巴拿马、伯利兹四国;在南美洲集中在秘鲁、阿根廷、圭亚那、洪都拉斯、厄瓜多尔等国;在亚洲主要集中在东南亚国家的马来西亚、新加坡、泰国、印度尼西亚、越南、菲律宾和东亚的日本;在欧洲主要集中在英国、法国、比利时、荷兰四国;大洋洲集中在澳大利亚和新西兰两国。究其原因:一是捐赠者的分布集中的侨居地大都是经济比较发达的资本主义国家,如北美洲的美国、加拿大,巴拿马,大洋洲的澳大利亚和新西兰,亚洲的日本,欧洲的英国、法国、荷兰等国,这些国家的海外乡亲的经济实力比较雄厚。二是捐赠者分布集中的侨居地往往具有捐赠的传统与习俗。一方面,海外乡亲的捐赠行为并不是孤立的,而是处于一定的社会关系之中,当若干海外乡亲捐赠者互相考虑对方,并且指向彼此联系的行为时,他们许多单个捐赠者的社会行为就体现为组织行为,就构成了社会关系。马克斯·韦伯认为,"一种持久的社会关系是由规律的社会行动——典型的行动模式所导致的。"[1]也就是说是海外乡亲捐赠的习惯和风俗导致了他们的捐赠由个体的行为变成了群体的组织行为。另一方面,捐赠者分布集中的侨居地本身慈善文化浓厚,慈善事业发达。海外乡亲捐赠者由于生活在侨居地,也深受侨居地慈善文化的影响。如美国之所以有那么多的中国海外乡亲到中国进行慈善捐赠,当然也离不开美国慈善事业和慈善文化的

---

① 谢立中:《西方社会学名著提要》,江西人民出版社 1998 年版,第 30 页。

影响。美国民众有为慈善事业捐赠的传统。据统计,"全美国70%以上的家庭都对慈善事业有某种程度的捐赠,平均每年每个家庭捐赠900美元,占家庭总收入的2.2%。整体而言,美国平均的个人捐赠占个人收入的1.8%。另外,美国家庭年均贡献志愿劳动所创造的价值为1200美元,占家庭总收入的2.36%。"①可见侨居地的慈善捐赠的习惯影响着海外乡亲的捐赠。

第三,捐赠者人数和金额多少与海外乡亲的分布与职业密切相关。根据广州市华侨华人分布世界情况统计表,广州海外乡亲在北美洲的分布主要集中在美国、加拿大、巴拿马、古巴、伯利兹五个国家,尤其以美国和加拿大居多,两国华侨华人占了北美洲华侨华人的74.36%,所以捐赠者除了古巴其他四个北美洲国家都有捐赠者,且也是以美国和加拿大居多。由于在美国和加拿大的海外乡亲大多是从事高层次的技术工作,如工程师、经理、医生、律师、高级会计师、教师、政府高级职员等,所以来自美国和加拿大的海外乡亲捐赠的金额就多。

海外乡亲捐赠者来源个性:以越秀区为代表的都市侨乡参与捐赠的海外乡亲以港澳同胞为主,华侨华人分布较窄,主要集中在美洲的美国、加拿大、秘鲁,亚洲的泰国、印度尼西亚、日本。越秀区参与捐赠的乡亲从事的职业有银行家、企业家、科学家、艺术家、教师、医生等,以企业家为主,许多是港澳和华侨知名人士,经济实力相当雄厚,因此,越秀区的海外乡亲捐赠的平均值要比其他三区高。

以番禺区、白云区、花都区为代表的乡村侨乡参与捐赠的海外乡亲侨居地总的特点是分布广,尤以白云区和花都区最为突出。这三个乡村侨乡又有各自的特点。白云区海外乡亲捐赠者的特点是分布广泛;捐赠人数较多,仅次于番禺区,海外乡亲捐赠人数与本区的海外乡亲总数的比值也次于番禺区;捐赠者以华侨华人为主;捐赠金额不多。与白云区、花都区参与捐赠的海外乡亲相比,番禺区旅外乡亲捐赠者以港澳同胞为主,华侨华人捐赠者分布相对较窄,该区参与捐赠的海外乡亲人数最多,海外乡亲捐赠人数与本区的海外乡亲总数的比值也是最高,捐赠的总额多。由于花都区海外乡亲分布广泛,参与捐赠者的海外乡亲来源广泛,海外乡亲捐赠者也是以北美洲为最多,尤其是捐赠的人数和金额以美国和巴拿马为多。

（二）四区捐赠主体的捐赠名义比较

改革开放以来海外乡亲在越秀区、番禺区、白云区、花都区捐赠的名义

---

① 姚俭建、Janet Collins:《美国慈善事业的现状分析:一种比较视角》,《上海交通大学学报》（哲学社会科学版）2003年第1期。

多种多样,具体见图2-18。

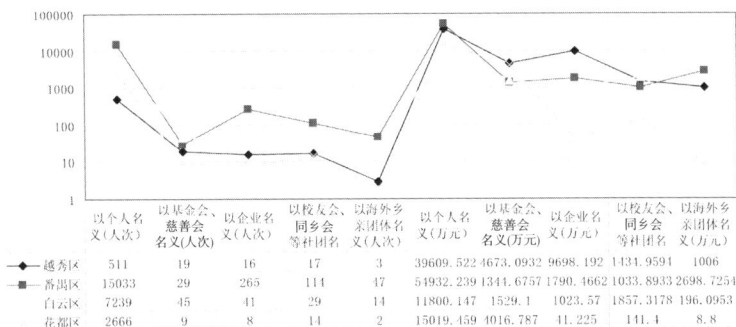

	以个人名义(人次)	以基金会、慈善会名义(人次)	以企业名义(人次)	以校友会、同乡会等社团名(人次)	以海外乡亲团体名义(人次)	以个人名义(万元)	以基金会、慈善会名义(万元)	以企业名义(万元)	以校友会、同乡会等社团名(万元)	以海外乡亲团体名义(万元)
越秀区	511	19	16	17	3	39609.522	4673.0932	9698.192	1434.9594	1006
番禺区	15033	29	265	114	47	54932.239	1344.6757	1790.4662	1033.8933	2698.7254
白云区	7239	45	41	29	14	11800.147	1529.1	1023.57	1857.3178	196.0953
花都区	2666	9	8			15019.459	4016.787	41.225	111.4	8.8

图2-18:改革开放后海外乡亲在越秀区、番禺区、白云区和花都区捐赠名义比较图

资料来源:广东省华侨捐赠管理系统。

四区海外乡亲捐赠名义具有以下共性:

第一,捐赠名义形式多样,总的来说,海外乡亲捐赠名义有个人名义和团体名义两种形式,团体名义又可为基金会、慈善会名义,企业名义,校友会、同乡会等社团名义,海外乡亲团体名义。社团名义又有校友会、同乡会、联谊会、宗亲会、外商协会等形式,海外乡亲团体名义又以三种形式出现,一是华侨名义,二是港澳同胞名义,三是家族名义。

第二,以个人名义捐赠为主。四区海外乡亲捐赠都以个人名义为主。以个人名义捐赠更能体现海外乡亲立地扬名,光宗耀祖的心理倾向。海外乡亲捐赠侨乡公益事业虽然具有公益性、无偿性等特点,但是部分海外乡亲也有寻求心理上的慰藉和名誉上的满足感,他们企图通过个人名义捐赠提升个人在家族中的地位和威望,以得到名望上和声誉上的回报。

第三,以夫妇名义捐赠在个人名义捐赠中占据重要地位。个人名义捐赠形式也多样,有以某个人名义捐赠,有以夫妇名义捐赠,此外还有以父子、母子、兄弟、兄妹、翁婿等名义捐赠。父子、母子、兄弟、兄妹、翁婿等属于血缘群体,他们之间的生活态度、情感与生活方式最为接近,因此,他们之间的互动更容易发生,互动的频率大、程度深、效果更为显著。在这些所有的名义当中,除了以某个人名义捐赠之外,以夫妇名义捐赠最为普遍。夫妻由于同床共枕,耳闻目睹,一方的慈善行为势必对另一方的行为产生影响,因此,一旦双方的人生观、价值观、慈善观相近而产生共鸣时,他们就会在公益事业中共同担当慈善的义务与责任,一为子女做表率,二为侨乡民众做表率。其意义不只是两个人的名字相加,而是蕴含着高尚的慈善精神。

第四,在团体名义捐赠中,以海外乡亲团体名义捐赠的占据少部分。每一个区以海外乡亲团体名义捐赠的人次在本区团体名义中所占的比值是最少的。这说明,海外乡亲以团体名义捐赠的意愿不是很强烈。以华侨、港澳同胞和家族等团体名义捐赠的海外乡亲体现了捐赠者不求回报、不图名誉的心理。但以团体名义捐赠留下的只是团体的姓名,海外乡亲个人的姓名在名单中得不到体现,个人在家族中的地位和威望难以体现,因此这种方式得到海外乡亲认可的并不多。

个性:四区的海外乡亲在捐赠的名义上又各具特色。越秀区作为城市中心区,有全省大部分省属单位、市属单位,有全省、全市大型的基金会、慈善会等民间组织,因此,该区海外乡亲以基金会、慈善会名义、以企业名义捐赠的人次不仅多,捐赠的金额也是在四区中也是首屈一指。与其他三区相比,该区的海外乡亲地缘、血缘关系淡薄,因此,以地缘、血缘等华侨社团组织形式捐赠形式非常少。番禺区作为新区,经济发展迅猛,区内侨资企业众多,但作为郊区,同乡会、联谊会、宗亲会等社团较多,因此,以企业名义、以校友会、同乡会等社团形式捐赠人次在四区中是最多的。此外,以海外乡亲家族形式捐赠是该区海外乡亲的一大特色。白云区作为新区,经济发展也非常迅速,区内的侨资企业也较多,所以海外乡亲以企业名义捐赠在四区中仅次于番禺区。此外,该区由于培英中学的校友多,同乡会、联谊会、宗亲会等社团较多,所以以校友、校友会、校董会名义和同乡会、联谊会、宗亲会等地缘、血缘组织捐赠的人次四区中是较多的。花都区的海外乡亲以个人名义捐赠最为突出,团体名义捐赠非常弱势。作为城市郊区,在社团名义捐赠中,以校友会、同乡会等社团组织捐赠的人次最多。

二、四区侨捐数量与金额比较

(一) 四区侨捐项目数量分析

改革开放以来,越秀区、番禺区、白云区、花都区四区总的侨捐项目数量为2430项,占广州市侨捐项目总数(共3874项)的62.73%。番禺区侨捐项目数量最多,达到1113项,占四区总数量的45.80%;其次是白云区,为865项,占四区总数量的35.59%;再次是花都区,为288项,占四区总数量的11.85%;最少的是越秀区,为164项,占四区总数量的6.76%。四区每一区的侨捐项目数量分布见图2-19。

据上图可知四区侨捐项目数量分布呈现出以下共性:侨捐项目数量总体上呈金字塔式分布,越往上,项目数量越大,侨捐项目分布越少,越往下,项目数量越少,侨捐项目分布越多。

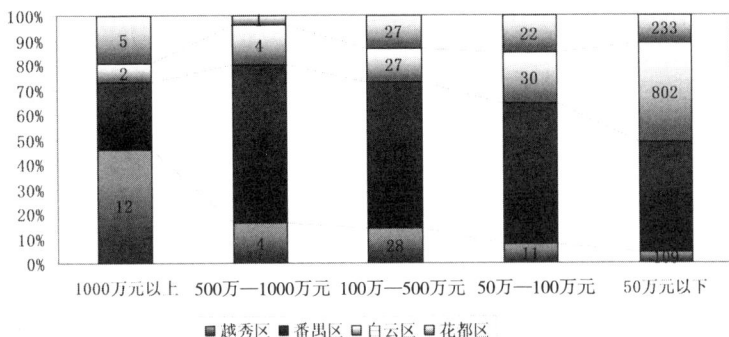

图 2-19：1978—2008 年越秀区、番禺区、白云区、花都区侨捐项目数量分布图（单位：项）
资料来源：四区侨务办提供的华侨华人、港澳同胞捐赠兴办公益事业情况登记表。

　　四区侨捐项目数量分布呈现出以下个性：越秀区作为城市老区，侨捐项目总的数量尽管最少，但是它的高水平段的侨捐项目数量较多，1000 万元以上侨捐项目 12 项，占该段四区总项目的 46.15%，在四区中遥遥领先，500万—1000 万元以及 100 万—500 万元侨捐项目数量仅次于番禺区，排名第二，重点侨捐项目达到 55 项，占本区侨捐项目总数的 33.53%。这主要与越秀区的区情密切相关，作为广州市中心，大型的基金会、慈善会都设立在该区，因而该区的高水平段的侨捐项目数量就多。同时又因为越秀区的海外乡亲祖籍是越秀区的较少，大多是在越秀区学习、工作、活动的海外乡亲，由于缺乏血缘、地缘纽带的联结，自然而然参与捐赠的海外乡亲人数就少，侨捐项目就少。

　　番禺区，作为华侨华人、港澳同胞众多的新区，侨捐项目总数、重点侨捐项目以及除 1000 万元以上的其他水平段的侨捐项目数量在四区当中是最多的，而且在四区中所占的比例非常高，其侨捐项目总数量和 50 万元以下侨捐项目数量所占的比例接近一半，其他水平段侨捐项目数量所占的比例都超过一半。番禺区的侨捐项目数量多是由于番禺区的海外乡亲捐赠人数多，海外乡亲捐赠人数与本区的海外乡亲总数的比值高。番禺区的高水平段的侨捐项目多主要是由于番禺区的海外乡亲以港澳同胞为主，参与捐赠的港澳乡亲许多是大企业家、银行家，经济实力雄厚，因而高水平段的侨捐项目就多。再且，番禺区参与捐赠的侨资企业较多，这些企业捐赠的金额较大。

　　白云区，侨捐项目数量在四区中仅次于番禺区，在侨捐项目总数中所占的比例也较高，达到了 35.59%，但是在重点侨捐项目中只占到重点侨捐项目总数的 15.87%，这说明白云区的高水平段的侨捐项目数量相对于它的总数来说,还是比较低的,尤其是在 1000 万元以上侨捐项目中数量较少。白云区海外乡亲以华侨华人为主,华侨华人占了总数的 78.94%。华侨华人捐赠的平均数额比港澳同胞要少。参与捐赠的华侨华人许多只是普通劳动者,经济实力并不雄厚,他们往往几十人共同捐赠一个项目,有的出资只有几百元。因此白云区高水平段的侨捐项目数量就少,又因为白云区参与捐赠的海外乡亲人数仅次于番禺区,所以其侨捐项目总的数量在四区中仅次于番禺区,排在第二位。

花都区,侨捐项目数量在四区中排在番禺区、白云区之后,越秀区之前,总数尽管不是很多,只有 288 项,但重点侨捐项目就占了 55 项,这表明它的重点侨捐项目数量在它的侨捐项目总数中所占比例是较高的,尤其是 1000 万元以上侨捐项目是白云区的 2.5 倍。

（二）四区侨捐项目资金来源分析

改革开放以来,海外乡亲在四区的侨捐项目资金来源一般来说都有三种形式,一是华侨捐赠,二是政府投资,三是社会集资。这三种形式所占的比例四区各有特色。具体见图 2-20。

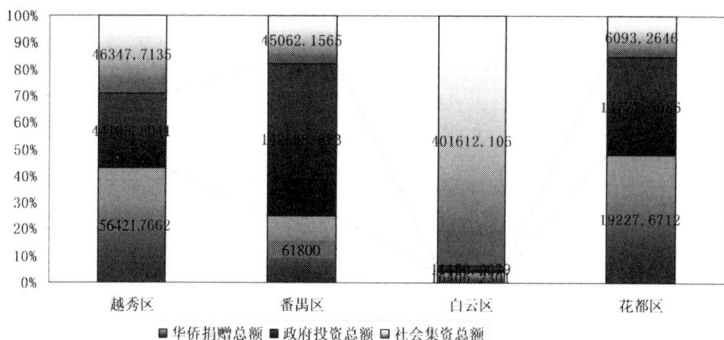

图 2-20:越秀区、番禺区、白云区和花都区侨捐比例图(单位:万元)

资料来源:四区侨务办提供的华侨华人、港澳同胞捐赠兴办公益事业情况登记表。

据上图可知,四区侨捐项目资金来源的个性如下:越秀、番禺、白云、花都四区的侨捐项目的侨捐比例都显示出各区的特征,华侨捐赠项目金额占总侨捐项目金额的比例最高的是花都区,其次为越秀区,再次为番禺区,最少的是白云区。番禺区主要以政府投资为主,白云区主要以社会集资为主,越秀区以华侨捐赠为主,社会集资次之,政府投资为最少,但三者差别不是很悬殊,花都区以华侨捐赠为主,政府投资次之,社会集资最少,三者差别也不是很悬殊。

三、四区侨捐项目捐赠水平比较

根据每个区侨务办提供的《华侨华人、港澳同胞兴办公益事业情况登记表》,越秀区侨捐总额为 56421.76 万元,番禺区为 61800 万元,白云区为16406.23 万元,花都区为 19227.6712 万元。四区侨捐总额为 153855.66 万元,占广州市总的侨捐项目捐赠金额的 42.64%。每个区具体的侨捐项目捐赠水平见图 2-21:

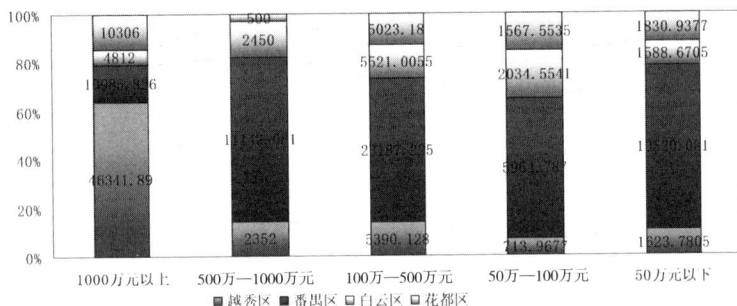

图 2-21:1978—2008 年越秀区、番禺区、白云区和花都区侨捐项目金额分布图(单位:项)

资料来源:四区侨务办提供的华侨华人、港澳同胞捐赠兴办公益事业情况登记表。

为了更能简洁清楚地表示四区侨捐项目捐赠水平,根据上图本人制成了表 2-18。

表 2-18:越秀区、番禺区、白云区和花都区侨捐项目捐赠水平表

各个区	侨捐项目捐赠总额/平均值	重点侨捐项目捐赠金额/平均值	1000万元以上项目捐赠金额/平均值	500万—1000万元项目捐赠金额/平均值	100万—500万元侨捐项目捐赠金额/平均值	50万—100万元侨捐项目捐赠金额/平均值	50万元以下侨捐项目捐赠金额/平均值
越秀区	2/1	1/1	1/1	3/3	3/3	4/4	3/1
番禺区	1/3	2/4	2/3	1/1	1/1	1/1	1/2
白云区	4/4	4/3	4/4	2/2	2/2	2/3	4/4
花都区	3/2	3/4	3/2	4/4	4/4	3/2	2/3

说明:"1"表示在四区中排在第一位,在对应的侨捐项目金额段捐赠水平是最高,依次类推。根据广州市侨务办的划分依据,重点侨捐项目是指捐赠金额在 50 万元以上的侨捐项目。

四区侨捐项目捐赠水平具有以下共性:

如果我们把 1000 万元以上侨捐金额看作是最高水平段、500 万—1000

万元为次高水平段,100 万—500 万元为中等水平段、50 万—100 万元为次中等水平段,50 万元为低水平段,那么就会发现四区每个水平段的侨捐项目捐赠金额呈不规则分布,有的区在高水平段的捐赠金额多,有的区在低水平段的捐赠金额多,有的区在中等水平段的捐赠金额多。

四区侨捐项目捐赠水平具有以下个性:

越秀区,其侨捐项目捐赠水平总的特点可以概括为"上面高,下面低"。作为城市中心区,含有大部分省级、市级等大型的基金会、慈善会,省属、市属和区属单位,大型企业,因而,其最高水平段的侨捐项目金额多,1000 万元以上项目捐赠金额与平均值、重点侨捐项目捐赠金额与平均值在四区中都排在第一位。与其他三区相比,该区最高水平段的侨捐项目捐赠总额与低水平段的侨捐项目捐赠总额相差约 65 倍,这表明越秀区既有富甲一方的海外乡亲,也有众多的普通的海外乡亲,这突出反映了越秀区作为城市中心区的特性。

番禺区,其侨捐项目捐赠水平总的特点可以概括为"五个最多"。一是其侨捐总额在四区中最多,二是其 500 万—1000 万元次高水平段项目捐赠金额及平均值最多,三是 100 万—500 万元中等水平段项目捐赠金额及平均值多,四是 50 万—100 万元次中等水平项目捐赠金额及平均值最多,五是 50 万元以下低等水平侨捐项目捐赠金额在四区中是最多的。这表明番禺区的次高水平段、中等水平段与低等水平段的侨捐项目捐赠多。番禺区,作为广东省、广州市著名的侨乡,海外乡亲多,侨资企业多,华侨社团多,而且海外乡亲及其企业参与侨乡公益事业的积极性非常高,参与捐赠的海外乡亲在四区中最多,因而其侨捐项目捐赠水平呈现五多特征。并且每个水平段侨捐项目捐赠总额相差较少,最高只相差 3.88 倍,这表明番禺区的海外乡亲经济实力相差不悬殊。

白云区,其侨捐项目捐赠水平总的特点可以概括为"中间高,两边低,总额低"。白云区参与捐赠的海外乡亲人数仅次于番禺区,由于其捐赠人数较多,区内参与捐赠的侨资企业较多,因而,其次高水平段和中等水平段的侨捐项目金额相对较高。但是由于白云区的海外乡亲主要以华侨华人为主,参与捐赠的海外乡亲经济实力不像越秀、番禺海外乡亲的那么雄厚,他们大多数每个人捐赠的金额较少,有的金额较少的侨捐项目往往有较多的海外乡亲共同捐赠,所以其最高水平段的捐赠总额以及侨捐总额在四区中是最低的。

花都区,其侨捐项目捐赠水平总的特点可以概括为"两边高,中间低"。花都区,也是广州市著名侨乡,其海外乡亲在四区最多,参与捐赠的海外乡亲人数较少,在四区中仅比越秀区多,海外乡亲捐赠人数与本区的海外乡亲总数的比值也较少。其100万—500万元、500万—1000万元项目捐赠金额及平均值在四区中是最低的,这表明花都区的次高水平段、中等水平段捐赠水平低。与越秀区、番禺区与白云区相比,花都区内参与捐赠的企业少,所以其次高水平段和中等水平段的捐赠金额就少。

四、研究结论与对策建议

海外乡亲在都市侨乡和乡村侨乡间的捐赠有共性,也有个性。慈善的共性与个性是慈善的两个基本方面,它们之间相互依存,相互渗透,在一定条件下相互转化。海外乡亲在以越秀区为代表的都市侨乡和以番禺区、白云区、花都区为代表的乡村侨乡之间的捐赠上既有共性,也有个性。四区侨捐项目在侨捐主体的来源、侨捐主体的捐赠名义、侨捐项目的数量与金额、侨捐项目的捐赠水平、侨捐项目的领域等方面既存在共性,也存在个性。

总的来说,越秀区是典型的都市侨乡,侨捐的特征都与都市侨乡的侨情密切相关。越秀区,作为城市中心区和城市老区,祖籍越秀区的海外乡亲较少,捐赠者大多是以前或者现在在广州活动、创业、学习的海外乡亲,他们宗亲观念较为淡薄,跨祖籍地捐赠非常明显。尽管海外乡亲捐赠者人数少,侨捐项目数量少,但是由于海外乡亲大多是港澳企业家,经济实力雄厚,他们资助的都是一些省、市属单位或者大型的基金会、慈善会等慈善组织,因此,海外乡亲捐赠总额以及除生产建设捐赠之外的其他侨捐项目总额就多,捐赠金额的平均值与最高水平段的捐赠金额在四区中最高。海外乡亲在都市侨乡的捐赠基本上是以企业、基金会、慈善会等结合体的方式捐赠,他们通过现代慈善组织加强对慈善的管理和运作,来解决侨乡社会的发展问题和人类共同需要关注的问题,促进侨乡可持续发展。因此,这种捐赠往往是一种理性的捐赠行为,捐赠者会综合考虑捐赠的目的、手段与效果。有的捐赠者把捐赠要对产生社会问题的根源发挥作用作为捐赠前提,他们注重慈善的效果,即捐赠是否解决了问题的根源,是否对受助方有益,是否对社会有用;有的捐赠者以企业名义捐赠,他们注重慈善的效益,即捐赠给受助方有益的同时,是否给企业带来回报,从而达到捐助者和受助者双赢局面,捐赠的功利主义成分比较明显;有的捐赠者视慈善捐赠为社会投资,他们注重慈善的效率,即捐赠是否是像投资一样有效率的。以番禺区、白云区、花都区是典型的乡村侨乡,侨捐的特征符合乡村侨乡的侨情。这三个区祖籍本区的海外乡亲人数多,海外乡亲捐赠人数也多,他们宗亲观念浓厚,基本上是捐向祖籍地。乡村侨乡的海外乡亲大多数以最低限度的社会关系和共同体关系进行捐赠,以夫妻携手、父承子继、宗亲合捐、兄弟联手、翁婿同捐等这种最低限度的社会关系捐赠成为常态。相对于都市侨乡,海外乡亲在乡村侨乡成立的校友会、同乡会、联谊会、宗亲会明显多于前者,因此,海外乡亲在乡村侨乡以共同体关系捐赠成为一大特色。这主要是由于乡村侨乡的海外乡亲大多出生于或者父辈出生于侨乡,他们对侨乡的感情更为浓厚,他们以共同体捐赠大多是基于对捐赠对象的情感,把捐赠看作是慈善的一项义务,因而这种捐赠是感性捐赠为主。乡村侨乡的海外乡亲主要是感性捐赠,包括价值理性捐赠、感情捐赠和传统捐赠。具有价值理性行为的海外乡亲把捐赠看作是一种信念、责任和义务,尤以老移民为甚,他们往往以利他为动机,为实现自身的人生价值而对他人给以关怀,因而很少顾及捐赠的后果。感情捐赠是海外乡亲触景生情而产生的一种社会行为。由于侨乡是他们的祖籍地,他们回到侨乡被侨乡的面貌和亲情所感动,于是萌发了捐赠的愿望。传统捐赠行为是在祖先的捐赠传统熏陶下采取的捐赠行为。尤其在乡村侨乡中家族捐赠成为传统捐赠行为的常态。改革开放以来海外华侨精英家族化的捐赠倾向日益明显,从获得荣誉市民的批次来看,往往是家族中的长者先获得广州市荣誉市民称号,在他的带动和引领下,其家族中的妻子、儿女、兄弟、孙子、女婿等成员纷纷成为侨乡社会公益事业的捐助者,成为引以为豪的荣誉市民。在海外华侨精英的家族当中有夫妻、母子、父子、父女、兄弟、姐弟、翁婿、祖孙等关系,尤其以夫妻携手,父承子继较为突出。从华侨精英的家族人数来看,获得广州市荣誉市民最多的是番禺何氏家族,在先贤何添、何贤昆仲的带动下,何氏家族先后有 10 人获得广州市荣誉市民称号,其次是以香港知名人士霍英东先生为代表的霍氏家族和以罗肇康为代表的罗氏家族,他们家族分别也有 5 人先后获得了广州市荣誉市民称号。

　　无论是都市侨乡还是乡村侨乡,他们都面临一些共同的问题需要解决,一是海外乡亲捐赠项目的监管问题。由于改革开放初期海外乡亲对侨乡需求并不是很了解,再加之当地政府缺乏对捐赠项目的合理引导,导致海外乡亲捐赠存在诸多问题,尤以监管问题最为突出,这些问题主要表现在:项目分布不合理,主要分布在教育、医疗、交通、村镇建设等方面,科技、旅游、环保、治安等公益性项目相对不足,项目过于集中于部分村镇,存在资源浪费现象,尤其是海外乡亲捐建的中小学数量过多,由于教育布局调整,部分中小学出现闲置;海外乡亲捐建的硬件建设过多,软件建设不足,项目的后续发展面临问题;项目的运行和管理较为落后,许多项目缺乏现代慈善组织的管理运作模式,海外乡亲设立的基金无法增值,项目发展缺乏配套资金和维修资金;当地政府集募捐、受赠、监管于一身,角色产生冲突,尽管名义上有监管职责,但实质上往往监管缺位,出现受赠单位违背捐赠人意愿挪用侨捐款物、随意变更捐赠项目的用途、侵害侨捐项目利益现象。因此,如何加强对海外乡亲捐赠项目的监管,促进项目的可持续发展,保护海外乡亲的合法权益,是当地政府当前需要着力解决的迫切任务。二是年轻一代的海外乡亲对中华文化的认同问题。情感是维系海外乡亲在侨乡捐赠的纽带,改革开放初期在老移民的带动和示范下,广州的慈善事业蓬勃发展。然而海外侨情在变化,老移民大多已淡出历史舞台,健在者年老体衰,他们与侨乡的联系已力不从心,第二代、第三代甚至第四代移民成为了事业的继承人,这些年轻一代的华裔与中国和祖籍地的联系日益减少,情感日益淡薄。"尤其是那些土生华人,中国字看不懂,中国话不会讲,父亲可能还会一点儿,母亲是当地人,过了两三代之后,基本上就与中国没什么联系了。"①尽管他们不会中国语言,但是保留了祖辈留下的风俗习惯,中华传统价值观作为中华文化的内核被保留下来。因此,如何增强年轻一代的华裔对中国文化的认同,充分挖掘既有的海外资源,敦睦乡情乡谊,进一步搭建与他们联络、合作和交流的桥梁,加强他们与祖国和祖籍地的情感联系,以促进当地的经济和社会发展,是摆在侨乡政府面前的一项重要任务。

侨情是内容,侨捐的共性和个性是表现形式,内容决定形式,形式表现于内容,总之,以越秀区为代表的都市侨乡和以番禺区、白云区、花都区为代表的乡村侨乡之间侨捐的共性与个性都打上了该侨乡侨情的烙印。

本 章 小 结

慈善事业,是建立在社会捐献基础之上的社会救助事业。在现代,随着慈善事业领域的延伸,慈善事业演变成公益事业。海外乡亲在广州侨乡兴办公益事业,涉及教育、医疗卫生、文化体育、基础设施、生产建设、社会福利、科技、旅游、环保、治安等诸多领域,他们是侨乡公益事业发展的主力军,为侨乡公益事业的发展作出了突出贡献。海外乡亲在广州侨乡兴办公益事业呈现出以下规律和特点:

第一,捐赠的意向与中国所处的形势紧密相关。海外乡亲慈善捐赠意向在具体环境下并不一样,由于在不同的历史时期具有不同的时代背景,因此海外乡亲捐赠的意向呈现出明显的阶段性。在近代,中国处于半殖民地

---

① 王赓武:《中国情结:华化、同化与异化》,《北京大学学报》(哲学社会科学版)2011年第5期。

半封建社会,海外乡亲慈善捐赠的主观意向总体上是通过慈善达到救亡图存的目的,新中国成立后国家百业待兴,他们捐赠的意向是振兴中华,党的十一届三中全会后中国吹响了改革开放的号角,逐步向富强、民主、文明的现代化国家迈进,他们捐赠的意向是促进侨乡和国家的现代化,进而增进人们的幸福,谋求全人类的福祉。

第二,侨捐项目浓缩了海外乡亲的桑梓情怀。海外乡亲在广州侨乡慈善实践最集中的体现是侨捐项目。他们捐赠的项目之多、数量之大、人数之众、分布之广、范围之杂、配套之全、影响之深,是他们对侨乡之爱最深情的体现。他们在侨乡由修桥建路、赠医施药、济贫恤亲等传统的慈善事业,发展到支持科学、教育、文化、旅游、环保等事关社会发展和人类共同需要关注的问题,他们用慈善实践探索出发展中国家实现近代化和现代化的有效途径。他们捐赠的不仅仅是一座座桥梁、一条条道路,一所所学校、一栋栋建筑,一件件设备、一个个文物、一本本图书,更是一笔无价的精神财富,是一项巨大的倾情奉献的爱心工程,是一座辉煌闪耀的历史丰碑。

第三,侨乡的市场需求决定海外乡亲捐赠的流向。需求决定市场,市场决定资源的配置。广州侨乡在不同的发展阶段有不同的社会需求,侨乡的社会需求决定海外乡亲捐赠的流向。纵观海外乡亲在广州侨乡慈善实践的历程,教育依然是海外乡亲捐赠的主旋律,医疗卫生是捐赠的重点领域,扶贫救灾是施善的传统领域,公共建设成为捐赠的一大特色,文化事业受到了极大关注,公共安全、环保与科技成为捐赠的新宠。

第四,捐赠地域由祖籍地扩展到非祖籍地,但投向故土为主。社会是一个由各种不同性质的社会关系结成的网络,在社会网络里,海外乡亲处在某个网结之上,他们往往倾向于给自己的侨属侨眷、宗亲进行捐赠。从晚清时期到改革开放以前,老一辈华侨作为捐赠的主体,具有浓厚的乡土情怀,血缘和地缘情结是维系他们慈善捐赠的精神力量,因而他们始终遵循着由近而远、由亲及疏的慈善惯例,把侨资首要和主要捐向故乡本土。"尤其是经济实力不是很强的侨胞更是如此,它们不是怀着通过捐赠打开中国大陆投资与商品市场的目的,而完全是对亲人和故土的亲情所驱动。"①改革开放后尤其是 1992 年邓小平南方谈话后,海外乡亲的捐赠逐渐突破地域界限,跨祖籍地捐赠趋势日益明显。这主要是由于 20 世纪 70 年代后,老一辈华侨把企业逐渐交给自己的后代管理,第二代、第三代华侨继承祖业后,他们往往从企业全球发展的角度来考虑捐赠,他们把捐赠看作是一种投资,看作

---

① 刘权:《广东华侨华人史》,广东人民出版社 2002 年版,第 287 页。

是他们企业全球化的一部分,因而捐赠再也不局限于祖籍地。从整个广州市范围来看,海外乡亲捐赠在不同的行政区域捐赠地域稍有不同。在越秀区、荔湾区、海珠区等原来的老城区,海外乡亲跨祖籍地捐赠的现象较为普遍,但在番禺区、白云区、花都区、增城区、从化区等原为郊区后新成立的城区,海外乡亲的捐赠绝大多数是投向祖籍地,他们对本村的感情最深,然后依次是本镇、本区。

第五,海外华侨精英发挥了先导性的模范作用。晚清以后,一些稍有积蓄的华侨回到阔别已久的家乡建桥修路、帮贫济困、舍药施棺、捐资办学,他们成为了最受家庭和家族倚重的精英人士。他们通过关心和支持家族的公共事业,如捐资修建祠堂、重修族谱和祖坟来建立自己在家族中的威望,扩大自己在家族中的影响。他们不仅自己为家乡的公益事业出钱出力,还利用自己在家族中的显赫地位和海外关系对其他海外乡亲施加影响,有的甚至进行劝募活动,以达到共同造福桑梓之目的。海外华侨精英在侨乡近代化的过程中显然成为了主角。改革开放后以广州市荣誉市民为代表的海外华侨精英继续发挥先导性的模范作用。这一时期海外精英人士的主角变成了港澳同胞。根据笔者对广州市荣誉市民的统计,从 1986 年到 2006 年广州市共 12 批次授予 373 人荣誉市民称号,其中华侨华人 35 人,占总数的9.38%,港澳同胞共 283 人,占总数的 75.87%,台湾同胞 20 人,占总数的5.36%,外国友人 35 人,占总数的 9.38%。这说明,在广州市荣誉市民当中,华侨华人港澳同胞占了绝大多数,尤其以港澳同胞为最多。授予广州市荣誉市民称号,是迄今为止广州市授予各种荣誉中最高的荣誉,华侨精英对广州市的公益事业和社会发展作出了独特贡献,不愧为新时期海外华侨社会和侨乡社会的骄傲。据不完全统计,前 12 批广州市荣誉市民共捐资和荐捐资 20.63 亿元。[①] 改革开放以来海外乡亲对广州市共捐赠才 36 亿多元。可见广州市荣誉市民为广州经济发展、文化建设、国际交流及社会公益事业做出了积极贡献,推进了广州市的改革开放和国民经济持续、快速、健康地发展。许多荣誉市民授荣后不仅加大了对广州的贡献,更鼓励支持后人争取这一荣誉,他们为后人及其他海外乡亲发挥了先导性的模范作用。

---

① 　资料来源:广州市外事办。

第三章 海外乡亲慈善捐赠的
文化特质与当代价值

在中国从传统到现代的社会变迁过程中,海外乡亲无疑充当了参与者、支持者、推动者的角色,成为了侨乡和中国社会变迁的重要外部动力,他们为建立一个富裕、民主、文明、和谐的侨乡社会作出了突出贡献,对中国具有重要的当代价值。

第一节 海外乡亲慈善捐赠的文化特质

慈善是一种事业,也是一种文化。文化既包括物质文化,又包括精神文化。从文化学角度看,慈善事业属于文化的范畴。正如黄家瑶所言:"慈善是一种事业,一种由民众慈善之举形成的社会事业;慈善更是一种文化,一种由'爱'支撑的行为模式和心理积淀。"①海外乡亲在侨乡的慈善捐赠活动不仅输入的是资金、建筑物、桥梁、道路、设备、图书、文物和消耗性物质等物质文化,也输入的是思维方式、行为方式、价值取向、生活方式、风俗习惯、精神风貌、心理状态、审美情趣等精神文化,因此,海外乡亲在侨乡的慈善事业是一种慈善文化。

文化特质是文化要素的特征,每一种文化都有其一定的特殊形式,海外乡亲慈善文化具有以下特质:

一、它是一种综合性的慈善文化

海外乡亲慈善文化不是中华慈善文化的堆砌,也不是西方慈善文化的照搬,而是在保持其中华文化根基又尊重西方文化的独立性和价值的前提下,对中西慈善文化精华的涵化,因而它是中华慈善文化与西方慈善文化以及侨居地的土著文化的和谐交融。由于它的母体是中华传统文化,同时它又实践于侨乡,与侨乡的慈善文化交相辉映,因而它含有中国传统文化的核心价值。另一方面,海外乡亲的慈善文化形成于侨居地,又融入了侨居地的博爱、人道主义、志愿精神、即时捐赠等理念,因此打上了西方和侨居地慈善

---

① 黄家瑶:《中西方慈善文化的渊源比较及启示》,《天府新论》2008 年第 3 期。

文化的烙印。由于海外乡亲传统文化仍然占据主导地位,所以其慈善文化也以中华传统慈善文化为主导,而中华传统慈善文化与西方慈善文化在一定的时间范围内存在着此消彼长、共生共融的局面。与此同时,我们也要看到,海外乡亲的宗教信仰尽管是多元宗教,但是海外乡亲信仰宗教而是因时因地因事而异,具有较大的实用性和功利性。他们信仰的宗教,如妈祖、观音、关帝圣君等,都是保护神,因而他们信仰宗教不纯粹是为了净化心灵,修炼德行,而更多的是寻求神的庇佑,以达到招财纳福、祈富求贵之目的。海外乡亲宗教信仰的实用性和功利性倾向在一定程度上影响了海外乡亲慈善文化,致使有些海外乡亲开展慈善活动不仅仅为了"义",而不仅仅为了"名",其背后则蕴含着一种功利主义动机。

二、它是一种既有民族性又有世界性的慈善文化

它在 19 世纪末 20 世纪初海外乡亲参与世界殖民体系过程中形成,又在 20 世纪 70 年代后海外乡亲参与全球化过程中发展壮大,它是在中国传统慈善文化与西方慈善文化碰撞、交融的互动过程中形成与发展,形成于异国他乡,反哺于祖国家乡,因而它既具有民族性又具有世界性。它的民族性体现在它以中国传统文化为根基,以爱国主义为核心,以念祖爱乡、敬老爱幼、扶贫济困、乐善好施、赈灾救荒、捐资助学、助残恤孤等为表现形式,是海外乡亲慈善责任、民族精神与乡土情结的集中体现,因此,它体现了社会主义核心价值观,铸造了中华民族精神,构建了中华民族共有的精神家园。它的世界性体现在海外乡亲用世界的眼光把中华传统慈善文化传播到世界,同时又吸收西方和侨居地的慈善文化,把它与中华传统文化相融合、创新,最终实现文化的现代化。"因为文化的现代化,离不开世界交往的普遍发展,必须要用世界视野融汇中西文化,走中西文化整合、创新之路,在中国传统文化和西方文化之间保持必要的张力,兼综众善、和而不同,通过对传统文化和西方文化的双向改造,构建一个既有民族特色又有时代气息的新文化,才可能实现对传统文化和西方文化的双重超越。"①正因为海外乡亲用世界视野创造新文化才使其慈善文化既具有民族性又具有世界性,从而实现对中国传统文化和西方文化的双重超越。

三、它是一种自觉自强的慈善文化

海外乡亲的文化自觉与自强与近代中国半殖民地半封建社会所造成的

---

①　沈卫红:《侨乡模式与中国道路》,社会科学文献出版社 2009 年版,第 135 页。

海外乡亲的地位密不可分。近代中国,处于半殖民地半封建社会,外有列强的军事入侵和经济掠夺,内则政治腐败,社会动荡,民不聊生。海外乡亲被迫背井离乡,有的到港澳地区谋生,有的远赴美国、加拿大、澳大利亚等地,成为"赊单华工",有的被拐骗、掳掠到南美洲、东南亚等地,成为"猪仔华工"。此外,侨居地的排华运动此起彼伏,种族歧视根深蒂固,他们的正当权益无法得到保护,他们的尊严和地位无法得到保障,他们真正成为了"海外孤儿"。因此,如何使自己的祖国成为一个独立、自由、民主、富强的国家,如何探索中华民族的复兴之路,是他们用血汗和泪水凝聚起来的真实感受,是他们梦寐以求的强烈愿望,是他们发自内心的精神追求。正因为中国早期的海外乡亲出洋者以社会底层民众为主,正因为他们出洋后所处的特殊地位和悲惨遭遇,才使他们产生了与祖国和家乡的深厚感情,才使他们用慈善的方式探索中华民族的复兴之路,这种精神在海外乡亲中薪火相传,并不断激励着后人努力求索。海外乡亲迁移到侨居地后,他们原有的中华传统慈善文化受到了侨居地和西方慈善文化的强烈冲击,是完全保留中华传统慈善文化,还是完全接纳西方慈善文化,海外乡亲面临着抉择。此时他们对中华传统慈善文化进行了理性的认识,也对西方慈善文化和侨居地慈善文化做出了科学抉择,他们自觉地适应当地的慈善文化,在适应过程中兼收并蓄,博采众长,对中国传统慈善文化、西方慈善文化和侨居地慈善文化不断整合、改造和创新,从而形成了一种富有创造力和生命力的海外乡亲慈善文化,构建起他们自己特有的族裔文化生态。这种文化自觉及自强从他们反哺侨乡的时刻开始,到我国改革开放后得到了空前的张扬,他们在中国捐办公益,传播慈善文化,实现民族文化的自觉、自信和自强,探索中华民族的复兴之路,促进了中国社会文化的现代化。

第二节　海外乡亲慈善捐赠对中国的当代价值

社会文明是人们在实践活动中形成的有益成果,它包括物质文明、精神文明、政治文明、生态文明等形式,社会文明的进步是一个国家和城市发展的显著标志。而慈善事业更是社会文明的标志,"现代慈善不仅是一种事业,而且也是对中华民族传统美德的弘扬,是一种对社会起凝聚作用的价值观、道德观的体现,是社会主义文明程度的重要标志。"①改革开放以来海外乡亲在中国大陆的慈善捐赠,促进了中国社会公益事业的发展,促使侨乡与

---

① 范宝俊:《发展慈善事业已成为社会保障的重要补充》,载于范宝俊、王爱平主编:《中华慈善年鉴·2001》,中国社会出版社2001年版。

社会文明提前接轨,为建立一个富裕、民主、文明、和谐的中国作出了突出贡献,对中国具有重要的当代价值。

一、引领中国公益捐赠之先,构建中国社会保障体系

从中国慈善事业角度来说,侨乡的慈善事业无疑走在全国的前头。据统计,改革开放40多年来,海外乡亲为国内社会公益事业捐赠累计已超过1000亿元。其中,作为全国最主要的侨乡之一,广东接受海外乡亲捐款捐物折合人民币已超过500亿元。中华慈善总会在成立的初期,海外乡亲的捐款成为善款的主要来源,据中华慈善总会原会长范宝俊透露,"中华慈善总会在7年中,筹集的善款近12亿元,其中海外50%、港澳台10%多一点,内地捐款只占30%"。可见,海外乡亲引领中国公益捐赠之先,他们是中国慈善事业发展的先导者和示范者,为中国慈善事业的发展和现代社会的构建作出了重要贡献。

海外乡亲的慈善捐赠是中国社会保障体系的有机组成部分。党的十四届六中全会明确提出"健全社会保险、社会救助、社会福利和慈善事业相衔接的社会保障体系",党的十九大报告进一步指出,加强社会保障体系建设,"完善社会救助、社会福利、慈善事业、优抚安置等制度"①。可见,我国明确要求将发展慈善事业作为完善社会保障体系的重要内容。改革开放之初,侨乡的社会保障基础相当薄弱,社会福利设施严重不足。当时实行的社会保障制度完全是国家负责、单位包办,对社会弱势群体的救济都是由民政部门拨款。在这样的情况下,海外乡亲积极响应中国政府的号召,慷慨解囊,捐款捐物支持侨乡建设。随着慈善事业范围的扩展,海外乡亲的慈善由救助性慈善向公益性慈善转变,由侨乡转向非侨乡,他们把关注和资助的项目往往投向具有根本性和前瞻性的领域,促进中国的可持续发展。他们利用民间捐赠对财富和资源进行第三次分配,弥补了政府和市场分配的不足,改变了过去那种由政府部门包办实际上又包办不好的社会保障制度,使中国建立起多层次的社会保障体系,促进了中国社会保障制度的完善。海外乡亲的慈善捐赠促进了中国社会的公平与正义,维护了中国社会的和谐与稳定。"公益慈善不能简单理解为政府的负担和富人的善举,亦非自上而下地对穷人或难民的施舍,其目的更在于维持市场社会构成的和谐与稳定。"②

---

① 习近平:《决胜全面建成小康社会　夺取新时代中国特色社会主义伟大胜利——在中国共产党第十九次全国代表大会上的报告》,人民出版社2017年版,第47页。

② 陈志明:《人类学与华人研究视野下的公益慈善》,《中山大学学报》(社会科学版)2013年第4期。

二、凝聚中国特色社会主义共同理想，构筑中华民族
　　共有的精神家园

海外乡亲的慈善捐赠凝聚着中国特色社会主义共同理想。中国特色社会主义共同理想就是建设中国特色社会主义，实现中华民族的伟大复兴，它是中华儿女实现中华民族伟大复兴的精神支柱和精神动力。党的十九大报告明确提出："广泛团结联系海外侨胞和归侨侨眷，共同致力于中华民族伟大复兴。"①改革开放后，国家以经济建设为中心，逐步向富强、民主、文明的现代化国家迈进，海外乡亲在中国大陆慈善的意向是改变中国落后的面貌，增进中国人民的福祉，促进中国的现代化，最终实现中华民族的伟大复兴。海外乡亲在中国大陆慈善捐赠中以身作则，率先垂范，他们以完美的道德形象和奉献精神，为海内外乡亲提供了具有标志性意义的示范，从而促进了中国公民社会观念的改变，提升了中国公民的道德素质和精神境界，推动了中国公民个人的善知、善心、善举与中国特色社会主义共同理想的结合，促进了侨乡乃至整个中国社会风气的改观，凝聚了中华儿女实现中华民族伟大复兴的共同奋斗目标。可见，实现中华民族伟大复兴是海外乡亲慈善捐赠的动力，慈善捐赠则是他们实现中华民族复兴的一种探索方式。

海外乡亲的慈善捐赠构筑了中华民族共有的精神家园。古老的中国是一个礼议之邦，中华民族是一个团结互助的民族，5000 多年来中华民族形成了尊老爱幼，助学助残，扶贫济困，乐善好施的优良传统。改革开放后，作为改革开放的前沿阵地，侨乡受到了外来思想与文化的冲击，其中既有西方一些好的思想与风气，也有西方的一些不良思想。在西方不良思想的影响下，有些人生活富裕之后，精神空虚，自私自利，追求享乐，拜金主义至上，人生观和价值观严重扭曲，道德急剧滑坡，民族精神缺失。海外乡亲慈善捐赠以爱国主义为核心，体现了社会主义核心价值观，对弘扬民族精神、增强中华民族凝聚力和构建中华民族共有的精神家园具有重要的价值。民族精神的核心就是爱国主义，"民族精神的塑造是自发的，又是自觉的"。② 海外乡亲在捐赠中形成的慈善文化既是一种物质文化，更是一种精神文化，其实铸造的就是中华民族精神。海外乡亲作为炎黄子孙，虽然他们身在异邦，但心系祖国，情系桑梓，他们一直为实现中华民族的伟大复兴而不断地求索。祖

---

① 习近平：《决胜全面建成小康社会　夺取新时代中国特色社会主义伟大胜利——在中国共产党第十九次全国代表大会上的报告》，人民出版社 2017 年版，第 40 页。

② 周秋光、曾桂林：《慈善事业与近代中国的民族精神》，《湖南师范大学社会科学学报》2009 年第 3 期。

籍潮州的陈伟南先生在香港只是中等收入阶层,但是他认为人生的价值在于奉献,所以一捐再捐。日本华侨吴桂显,把在日本的全部家产卖掉,一半交税后,其他的全部捐给中山市建立孙文学院。香港汉荣书局总经理石景宜、石汉基父子,一家三代身居陋室,三兄弟每人一套房只有 50 平方米,中午与同事一起吃盒饭,每天工作 10 小时,石先生说:捐几亿图书与居陋室并不矛盾,只要够住够吃就行了。他们在慈善中所展现出的那种振兴中华的民族意识、炽热的民族认同感、顽强的民族生命力,在潜移默化中影响着人们的道德风范和精神面貌,使人们在无形中对民族精神产生强烈的共鸣,从而催发了民族精神的振起,增强了中华民族的凝聚力。海外乡亲慈善文化是中国的,也是世界的,慈善文化是华侨文化的一朵奇葩,同时又因它发生在侨乡,因而构成了侨乡文化一道亮丽的风景线,成为了侨乡乃至中国精神文明建设一笔宝贵的财富,从某种角度来说它更是我们国家弘扬民族精神、构筑中华民族精神家园不可替代的力量。

三、推动中国慈善文化的发展,唤醒海外乡亲对中华民族的集体记忆

　　慈善文化是慈善事业的灵魂,是一个国家慈善水平的主要标志。"'慈善'这一名词一度时间在我国声名狼藉,有其历史原因。解放前,有些传教士披着宗教的外衣,打着慈善的幌子干着不慈善的事情,为帝国主义的侵略活动提供帮助,这使'慈善'蒙垢,产生了负面影响。"[1]新中国成立后至改革开放前,慈善事业一度受到批判。"文化大革命"时期,慈善事业遭到全盘否定,慈善机构一度消失。中国的侨务政策也偏离轨道,"海外关系"受到鄙视。改革开放后,慈善事业得到正名,人们对慈善有了新的认识,但中国慈善文化的氛围仍然不浓,中国民众的公民意识依旧薄弱。但是,在侨乡这种情况大为改观。从中国慈善公益事业的角度来说,侨乡的慈善公益事业领跑全国。一座城市的慈善水平主要取决于两个因素,一是经济基础,二是慈善文化观念。侨乡的慈善事业之所以发达,除了经济基础提供保障以外,另一个主要原因在于侨乡在海外乡亲慈善文化影响下形成了浓厚的侨乡慈善文化。"文化传统对个体公益参与行为的影响是历史沉淀下来的,其影响虽无形却是深远的。因此无论何种形式的个体公益参与都可以从中看出其蕴含的一种文化。"[2]比如广州市的"教育基金百万行",江门、中山、

---

① 朱力:《起步中的中国慈善事业》,《南京社会科学》2000 年第 12 期。

② 李朋来:《论个体的公益参与》,上海交通大学人 2007 年硕士学位论文。

顺德的"慈善万人行"等,就是由海外乡亲带动的海内外乡亲共同参与的慈善盛事。当前,国内慈善事业虽处于起步阶段,而海外乡亲捐赠已擎起中国慈善事业的主体,其慈善文化成为我国慈善文化的重要组成部分。这些慈善活动参加的人数多,效果显著,影响深远,社会效应广泛,成为引领侨乡慈善事业发展的风向标。

集体记忆是一个特定社会群体之成员共享往事的过程和结果。海外乡亲通过慈善捐赠形成了记忆之场,既包括祠堂、纪念馆、博物馆、体育馆、文化馆、档案、学校、儿童乐园、节日、庆典、仪式等有形之"场",还包括文化符号等无形之"场"。海外乡亲慈善捐赠后形成的记忆之场为其集体记忆的产生提供了重要条件,而集体记忆则是其对中华民族共同体认同的重要途径和有效中介。集体记忆是一个社会建构的过程,是一种对"过去"在"当下"的再现,它是由现今社会中的现实利益所塑造,是被当下的社会需要所建构。海外乡亲通过慈善捐赠意欲唤醒他们对中华民族的集体记忆,通过集体记忆激发民族情感,获得民族意识,服务于中华民族共同体认同的需要,服务于中华民族复兴的需要。海外乡亲在慈善实践活动中,一是通过对中华传统文化的活态传承、动态重构,以交往记忆的方式进行代际间的文化传承,促进他们及其后裔对中华文化的认同。二是在春节、重阳节、元宵节等中国传统节日中开展慈善活动,借助于组织化、正典化、仪式化的表达形式,以文化记忆的方式保存文化传统,弘扬民族精神。三是积极引导和鼓励华裔新生代到中国大陆寻根谒祖,共叙血脉亲情,让他们参与中国的慈善实践,在与祖国的社会互动与交往中,建构他们对中华民族共同体的集体记忆,增强他们对中华民族共同体的认同感。海外乡亲的慈善捐赠及其在此基础上产生的集体记忆激活着他们对中华民族共同体的共享情感,铸牢着他们的中华民族共同体意识,凝聚着他们对中华民族共同体认同的共识,最终促进他们对中华民族共同体的认同。

四、构筑侨乡外部变迁的重要条件,促进侨乡乃至中国的现代化

海外乡亲的慈善捐赠成为了侨乡外部变迁的重要条件。所谓社会变迁是指"任何社会过程或社会形态的变更"。① 社会变迁包括社会结构、社会系统、社会关系以及生活方式、行为规范、价值观念等的变化。著名功能论学者帕森斯"认为社会变迁是可以发生的,这源于两个因素:它可以来源于

---

① 《社会学词典》,上海辞书出版社1992年版,第274页。

一个特定体系的外部,即别的体系中;也可以产生于体系内部的张力和紧张关系(stain)。"①根据帕森斯的社会变迁理论可知,侨乡的社会变迁既有来自外部力量的变迁,也有来自侨乡体系内部力量的变迁。

侨乡变迁可分为近代侨乡变迁与现代侨乡变迁。近代侨乡变迁发生的时代背景是18世纪中期以后侨乡被卷入资本主义世界殖民体系之中,因此侨乡变迁最主要的原因是外国资本主义的入侵,现代侨乡变迁的时代背景是20世纪四五十年代经济全球化的浪潮,侨乡在海外乡亲的支持下主动参与全球化的进程,因此侨乡变迁最主要的原因是内因,即侨乡大胆改革开放,先行一步,先行先试。海外乡亲作为一种外部力量,他们用资金、技术和思想促进了侨乡社会的变迁,这种变迁是持续的,是长期的,是渐进的过程。现代侨乡变迁是在近代侨乡变迁基础上发生的,因此拥有近代侨乡的一些特征,但是也显现出一些根本不同的特质。近代侨乡变迁和现代侨乡变迁体现出一些共同的规律:侨乡海内外乡亲同心协力,侨乡文化底蕴的支撑,独特的地理环境和独特的历史机遇,侨乡人民敢闯敢干的精神与求变思富的进取心。在近代侨乡的变迁中,海外乡亲尤其是华侨充当了变迁的主角,在现代侨乡变迁中,侨乡政府和人民充当了变迁的主角,而海外乡亲尤其是港澳同胞起了辅助作用。侨乡社会变迁都是内力与外力作用的结果,只不过近代侨乡的社会变迁是外力起主要作用,现代侨乡的社会变迁是内力起主要作用。

海外乡亲的慈善捐赠促进了侨乡乃至中国的现代化。"现代化"一词源于西方,在欧美出现于18世纪70年代,其英文单词是"modernization",它的基本词义是指实现现代化的过程,实现现代化的状态。现代化理论主要分为经典现代化理论和第二次现代化理论。美国学者本迪克斯认为:"任何社会相对于过去的社会而言都是现代社会。"②现代化就是传统向现代的转变过程。因此,现代化属于社会变迁的范畴。海外乡亲作为一种外部力量,他们用资金、技术和思想促进了侨乡社会的变迁,这种变迁是持续的,是长期的,是渐进的过程。

广州,作为广东省的省会,中国南方最大的城市,目前现代化发展的水平如何? 广州市统计局邓晓雷同志参照目前国际上20世纪90年代城市现代化指标体系,采用综合评价法对广州的城市现代化水平进行了综合评价。评价结果见表3-1。

---

① ［美］戴维·波普诺:《社会学》,李强等译,中国人民大学出版社2007年版,第679页。
② ［美］西里尔·E.布莱克:《比较现代化》,杨豫译,上海译文出版社1996年版,第2页。

表 3-1：广州各分类指标实现现代化目标值情况（单位：%）

指标分类名称	指标权重	1990 年达标率	2001 年达标率
经济类	25	52.97	68.02
社会类	17	68.44	62.37
文化类	5	69.75	86.44
教育类	7	64.97	77.29
科学技术类	7	41.04	85.29
居住水平类	5	51.81	85.41
基础设施类	16	40.85	82.64
环境类	18	33.27	52.91
综合达标率	100	50.9	70.33
已 70%达标指标数		11 个	18 个
指标已达标率		32.35	52.94
已 90%达标指标数		9 个	14 个
指标已达标率		26.47	41.18
已 100%达标指标数		64 个	10 个
指标已达标率		17.65	29.41

资料来源：邓晓雷：《广州现代化水平评估》，《广东经济月刊》2003 年第 8 期。

　　该指标体系把达标率在 50% 以上视为初步现代化，把达标率在 70% 以上视为基本现代化。由上表可知，从现代化进程看，广州目前已经实现初步现代化，正进入基本现代化阶段。在广州现代化的过程中，海外乡亲发挥了极其重要的作用。广州是全国重点侨乡大城市，是广东省接受华侨捐赠最多的地区之一。据广州市普查统计，从 1978 年改革开放到 2006 年底，海外乡亲捐献给广州地区的款物折合人民币达 36 亿多元。因此，从海外乡亲在广州现代化的作用来看，海外乡亲的捐赠促进了广州侨乡现代化的进程。现代化是一种特殊的社会转型过程，也是一个国家、社会、地区所处的发展状态。从海外乡亲在广州现代化的作用来看，海外乡亲的捐赠促进了广州侨乡的经典现代化，如经济工业化、政治民主化、道德文明化、社会福利化、社会和谐化和初中等教育普及化，同时正在促进广州侨乡的新现代化，推动广州侨乡的知识化、网络化、全球化和创新化进程。可以说，海外乡亲是中国现代化建设的一支重要力量，是中国现代化建设的独特优势和重要资源，是侨乡经济发展的助力器，海外乡亲的捐赠极大地推动了广州现代化的进程。

本 章 小 结

根据帕森斯的社会变迁理论可知,侨乡的社会变迁既有来自外部力量的变迁,也有来自侨乡体系内部力量的变迁,因此,侨乡社会变迁都是内力与外力作用的结果。在侨乡乃至中国从传统到现代的社会变迁过程中,海外乡亲的捐赠成为了侨乡和中国社会变迁的重要外部条件。慈善是一种事业,也是一种文化。海外乡亲慈善文化是一种综合性的慈善文化,是中华慈善文化与西方慈善文化以及侨居地的土著文化的碰撞交融。海外乡亲慈善文化是一种既有民族性又有世界性的慈善文化。它的民族性体现在它以中国传统文化为根基,以爱国主义为核心,是海外乡亲慈善责任、民族精神与乡土情结的集中体现,因此,它体现了社会主义核心价值观,铸造了中华民族精神。它的世界性体现在海外乡亲用世界的眼光把中华传统慈善文化传播到世界,同时又吸收西方和侨居地的慈善文化,把它与中华传统文化融合、创新,最终实现文化的现代化。海外乡亲慈善文化是一种自觉自强的慈善文化,其文化自觉与自强与近代中国半殖民地半封建社会特征所造成的海外乡亲的地位密不可分。海外乡亲在侨乡的慈善捐赠对中国具有重要的当代价值:引领中国公益捐赠之先,构建中国社会保障体系;凝聚中国特色社会主义共同理想,构筑中华民族共有的精神家园;推动中国慈善文化的发展,唤醒海外乡亲对中华民族的集体记忆;促进中国公民社会的兴起,丰富中国社会治理体系;构筑侨乡外部变迁的重要条件,促进侨乡乃至中国的现代化。

第四章 海外乡亲慈善捐赠存在的问题及解决对策

改革开放以来海外乡亲的慈善捐赠促进了广州的经济发展和社会进步,但由于政府角色定位不准,有些地方政府在侨捐项目的受赠、运行、管理和监督方面越位、失位和缺位,导致侨捐项目依然存在劝募现象,侨捐项目的监管制度不完善、监管机制不健全,侨捐项目的资源流向缺乏统筹规划和合理引导,侨捐项目缺乏配套和维修资金,后续面临可持续发展问题。针对以上问题,本章从出现问题的根源入手,首先提出准确定位政府角色,完善海外乡亲捐赠制度措施,从完善侨捐政策法规、明确侨捐项目监管主体、解决涉侨热点和难点问题、制定税收优惠政策等方面完善侨捐项目的监管制度,健全侨捐项目监管机制。然后提出以市场机制为目标,优化海外乡亲捐赠机制,以社区需求为基础,合理引导海外乡亲捐赠的措施。通过以上措施,企图解决海外乡亲捐赠存在的主要问题。

第一节 海外乡亲慈善捐赠存在的问题

改革开放以来海外乡亲在广州的慈善捐赠存在的问题,具体表现在以下几个方面:政府在慈善事业中的职能和角色定位问题、捐赠项目的监管和可持续发展问题、慈善资源流向的不平衡问题、慈善捐赠机制和慈善效率问题等四个方面的问题,其中最主要的问题是捐赠项目的监管问题。

一、政府的角色定位不准

长期以来国家在慈善事业中占据了主导地位,政府成为慈善活动的组织者、参与者与管理者,而民间慈善组织只是作为政府的附属机构,慈善救助功能相关部门有限。"政府与民间组织的关系还没有摆正,具体表现为'三位':(1)'越位',即政府管了不少本该由民间组织负责的事情。(2)'缺位',即政府本该具有的职能却由于某种原因而弃之不顾。(3)'错位',即本该是政府负责的事,却让民间组织去管,造成主体错位。"[1]以海外

---

① 李芹:《试论民间组织的非营利性及与政府的关系》,《山东大学学报》(哲学社会科学版)2005 年第 3 期。

慈善资源的动员为例,侨乡对海外乡亲的慈善资源的动员主要依赖政府的行政驱动,甚至在一些地方或部门,对海外乡亲捐赠进行劝募和变相劝募的现象仍然存在,严重违背了国家和地方政府的政策,违背了海外乡亲自愿捐赠的意愿。《广东省华侨捐赠兴办公益事业管理条例》第五条明确规定:"捐赠必须遵循自愿原则。任何单位和个人不得违背捐赠人的意愿进行劝募、摊派。"虽然海外乡亲发动并捐资建立的侨乡基金会有些是公募性的基金会,但是这些公募性基金会与政府有着千丝万缕的关系,公募基金会在机构设置、人员编制、运作方式等方面更接近政府部门的附属机构,而且当地政府并没设立公募募捐资格限定制度,公募募捐的主体混乱,而事实上当地政府成为了这些公募基金会的最主要的募捐主体,政府在侨捐项目的捐赠管理上明显越位,这与政府在侨捐项目的行政监管职能定位不符。"慈善是民间资源,本质上只能是民间行为,理应由民间自觉自愿地去做、去发展,而不宜由政府去运作与实施。'民办'与'官助'是当代中国慈善发展的合理定位。"①

二、捐赠项目出现监管难题

海外乡亲慈善捐赠存在的主要问题是捐赠项目的监管问题。长期以来,侨捐项目权益受到侵害,问题主要在于对侨捐资产性质认识不清、缺乏监管法规、侨务部门监管缺位等,这给监管工作带来阻力。广州市的侨捐项目监管工作尽管取得了很大成效,但存在的问题也较多,主要体现在以下几个方面:

1. 监管制度不完善,操作性不强

尽管国家、广东省和广州市制定了一系列的侨捐法律、法规,但这些法律法规只是确定监管的大方向,没涉及具体问题。如 1997 年颁布的《广东省华侨捐赠兴办公益事业管理条例》、2005 年颁发的《广东省华侨捐赠兴办公益事业项目监督管理办法》和《关于在全省建立华侨港澳同胞捐赠公益事业项目监督管理制度的意见》并没有制订责任追究的相关具体可操作性条款,导致在实际具体的操作中往往遇到法律没有明确规定的情况,在具体落实上难以操作。其次,《广东省华侨捐赠公益事业管理条例》没有赋予侨务部门行政处罚权,侵侨案件发生后,侨务部门以行政调解为主,侨务执法难以推进。如对一些受赠单位不主动上报侨捐项目情况等缺乏可操作性的处罚等有效措施,在捐赠发生后,受赠单位没有主动上报,侨务部门仍不知情的现

①　周秋光:《当代中国慈善发展转型中若干问题辨析》,《齐鲁学刊》2013 年第 1 期。

象时有发生。一些地方发生侵犯侨捐权益的问题后,侨务部门去协调,但阻力重重,权力意识大过法律的约束力。又如对于侨捐基金的监管,由于基金不是固体或不动产,其运作处于不断的变动中,故给基金的监管带来一定困难。再次,对侨捐资产的性质缺乏准确定位。侨捐资产究竟是国有财产、集体财产还是单位财产,相关法律制度缺乏明确规定,如"《中华人民共和国公益事业捐赠法》规定公益性社会团体受赠的财产及其增值为社会公共财产,但对公益性非营利的事业单位捐赠财产的性质没有进行界定。"①法律制度的个别漏洞为某些人擅自变卖转让公益侨捐资产提供了可乘之机。

2. 监管意识缺乏,监管方式滞后

监管意识问题既存在于侨务部门,也存在于受赠单位。有些部门重受赠,轻管理,他们想方设法引进侨捐项目,甚至使用劝募手段,但是受赠后却缺乏监管意识,侨捐项目的"善后"和"保养"工作滞后,导致有些侨捐项目荒废。"有些单位和慈善组织使用华侨捐款不透明,管理不严格,没有制度,出现了挪用、侵占和对捐赠款项黑箱操作的现象,甚至出现所捐赠款物下落不明。"②因而大大伤害了海外乡亲的捐赠热情,侨捐项目的效能难以充分发挥。除此之外,监管部门往往是被动监管和事后监管,侨捐项目的监管方式滞后。

3. 监管主体缺位,监管职责没履行

1997年《广东省华侨捐赠兴办公益事业管理条例》第四条规定:"县级以上人民政府侨务工作行政主管部门负责对华侨捐赠事务实施管理和监督。"长期以来,各地侨务部门职能缺位,多是注重动员和接受捐赠,没有或很少实施管理监督职能,导致海外乡亲捐赠工作存在着不容忽视的问题。这些问题主要表现在:一是侵占、挪用、损坏以及转移捐赠资产。侨捐项目及其形成的资产,属社会公共财产,但是在现实中,有的单位和个人侵占、挪用、损坏捐赠资产,有的将国有和集体财产进行产权转让和抵押,导致侨捐资产损失或流失。二是浪费侨捐资源。侨捐资产有的由于年代久远,有些受赠单位没有及时维修,导致侨捐资产空置,有的没有合理分配侨捐资源,致使有的地方侨捐资源扎成一堆,有的急需侨捐资源的又得不到援助,造成侨捐资源的极大浪费,使其难以发挥出应有的社会效益。三是随意改变捐赠用途。有的单位和个人随意违背捐赠者的意愿,随意改变捐赠用途,损害

---

① 朱江、张康庄:《广东华侨港澳同胞捐赠财产管理存在的问题及解决建议》,《岭南学刊》2007年第5期。

② 朱江、张康庄:《广东华侨港澳同胞捐赠财产管理存在的问题及解决建议》,《岭南学刊》2007年第5期。

了捐赠者的合法权益,伤害了捐赠者的感情。四是侨捐项目管理混乱。有的受赠单位侨捐项目管理工作不透明,不公开,没有向社会公布侨捐项目的收益使用情况,没有或者不能及时向捐赠者反馈侨捐项目的使用情况,等等。因此侨务部门要切实履行好监管的职责,确保侨捐资源的合法管理与合理使用,使侨捐资源发挥出最大的社会效益。

4. 监管机制不健全,效力不足

侨捐项目的监管涉及面广,需要多个部门沟通协调,合力监管。侨务部门是侨捐项目监督的主体,但各行业的业务主管部门也有监管责任。除了政府监督之外,还应包括独立的专业团体监督(如审计团体、会计团体、评估团体等)、行业协会监督、媒体与公众的监督以及慈善机构的自我监督。然而侨乡部门在对侨捐项目监管过程中,缺少与业务主管部门的联动,尤其是缺少与专业团体、行业协会等的联动,导致社会监督并没有真正发挥作用,监管的效力不足。政府与社会的监管只有实现联动,侨捐项目的监管才会取得更大的成效。

三、慈善资源配置效率低下

从改革开放以来海外乡亲在广州捐赠的项目来看,慈善资源配置效率低下导致了慈善资源浪费现象严重。慈善资源为何配置效率低下,笔者认为,原因主要有以下三点:

一是慈善捐赠的无组织化状态影响了慈善效率。现代慈善建立在组织化、制度化的基础之上,海外乡亲在中国的慈善捐赠正处在传统慈善到现代慈善转型的过程中,无组织的捐赠仍然存在,尤其是在乡村侨乡这种情况更为明显。有些海外乡亲对侨乡民众的需求并不了解,他们对乡村侨乡的捐赠大多基于个人的道德义务感,是个人道德理想发挥作用的结果。海外乡亲对都市侨乡的捐赠大多基于对中国公共生活的道德责任感,在行动的发生上基本出于组织化状态,在行动的动力上基本依赖社会公德,是组织化和制度化推动的结果。因此,相对于都市侨乡,乡村侨乡更多的是一种无组织的志愿者行动,只能是一种分散而效用低下的行动。"无组织的志愿者行动,只能是一种分散而效用低下的行动,它不足以显示作为现代活动方式的志愿者行动的普遍价值与意义。具有组织性的志愿者活动,则可以通过组织的力量,既使得志愿者的力量形成集合性的状态,而显示出较高的效益。"[1]有些地方为

---

① 任剑涛:《道德理想组织力量与志愿行动——简论志愿者行动的动力机制》,《开放时代》2011 年第 1 期。

了争取更多的海外乡亲的慈善资源,盲目地进行劝募,尽管取得了最大的利益,但是影响了整个社会的慈善资源配置,慈善资源配置的效率仍然低下,因此,"慈善资源动员的效率机制不是取决于利益最大化的理性选择,关键是如何确保该组织能有效地履行其受托人职责和资源代管职责,确保捐赠资源受到保护并被审慎使用于符合该组织所申明的和预期的目标,以此赢得捐赠者、合作伙伴和受助者的充分信赖,放心捐出资源并参与,我们可将其称带来信任资本的'责任'。"①

二是慈善捐赠的同质性过高造成了慈善资源配置的效率低下。从捐赠领域来看,海外乡亲捐赠大多集中在教育、医疗、文化体育等,而科技、环保、治安等捐赠较为缺乏。从捐赠的钱和物来看,捐赠的物品大多数是设备和消耗性物质,捐赠的钱基本上是现金,捐资设立基金的较少。从捐赠来源来看,大多数以个人捐赠为主,以企业和基金会、慈善会捐赠的较少。因此,较为集中的捐赠领域、较为单一的慈善捐赠来源,导致海外乡亲的慈善捐赠难以满足侨乡民众多样化的慈善需求。"一方面,在一些公共服务领域慈善组织相对于政府并不具有优势,慈善资源的大量投入,反倒会造成一种'溢出效应',对社会整体福祉的增加有限;另一方面,慈善发展过高的同质性,实际上抹杀了慈善组织以及慈善事业最富活力和生命力的特征。"②

三是政府职能的角色偏差导致了慈善资源配置的效率低下。在海外乡亲的慈善捐赠中,有很多项目政府成为了慈善捐赠的募捐者、受赠者、管理者,成为了慈善资源分配的主体。个别地方政府对慈善事务大包大揽,导致慈善资源浪费严重,慈善效率低下,而民间慈善组织却没有成为资源分配的主体。"政府在慈善组织中的这种角色偏差,不仅淡化了慈善事业的民间性质,还降低了慈善资源的利用效率,最终阻碍慈善事业的健康和快速发展。"③

四、慈善资源流向不平衡和侨捐项目缺乏可持续发展

改革开放初期,由于对侨捐项目缺乏统筹规划和合理的引导,慈善资源流向不均衡,从地域来看,重点侨乡和侨校侨务资源丰富,这些地方获得的捐赠项目数量多,金额多,但是随着社会的发展,捐赠项目的流向日益暴露出一些新问题,这些地方出现了捐赠资源闲置浪费的现象,侨资效益难以发

①　朱力、龙永红:《我国现代慈善资源的动员机制》,《南京社会科学》2012 年第 1 期。
②　刘杰、袁泉:《转型期我国慈善事业发展的困境及路径选择》,《江海学刊》2014 年第 3 期。
③　高圆圆、王武林:《中国政府在慈善事业中的角色定位》,《贵州大学学报》(社会科学版) 2010 年第 1 期。

挥。以广州市花都区花山镇为例,花山镇是广州市的重点侨乡之一,共有海外侨胞7万多人。据笔者调查,从1983年至2004年,花山镇教育投入总额13926.62万元,海外乡亲捐赠6426.24万元,占46.14%。花山镇目前有26个行政村、1个社区居委会,海外乡亲捐赠花山镇教育涉及17个行政村,占花山镇整个行政区域的62.96%。"据统计,全镇19所公办中小学,就有14所接受过华侨捐资,占中小学总数73.7%。以华侨名字命名的学校有邝维煜小学、福铰小学、日鎏小学、思明小学等。"①海外乡亲在花山镇平山村一个村就捐建了观明小学、近月小学、思明一小等三所小学。在海外乡亲的大力支持下,2005年花都区花山镇就通过了广东省教育强镇督的导评估验收。的确,海外乡亲的捐赠在改革开放初期有力地促进了花山教育的发展,但是由于当地政府缺乏对侨捐项目的引导和教育发展布局的长远谋划,随着中小学校整体布局的调整,花山镇的侨捐学校有些被合并、关闭,从而导致了侨捐资源的闲置浪费。因此,"如何在保护、活化中取得平衡,物尽其用、扬长避短,让闲置学校也能焕发'第二春',成为了亟待解决的问题"。②从领域来看,教育、工农业生产、医疗卫生是海外乡亲捐赠的重点领域,而科技、环保领域的捐赠投入明显不足。海外乡亲对家乡的捐赠更多的是基于桑梓情怀,基于家乡对善款的需求,侨乡的社会需求决定了海外乡亲捐赠的流向。因此,侨乡政府应在充分尊重海外乡亲捐赠意愿的基础上,深入做好对捐赠项目的统筹规划和合理引导工作,鼓励、发动海外乡亲将捐赠资金更多地投入到侨乡最紧缺的领域、最急需的人群,最大限度地发挥捐赠项目的经济效益和社会效益。

捐赠项目缺乏配套资金,导致捐赠项目出现可持续发展问题。海外乡亲在广州侨乡的有些捐赠项目要求地方政府进行资金配套,但是有些地方政府由于财政拮据,配套资金不到位,导致侨捐工程不能按期完成。有些侨捐项目即使建成了,但后期维护资金缺乏,难以可持续发展,尤其是闲置的侨捐项目如何维护、管理和利用成为困扰地方政府的难题。"这些闲置学校如何管理,近年来一直困扰着各地侨乡。一些地方没有费用维护、管理这些校产,擅自将学校改建成养鸡场、养猪场或家庭作坊,甚至还出现过华侨捐建的大厦被拿去银行抵押或转卖的情况,引起华侨不满。"③显然,这些问题已侵犯海外乡亲的合法权益问题,既影响到海外乡亲对侨乡政府的信任

① 罗太良:《侨乡教育谱新篇——花山镇创建教育强镇纪实》,《花都乡音》2005年第4期。
② 张红、刘书含:《别让侨捐学校闲置伤了侨胞心》,《人民日报》(海外版)2016年6月1日。
③ 林旭娜、林亚茗:《450亿侨捐管理考验广东智慧》,《南方日报》2010年11月5日。

度,又影响项目效益的发挥。

第二节　发展海外乡亲慈善捐赠事业的政策研究

"根据社会互构论的基本观点,'国家与社会'是相辅相成的,政府、市场与社会三者应当是'合作的三维'。"①海外乡亲捐助的慈善组织是中国慈善事业的社会力量之一,要促进海外乡亲捐赠事业在中国的发展,就需要调整国家、市场和社会的关系,积极发挥行政力量、市场力量和志愿互助力量的合力,实现政府、市场与社会的相互形塑、同构共生,从而避免"政府失灵""市场失灵""社会失灵",需要大力拓展中国的慈善格局,推动社会治理的转型,使行政化慈善、市场化慈善和社会化慈善形成共生局面,使社会治理由政府的管控治理向多元治理转变。针对海外乡亲慈善捐赠存在的问题,本节从政府、市场和社会三个方面提出发展海外乡亲慈善捐赠事业的政策建议。

一、准确定位政府角色,完善捐赠制度

2016 年我国颁布《中华人民共和国慈善法》,其中第四章第三十五条明确规定"捐赠人可以通过慈善组织捐赠,也可以直接向受益人捐赠",可见,我国的慈善事业正在以政府为动员主体的计划慈善逐步向以慈善组织为动员主体的公民慈善转型,行政化的慈善组织逐步向民间化、专业化的慈善组织转变。政府应确立好在慈善事业中职能定位,"要从直接管理转到间接管理,从具体事务性管理转到政策法规管理,从行政隶属管理转到行业管理。"②具体来说,政府应从以下几个方面做好海外乡亲慈善捐赠工作:

（一）完善侨捐政策法规,健全监管制度

建立和完善捐赠的政策法规是政府履行管理职能的主要工作,政府这一职能应主要从三个方面展开:

第一,完善慈善法等相关法律政策的配套措施,夯实侨捐项目监管的法律基础。改革开放以来,国家制定了一系列的慈善事业法律法规,如《中华人民共和国红十字会法》(1993 年)、《中华人民共和国公益事业捐赠法》(1999 年)、《社会团体登记管理条例》(1998 年制定,2016 年修订)、《民办

---

① 杨敏、高霖宇:《社会互构论视野下的民间力量与社会和谐》,《天津社会科学》2011 年第 2 期。
② 吴玉韶:《全面推进社会福利社会化》,《民政论坛》1999 年第 4 期。

非企业单位登记管理暂行条例》(1998年)、《基金会管理条例》(2004年)、《基金会管理条例(修订草案征求意见稿)》(2016年)、《中华人民共和国个人所得税法》(2005年)、《中华人民共和国企业所得税法》(2007年)、《中华人民共和国慈善法》(2016年)、《境外非政府组织境内活动管理法》(2016年)、《关于公益股权捐赠企业所得税政策问题的通知》(2016年)、《中华人民共和国民法总则》(2017年)、《志愿服务条例》(2017年)、《关于公益慈善事业捐赠个人所得税政策的公告》(2019年)、《民法典》(2020年)。这些法律法规和通知条例确立了捐赠的基本法律规范,但个别方面仍然与慈善事业发展的需要不相适应,需要从法律法规上做进一步的完善。

第二,修订完善或出台新的华侨捐赠法规,制定华侨捐赠服务、监管和奖励、优惠等的配套政策。改革开放以来,国家专门针对海外乡亲捐赠颁布了有关法律法规,各地也相继出台了一系列的海外乡亲捐赠管理和保护的地方性法规和规章,但这些法律法规明显滞后于当前形势发展的需要。例如1997年广东省制定了《广东省华侨捐赠兴办公益事业管理条例》,2014年广东省第十二届人民代表大会常务委员会第十二次会议对之进行了修订,但是此次修订只是将第八条中的"确需改变原用途的,应当事先征得捐赠人同意,经当地县级以上人民政府侨务工作行政主管部门审核,报同级人民政府批准"修改为"确需改变原用途的,应当事先征得捐赠人同意",将第十三条中的"经当地县级以上人民政府侨务工作行政主管部门和同级税务部门确认后"修改为"按照国家有关规定确认后"。① 随着《中华人民共和国慈善法》和《中华人民共和国民法总则》的出台,华侨捐赠法规应及时修订,以使之与这两个大法相协调。

第三,健全侨捐项目监管制度,增强侨捐项目监管的可操作性。广东省2005年制定了《广东省华侨捐赠公益事业项目监督管理办法》和《关于在全省建立华侨港澳同胞捐赠公益事业项目监督管理制度的意见》。"《意见》强调了要建立侨捐项目监督管理的六项制度,即改变用途报批制度、受赠单位问责制度、审核备案制度、信息化管理制度、年度检查制度、公示制度。"② 实际上,还可以设立募捐机构资格限定制度、登记备案制度、档案保留时限制度、档案移交制度等以进一步完善侨捐项目监管制度。另外,需进一步细

---

① 《广东省人民代表大会常务委员会关于修改〈广东省促进科学技术进步条例〉等十项地方性法规的决定》, 2014 年 11 月 27 日, http://news. sina. com. cn/c/2014 - 11 - 27/040031208612.shtml。

② 《广东侨办建立侨捐项目六项监管制度》, 2005 年 11 月 22 日, 见 http://www.gqb. gov. cn/news/2005/1122/1/152.shtml。

化侨捐项目监管制度的相关规定,如关于受赠单位问责制度,如何追责、追究的是什么样的责任,是行政责任还是刑法责任等,以增侨捐项目监管的可操作性。

(二) 明确侨捐项目监管主体,完善侨捐项目监管机制

侨务部门是侨捐监管的执法主体,依法加强对侨捐项目的指导、监督、检查,是侨务部门履行管理职能的一项重要工作。《中华人民共和国公益事业捐赠法》第二十条规定:"县级以上人民政府侨务部门可以参与对华侨向境内捐赠财产使用与管理的监督。"长期以来,各地侨务部门职能缺位,多是注重动员和接受捐赠,没有或很少实施管理监督职能,导致华侨捐赠工作存在着不容忽视的问题。

侨务部门虽然是侨捐项目的监管主体,但要发挥好侨捐项目的监督管理工作,必须要完善侨捐项目监管机制,整合多方力量,形成监管合力。监管机制的完善需要实现三个联动,一是侨务部门与其他业务部门的联动。"业务主要从法规层面和行政层面对侨捐项目实施监管。与侨务部门相比,业务主管熟悉行业业务,有利于出台管理办法,对侨捐项目使用管理维护进行详细的规定。"[1]侨捐项目涉及社会各个层面,需要建立各监管部门间的协调机制,实现侨务部门与其他部门的联动,形成监管合力,实现主管部门的"条"与属地管理的"块"相结合。二是侨务部门上下级之间的联动。镇、街、村等基层单位是大量侨捐项目的分布地区,对这些地区侨捐项目建设、管理、维护等进行监管,直接关系侨捐项目监管制度的成效。侨捐项目及其监管是各级侨务部门联系协作的纽带,从侨捐项目监管工作的部署、调研的开展,到问题的讨论和解决,都需要上下协商合作,只有这样,才能提高监管效率,减少监管难度。因此,要形成省、市、县(区)、镇(街道)、村五级侨捐项目监管工作网络,实现侨务部门上下级之间的联动,确保监管制度本固基强。三是侨务部门与专业团体、行业协会、媒体、公众(包括捐赠者)与慈善机构的联动。正如学者苏洪梅所言,"由侨务部门、侨捐项目业务主管部门、行业协会、地方政府等联合组成一个多层次的监管网络,能够有效覆盖侨捐项目监管的领域,避免监管漏洞、重复监管等不利情况发生,逐步构建高效、透明监管体系"。[2]

---

[1]　苏洪梅:《侨捐项目监管体系研究——以泉州市为例》,华侨大学 2014 年硕士学位论文,第 33 页。

[2]　苏洪梅:《侨捐项目监管体系研究——以泉州市为例》,华侨大学 2014 年硕士学位论文,第 36 页。

（三）解决涉侨热点和难点问题，突破管理瓶颈

随着改革的深入，侨捐项目的管理会不断出现新问题，从目前情况来看，海外乡亲的捐赠项目的管理有以下几个方面的热点和难点问题需要解决：

一是公益事业和企业混合在一起的。如番禺的宝墨园，侨捐财产和国营资产混合在一起，需要研究处理。二是既是捐赠者，又是受赠者的现象，如侨胞在海外以团体的名义捐赠到国内，在国内又由这些人成立机构来接受捐赠，这也需要好好研究。三是要研究基金会的运作机制，如政府部门设立的基金会中侨捐基金的监管。四是不带公益性的侨捐项目的监管。有些侨捐项目是不带公益性的，华侨华人捐给某个单位用于办公的，这不是公益项目，怎么管理，需要进一步研究。五是不但要保护捐赠人的利益，也要维护受赠单位的利益，要防止受赠单位主管部门侵害受赠单位的利益。六是要防止公共财产潜形转移。七是要防止捐赠项目公益性质的异化和淡化。八是预防捐赠项目的公益浪费，注意引导捐赠方向。①

（四）培育捐赠环境和捐赠文化，拓展捐赠群体

切实加大宣传力度，尤其是要加强对海外乡亲的宣传，使他们进一步了解捐赠人的权利，明确捐赠人的合法权益，加强跟踪服务，激发海外乡亲捐赠兴办医疗卫生事业的热情。要充分发挥侨联、侨办的桥梁作用，积极主动地加强与海外社团、基金会、慈善会的联系，充分发挥社团、基金会等社会组织的作用，拓宽捐赠渠道，尤其是充分发挥老一辈海外乡亲传帮带作用，争取更多的海外乡亲的后裔加入到捐赠群体中来，拓展捐赠群体。培育海外乡亲的慈善共识，让他们把个人的道德义务感和对祖国的道德责任感相结合，使他们相信他们的慈善捐赠是增进中国社会福祉、促进中国经济和社会发展的有效途径。

二、以市场机制为目标，优化海外乡亲捐赠机制

慈善事业是建立在社会捐赠基础上的民营社会性救助事业，因此，作为民间的公益事业，必须坚持民办本色。"对我国而言，尽管特定的社会背景与传统习惯使慈善事业需要借助官方的直接支持，但支持慈善事业的自愿原则和民办本色，让官方化或半官方化的慈善事业还原成民办慈善事业，既是慈善事业的内在要求，也是在市场经济条件下实现'小政府、大社会'目

---

① 参见吕伟雄：《历史性的议题：建立侨捐项目监管制度》，见 www.ob-news.net。

标的内在要求,从而已经显得十分必要。"①

　　长期以来国家在海外乡亲的慈善捐赠活动中,既是组织者,又是参与者和管理者,对于海外乡亲在侨乡的慈善捐赠往往采取行政手段的办法,没有充分利用市场机制。海外乡亲在侨乡的慈善事业是我国慈善事业的重要组成部分,它在本质上是以完善社会保障体系为核心的民间公益事业,虽然不能走向市场化,但是可以在坚持为公众利益服务的宗旨下,充分利用市场机制,发挥市场对慈善资源配置的基础性作用,促进海外乡亲慈善事业的良性发展。"对于市场机制的利用和对效率的追求,同样应当成为公益事业运行机制过程中必须追求的基本目标,并且是其可持续发展的前提条件。"②

　　(一) 建立市场化的募捐机制

　　目前海外乡亲在侨乡大多利用参加庆典活动、纪念活动、传统节日活动、校友会、宗亲会活动等进行捐赠,捐赠带有"临时性",缺乏"常态化",因而从长远的角度看,这种方式不利于海外乡亲慈善事业在侨乡持续健康地发展,因此,在募捐方式上要建立市场化的募捐机制,变"运动式"募捐为"市场化"募捐。

　　实行市场化的募捐,首先要确立募捐的主体,慈善事业既然是民间公益事业,那么募捐的主体应该是慈善组织,侨务部门与慈善组织的关系应是一种伙伴关系,侨务部门官员只是为捐赠穿针引线,配合慈善组织募捐。实行市场化的募捐,要创新募捐的理念,善于"引入市场营销的理念,将慈善事业作为一种特殊的道德商品来推销"③。可以把侨捐项目看成是一种特殊的商品,主动地向海外乡亲推出困难群众最需要、政府最关心、可持续发展的"精品项目",以"品牌效应"吸引海外乡亲。实行市场化的募捐务必要采取自愿原则,对海外乡亲的捐赠积极地引导和吸引,在引导的同时要注意把握好引导工作的分寸,避免变成对海外乡亲的劝募。实行市场化的募捐,要实行市场营销的策略,建立激励机制,给予捐赠人适当的非物质的回报,例如可以采取授予捐赠人荣誉、为他们立碑、给予他们适当的礼遇、将侨捐项目冠上捐赠者个人或者家族的名字、将捐赠事迹进展室和博物馆等方式表彰捐赠人,从而提高他们捐赠的积极性。要扩大募资渠道,拓宽募资形式,"学习和运用商业化筹款的方法和技巧,用形式多样的'促销活动'筹募资

　　① 郑功成:《科学发展与共享和谐——民生视角下的和谐社会》,人民出版社 2006 年版,第317 页。
　　② 郑功成:《构建和谐社会——郑功成教授演讲录》,人民出版社 2005 年版,第 515 页。
　　③ 郑功成:《科学发展与共享和谐:民生视角下的和谐社会》,人民出版社 2006 年版,第341 页。

金,用良好的项目策略和包装推动筹款,形成一套可持续发展的运营机制"。① 此外,还要确立效益成本观念,在侨捐资金的募集以及侨捐项目的实施过程中要精打细算、堵塞漏洞,减少运行成本。

（二）建立市场化的运营机制

海外乡亲在侨乡捐资设立了众多的慈善基金会,这些慈善基金会应该建立市场化的运营机制,对资金管理要保值、增值。慈善事业发达的国家一般都采取措施让资金保值、增值。"据英国慈善援助基金会信托投资部经理歇尔介绍:通常的做法是把基金分为两部分,一是限制资金（国内叫定向捐赠）,另一个是非限制资金,以便于操作。从1989年开始,该基金会就把基金投身证券和股票市场,积累了一些经验。"②美国公司基金会的投资范围也相当广泛,"包括购买股票、进行房地产投资,甚至可以开办信贷业务、投资实体等,以赚取大量免税资本收益"。③ 因此海外乡亲在侨乡设立的慈善基金会可以借鉴慈善事业发达国家基金会投资运作的方式,聘请金融方面的专家成立资金管理委员会,专门研究和负责基金的投向。总之,在确保慈善基金安全的前提下做到慈善基金最大限度地增值。

（三）建立市场化的监督、反馈与问责机制

"慈善资金是一种公共资源,作为公共事业的管理者,有时甚至是直接的供款者,政府理应介入慈善事业的管理,履行合法的监督职能。"④侨捐项目的监督除了政府相关部门监督之外,还应包括独立的专业团体监督（如审计团体、会计团体、评估团体等）、行业协会监督、媒体与公众的监督以及慈善机构的自我监督。侨务部门只是监督的主体之一。然而在现实上,目前对侨捐项目主要是由政府侨务部门监督,其他监督处于缺失状态。因此,需要建立由政府部门、行业协会、独立的专业团体及捐赠人、舆论界等多层次的,从上到下的社会化监督体系,需要建立从侨捐项目的选址、立项、审批到经费的监管及项目的验收全过程的监督机制。建立反馈机制是海外乡亲在侨乡慈善事业健康有序发展的前提条件。海外乡亲长期居住在海外,他们捐赠之后对侨捐项目的使用、管理并不了解,因此要形成反馈机制,及时

---

① 李刚:《当前慈善工作面对的问题和需要处理的几对关系》,载卢汉龙主编:《慈善:关爱与和谐》,上海社会科学院出版社2004年版,第242页。

② 周静波:《慈善基金的募集与管理》,载卢汉龙主编:《慈善:关爱与和谐》,上海社会科学院出版社2004年版,第252页。

③ 吴汉军:《美国公司基金会对中国的启示》,《武汉科技大学学报》（社会科学版）2004年第2期。

④ 郑功成、张奇林、许飞琼:《中华慈善事业》,广东经济出版社1999年版,第131页。

引导和联络捐赠人,加强对捐赠人的信息通报,经常向捐赠人反馈侨捐项目情况或救助对象的情况,协助捐赠人参与捐赠全过程的监督,增加侨捐项目的公开透明度。建立问责机制是海外乡亲慈善事业发展的重要条件。受赠单位受赠侨捐项目后,有义务使用、管理和维护好侨捐项目,"如侨捐项目管理不善,侨捐资产被流失,侨捐项目的非营利性质和公益事业用途被改变,任何单位和个人都可以说'不',都可以向侨务部门、政府有关部门、受赠单位主管部门举报,媒体可以对其曝光"①,侨务部门可以对受赠单位进行问责。"问责应该在三个层面展开,一是向政府管理部门交代,二是向社会公众交代,三是由独立的评估机构作出分析和评价。"②

（四）建立市场化的救助机制

海外乡亲在侨乡的捐赠有定向捐赠和非定向捐赠,定向捐赠的钱物都要按照海外乡亲的意愿用于指定的领域和受赠者,非定向捐赠的钱物捐给侨乡政府或者慈善组织后,应按照市场化的救助机制进行资助。对项目的实施要深入调查、论证、评估、核算,合理分配慈善资源,使慈善资源用到最紧缺的领域和最需要的人群。"要成立专家队伍,从资助领域、项目计划、考察项目意向书到资助文件的形成,再到项目的具体实施、跟踪管理,以及项目完成后的评价反馈,形成一个闭环管理系统,对项目资助进行严格的程序管理。"③

三、以社区需求为基础,合理引导海外乡亲捐赠

海外乡亲在捐赠前其实对侨乡的情况并不是很了解,他们对侨乡的捐赠很大程度上是出于一种关心桑梓的情怀,再加上侨务部门缺乏统筹规划和正确的引导,导致一些地方侨捐项目出现布局和选址欠妥、重复建设、捐赠效益不高与捐赠资源浪费的现象。这就需要侨务部门要加强侨捐项目的区域引导和行业引导,及时把侨乡急需资助的项目信息和详细情况传达给热心公益事业的海外乡亲,使他们及时准确地了解侨乡情况。

如何对海外乡亲的捐赠做好统筹规划和合理引导,笔者认为,首先,以合理设置海外乡亲慈善捐赠的引导机制为前提,最大限度地满足海外乡亲的个人合理诉求。海外乡亲的慈善捐赠不仅仅是利他主义的行为,还包括

---

① 卢大海:《改革开放以来广东侨捐项目监管研究》,暨南大学 2008 年硕士学位论文。

② 孙克勤:《慈善事业与政府社会救助衔接发展研究》,载上海市慈善基金会、上海慈善事业发展研究中心编:《转型期慈善文化与社会救助》,上海社会科学院出版社 2006 年版,第 38—39 页。

③ 施昌奎:《北京慈善事业运营管理模式》,中国经济出版社 2008 年版,第 159 页。

其他各种各样的私人欲望和动机。"在现今的市场经济制度下,富人的'慈善'其实也是出于自我利益,在协助政府维持社会和谐的同时,也维护了精英阶层的利益。"①在中国传统文化观念中,"私"在正统的意识观念中始终受到鞭挞,"崇公抑私"成为了中国文化的重要内容。只要海外乡亲的慈善捐赠能够促进中国社会的公平与正义,能够促进民众和社会的利益,我们就要最大限度地满足他们个人的合理诉求,真正做到"尚公重私"。因此,"完善兼容并包和自由平等的公共领域,促进私人利益和公共利益的有机统一,增进私人领域与公共领域的共生共荣,实现公民社会与国家政权的良性互动,便显得尤其必要和迫切"。② 其次,以促进侨乡社会的公正和正义为归旨,最终实现侨乡社会公益事业的发展。鼓励海外乡亲突破地缘限制和个人偏好,积极引导他们把钱和物捐向侨乡最需要的地方、最紧缺的领域、最急需的人群,努力使捐赠人的意愿与侨乡的需求相结合,使侨捐项目符合侨乡社会发展的总体规划,最大限度地发挥侨捐的经济效益和社会效益。三是以社区的需求为基础,积极引导海外乡亲捐赠深入社区。社区是城市的基层组织,社区建设是中国社会建设的切入点,"慈善事业社区化是慈善事业社会化的前提、基础和捷径,也是适应中国国情逐步推进慈善事业社会化与规模化的最有效方法之一"。③ 因此,发展海外乡亲慈善捐赠事业应以社区的需求为基础,在慈善事业社区化的基础上实现慈善事业的社会化。

（一）海外乡亲的慈善事业与侨乡社区建设的契合

1.中国社会转型与侨乡社区对海外乡亲慈善的呼唤

党的十四大提出建立社会主义市场经济体制以来,我国的经济改革不断深入,产业结构调整明显加快,政府的财政负担过重。中国社会的转型导致了政府职能的转变,为了减少财政负担,政府迫切需要将原先大量由政府办的事情转交给社会,"引入市场机制,突出社区和家庭的作用,将社会保险救助化,社会救助、社会福利社区化,可能会被将来的实践证明是符合中国国情的一条路子"。④ 中国社会的转型为海外乡亲在侨乡社区的慈善事业提供了时代契机。

再且,改革开放以来,随着经济的增长和社会结构的转型,社会成员尤

---

① 陈志明:《人类学与华人研究视野下的公益慈善》,《中山大学学报》(社会科学版)2013年第4期。
② 关晓丽、刘威:《从"崇公抑私"到"尚公重私"——中国公私观转型视界中的公民精神培育》,《道德与文明》2009年第2期。
③ 高灵芝:《论慈善事业的社区化与社会化》,《社会科学研究》2004年第3期。
④ 杨团:《中国的社区化社会保障与非营利组织》,《管理世界》2000年第1期。

其是特殊社会群体对福利性和公益性服务的需求日趋多元化,政府部门难以满足社区居民日益增长的对福利和公益服务的需求,人们对单位的依赖逐渐转向对社区的依赖。目前,社区也越来越成为人们的利益共同体,越来越成为各种社会问题和社会需求集中反映的场所。"比如,老龄化问题、相对贫困和绝对贫困问题等,这些社会转型期的深层次社会问题,都在呼唤着基层社区慈善组织的诞生和发展,发挥慈善组织特有的功能,从源头上稳定社会。"①居民对社区公益服务的迫切需求呼唤着海外乡亲的慈善参与。

2. 侨乡社区建设与海外乡亲慈善理念的吻合

社区文化的核心是志愿和奉献。海外乡亲长期以来在侨乡敬老爱幼、扶贫济困、助人为乐、志愿奉献,他们的慈善理念与"以人为本、互助互利、奉献爱心、民主自治"的社区原则是相吻合的。1995 年,联合国发布了《通过社区发展促进社会进步》文件,提出了社区发展的 10 条基本原则,其中第 9 条基本原则是在社区发展中应充分利用地方的、全国的与国际的民间组织资源。关于我国城市社区建设,《中共中央办公厅、国务院办公厅关于转发〈民政部关于在全国推进城市社区建设的意见〉的通知》明确提出了 5 项主要原则,其中第 2 条原则是资源共享,共驻共建,也就表明在城市社区建设中可以利用一切资源,实现社区资源的共有、共享。可见利用一切资源(包括海外乡亲慈善资源)发展社区与社区建设与发展的原则是相吻合的,它既是国际上社区的通常做法,也是我国城市社区建设的内在需求。

3. 侨乡慈善事业社区化与海外乡亲慈善的心理倾向的契合

"所谓慈善事业社区化,概括地讲就是把慈善事业与我国社区发展结合起来,以社区为基础,把捐助者、社会中介组织与受益人有机结合成为一个慈善网络,以实现慈善事业的最优化发展。"②慈善事业社区化需要以社区慈善组织为依托,由它们提供各种慈善资源和慈善服务,满足居民对公益服务的需求。

海外乡亲由亲及疏、由近及远的慈善心理倾向为侨乡慈善事业社区化的实现提供了可能性。海外乡亲深受中国传统慈善文化和五缘文化的影响,故土情结、地缘观念根深蒂固,因此他们在侨乡的慈善事业往往以祖籍地为根基,然后不断突破地域范围向其他社区扩展,直至延伸到侨乡、非侨乡。这种由亲及疏、由近及远的慈善的心理倾向正是当前侨乡慈善事业社

---

① 于学廉、吴凤华、倪凯林:《2000 年中国慈善事业研究报告》,载时正新主编:《中国社会福利与社会进步报告(2001)》,社会科学文献出版社 2001 年版,第 165 页。

② 李宝梁:《我国慈善事业社区化发展探析》,《学术交流》2007 年第 3 期。

区化发展的良好机遇。尽管他们不是侨乡社区的社会成员,但是他们与侨乡社区有血脉渊源,他们与侨乡的亲属有直接或间接的联系,因此,在心理上他们已把自己看成是侨乡社区的成员。正如郑功成教授所认为的那样:"多数捐献者往往在心理上更倾向于为本社区的社会成员捐献,慈善机构亦往往认为在本地区实施救助项目更易成功,这可以称之为慈善事业由近及远的邻舍或社区效应,它较慈善事业产生时期的家族效应是一种进步,但离高度发达的社会化又还存在着一定距离。可见,慈善事业在追求较高层次的社会化过程中,应当首先立足本地化、社区化,即社区化应当成为慈善事业的基本目标,超越社区的较高层次的社会化则是慈善事业的较高目标。"①

（二）侨乡社区慈善组织的特点与功能

1. 侨乡社区慈善组织的特点

在侨乡发展海外乡亲的慈善事业之所以以社区为依托,主要原因在于社区慈善组织来自民间,扎根于社区,最接近社区居民,能够及时地回应来自社区弱势群体的需求,能够及时地满足不同群体的多元化需求,能够更有效率地提供比政府品质更高、费用更低的服务,因而具有反应的敏捷性、服务的大众性、分配的公平性、成本的低下性、运转的高效性等特点。

2. 侨乡社区慈善组织的功能

社区的慈善组织在社区内的任务是满足社区居民的福利和公益服务的需求,作为社区非营利组织,具有如下主要的功能:"维护社区治安与各种秩序,维护社区环境,使社区居民安居乐业—安全的功能;保持社区原有的特征,保有社区的凝聚力,对社区资源进行组合与分配—生存的功能;进一步开发社区资源,使社区能够通过与外界的不断交流,持续地满足社区居民不断增长的需要,创造属于解决社区面临的各种问题—发展的功能。"②以美国为例,美国的慈善基金会主要分为独立基金会、项目运作基金会、公司基金会、社区基金会等四大类基金会,而其社区基金会成立时间早,1994年美国就成立了全美最早的"克得夫兰社区基金会","它是一个免税的、非营利的、自治的、公众支持的慈善机构。社区基金会的资金来源是多样化的,主要来自个人、企业、单位的遗赠或捐赠。具有明显特征的是,社区基金会的资金大部分服务于本社区,通常不像其他基金会将捐助范围置于全国乃

---

① 郑功成:《科学发展与共享和谐——民生视角下的和谐社会》,人民出版社2006年版,第310页。

② 杨团:《中国社区非营利组织发展的研究报告》,载时正新主编:《中国社会福利与社会进步报告(2000)》,社会科学文献出版社2000年版,第379页。

至全世界。它的工作方式是一边筹款,一边资助社区的公益事业"。① 由于社区服务需求巨大,美国的社区基金会发展迅速,"目前全美有社区基金会600多个,其资金总额约为230亿美元,2001年,捐助教育、卫生、环境、艺术和社区救助方面的数额高达26亿美元"。② 社区基金会在美国发挥着重要作用,大到解决政府有关部门解决不了的问题,小到帮助解决社区一些小的、零散的事情。

目前,我国的天津、上海、广州、江西等省市一些慈善事业发展较快的地区已经有不少乡、镇、街道,甚至村(居)成立了基层社区慈善组织,"在天津红桥区就有16个,在上海浦东区、广州荔湾区也有。不仅城市有,农村也有,江西赣南就建立了149个县级和乡镇级慈善会。其共同的特点,是为了满足本社区的特殊困难群体的需要。"③社区慈善组织的成立,丰富了我国慈善救助的网络体系,激发了社区民众的道德回归,促进了社区的和谐与安定。

（三） 发展社区慈善事业的举措

1. 以社区需求为基础,对海外乡亲的捐赠进行统筹规划和合理引导

侨乡社区应把本社区的慈善需求上报侨务部门,侨务部门在调研核实的基础上,按照各个社区需求的侨捐项目所属行业、领域与紧急程度对各个社区的需求进行排序,选出每个行业和领域中的优先项目,然后在遵循海外乡亲个人意愿的基础上,统筹规划和合理引导海外乡亲的捐赠。为了充分挖掘、利用社区资源,促进社区的可持续发展,侨乡社区可将海外乡亲的慈善事业纳入社区服务体系,根据社区的需求,有目的、有计划地开拓海外乡亲的慈善资源。"把慈善事业纳入社区服务体系,从组织形式上也为改善社区弱者的群体生活提供了得力保障,从整体上提高社区的福利水平;从更深的层次看,两者有机结合,还有更深刻的文化和道德意义。"④

2. 大力引导海外乡亲在社区设立或者资助慈善组织

"慈善事业社区化的重要内容之一就是将慈善建立在社区发展基础之上,使社区成为整合慈善资源和慈善服务的基层组织。"⑤慈善组织是社区发展的助力器,其发展应以社区为依托。目前,就全国而言,社区慈善组织发展明显滞后,专门从事慈善事业的社区慈善组织很少,远远不能满足慈善

---

① 欧春荣:《美国基金会:历史与作用》,吉林大学2004年硕士学位论文。
② 朱世达:《美国市民社会研究》,中国社会科学出版社2005年版,第215页。
③ 杨团:《中国慈善机构一瞥》,《中国社会工作》1998年第1期。
④ 杨团、葛道顺:《和谐社会与慈善事业》,社会科学文献出版社2007年版,第314页。
⑤ 徐丽敏:《关于我国慈善事业社区化发展的几点思考》,《前沿》2007年第1期。

事业社区化的发展需求。海外乡亲在侨乡往往采取的是捐资成立专业性的基金会如教育、医疗等基金会，或者资助侨乡的社区基金会，他们很少捐资成立侨乡社区基金会。因此，侨乡应采取积极措施引导海外乡亲在社区建立基金会、慈善会等慈善组织，或者促使海外乡亲大力资助侨乡的慈善组织，将海外乡亲慈善触角延伸到街道、社区及乡村。"只要建立了立足社区的慈善事业网络，各种慈善活动与慈善服务就有了稳定的根基，互助友爱活动的客观功效亦更能够直接地在市民面前得到体现，它不仅会使我国的慈善事业获得广阔的发展空间，而且将使创建和谐社区的行动有了最好的载体。"①

3. 培育海外乡亲支持侨乡社区慈善事业的示范点

尽管海外乡亲在侨乡大多通过捐资支持侨乡社区慈善组织来支持侨乡社区慈善事业的发展，但这毕竟是侨乡社区利用海外乡亲慈善资源的一个好起点，所以侨乡社区要推广一些社区慈善组织利用海外乡亲慈善资源的成功做法，积极培育海外乡亲支持侨乡社区慈善事业的示范点。广州市番禺区钟村镇利用海外乡亲支持社区慈善事业的做法值得推广。钟村镇位于番禺区的西北部重镇，为了发展社区慈善事业，1988 年 4 月 10 日由侨办同乡会牵头成立了广州市第一个镇级慈善群众组织——钟村镇慈善基金会，它也是"广州地区成立时间最早、慈善救援机制最完善的社会团体之一"②，成立后，得到了政府有关部门及钟村籍的海内外侨胞的大力支持和一致赞誉。从 1988 年到 2005 年钟村镇慈善基金会共举行了七届筹款大会，成立了七届慈善基金会。钟村镇的海外乡亲捐赠的热情高昂，有的以公司名义捐赠，有的以个人名义捐赠，有的以同乡会、联谊会名义捐赠，有的义卖书画，有的义唱助兴，有的义卖产品，以各种各样的方式来支持基金会的发展，17 年来共向慈善基金会捐赠 791.2289 万元。③ 以海外乡亲资助钟村镇慈善基金会，促进社区慈善事业发展的这一成功做法应值得其他社区借鉴。

本 章 小 结

改革开放以来海外乡亲在广州侨乡的捐赠尽管有力地促进了侨乡的经济发展和社会进步，但是其慈善捐赠本身也存在一些问题，而这些问题主要

---

① 郑功成：《科学发展与共享和谐——民生视角下的和谐社会》，人民出版社 2006 年版，第299 页。

② 《祈福捐资 100 万元助学济困 为社会尽心尽力》，2005 年 11 月 28 日，见 http://gzmsg.focus.cn/msgview/21425/1/39859306.html。

③ 资料来源：番禺区侨务办提供的华侨港澳同胞兴办公益事业情况登记表。

是捐赠项目的监管和引导问题,主要表现在:捐赠项目的监管制度不完善,操作性不强;捐赠项目监管主体缺位,监管机制不健全;捐赠项目缺乏配套资金,后续发展面临困境;捐赠项目的流向缺乏统筹规划和合理引导。根据以上主要问题,笔者从三个方面提出解决的对策:

一是准确定位政府角色,完善海外乡亲慈善捐赠制度。慈善事业是建立在社会捐赠基础上的民营社会性救助事业,海外乡亲在中国的慈善捐赠事业是中国慈善事业的一部分,长期以来国家在海外乡亲的慈善事业中占据了主导地位,国家成为慈善活动的组织者、参与者与管理者,而民间慈善组织只是作为政府的附属机构,慈善救助功能极其有限。因此,必须准确地定位政府在海外乡亲慈善事业的职能和角色。具体来说,政府在海外乡亲的慈善捐赠中的职能主要包括:完善侨捐政策法规,健全监管制度;明确侨捐项目监管主体,完善侨捐项目监管机制;解决涉侨热点和难点问题,突破管理瓶颈;培育捐赠环境和捐赠文化,拓展捐赠群体。

二是以市场机制为目标,优化捐赠机制。海外乡亲在侨乡的慈善事业是我国慈善事业的重要组成部分,它在本质上是以完善社会保障体系为核心的民间公益事业,必须坚持民办本色,以市场机制为运行机制,充分发挥市场对慈善资源配置的基础性作用,追求慈善效率,以促进公益事业的良性发展。建立海外乡亲慈善事业的市场机制主要包括建立市场化的募捐机制、市场化的运营机制、市场化的监督、反馈与问责机制、市场化的救助机制,从侨捐项目的募捐、管理、运行到使用每一个环节引入市场力量,充分发挥市场的作用。

三是以社区的需求为基础,合理引导海外乡亲捐赠。如何对海外乡亲的捐赠做好统筹规划和合理引导,笔者认为,社区是城市的基层组织,海外乡亲的捐赠应以社区的需求为基础,合理引导海外乡亲捐赠深入社区。社区是慈善事业发展的依托,慈善事业的社区化是社会化的基础,社区化与社会化都是现阶段中国现代慈善事业的基本目标。中国社会的转型、侨乡居民对社区公益服务的迫切需求为海外乡亲在侨乡社区的慈善事业提供了时代契机,海外乡亲由亲及疏、由近及远的慈善心理倾向为侨乡慈善事业社区化的实现提供了可能性。因此,海外乡亲在侨乡的慈善事业以社区的需求为基础,具有必要性和可行性,侨乡当务之急是以社区的需求为基础,合理引导海外乡亲在社区设立或者资助慈善组织,培育海外乡亲支持侨乡社区慈善事业的示范点。

第五章 海外乡亲慈善捐赠的变化趋势 与前景展望

改革开放以来,海外乡亲发扬爱国爱乡的优良传统,他们在侨乡慷慨捐赠,为建立一个富裕、文明、民主、和谐的侨乡作出了突出贡献。本章主要论述改革开放后海外乡亲慈善捐赠的变化趋势及前景展望。

第一节 从感性到理性:改革开放以来海外乡亲 慈善捐赠的总体趋势

一、海外乡亲从感性到理性捐赠转变的背景及过程

总体来说,晚清到第二次世界大战以前,海外乡亲在侨乡的捐赠以感性捐赠为主,传统捐赠行为、情感捐赠行为都是感性捐赠的重要体现,与目的理性捐赠行为相比,价值理性捐赠行为总是非理性的,是感性的。海外乡亲感性捐赠主要表现在以下几方面:在慈善观念上,由于许多华侨华人、港澳同胞信仰宗教,早期的慈善过分依赖于宗教意识,被看作是富人对于穷人的"赐予",打上了宗教的烙印;在慈善主体上,海外乡亲的近代慈善活动一般由传统的慈善社团和慈善组织或单独个人开展,缺乏现代化、专业化的基金会组织的管理和运作,因而在施舍者与受施舍者之间形成一种人身依附关系;在慈善领域方面,集中在扶贫、济困、恤孤、赈灾、敬老和爱幼等传统慈善领域;在慈善功能上,重在对不幸群体的暂时性、短期性救助,缺乏对救助对象的长期捐助,缺乏对受助者生存能力的培养,是典型的"输血型"的慈善;在慈善区域上,基本上把善款捐给宗亲、捐向祖籍地、捐向侨乡,无法打破慈善的区域界限。海外乡亲在慈善初期的感性慈善,以利他主义为主要动机,人们之所以捐赠是因为人们受"快乐着人的快乐"驱使而捐赠[1]。他们把救助不幸群体看作是一项义务、一种责任、一种快乐,捐赠不留名,不计回报,只求简单地做好事,而且一捐了事,很少顾及捐赠的效率与效果。

---

① Dawes,R.M.and Thaler,R.H.," Anomalies:Cooperation", *Journal of Economic Perspectives* 2, 1988,pp.187-197.

改革开放以来,目的理性捐赠行为在海外乡亲的慈善捐赠行为中占据支配地位,而传统捐赠行为、情感捐赠行为、价值理性捐赠行为却沦为附属地位,因而海外乡亲在侨乡的慈善捐赠行为从感情慈善向理性慈善转变。其转变的背景主要是:第二次世界大战以后,全球化的浪潮扑面而来,20世纪70年代之后特别是到了20世纪90年代,全球化的进程进一步加速。随着全球化的进程,人类共同利益日益凸显,人类的整体性联系不断加强,"无论经济、政治还是文化,地区的领土的界限都在不断被超越。人们逐渐懂得,只有全球范围内开展经济行动,进行政治、文化交往,才能真正确保民族的、国家的利益。同时,也正是在这种全球性的开放与交往中,明确感受到人类共同利益的存在"。① 在经济全球化的推动下,海外华人经济与世界经济的联系不断加深,其经济活动日益跨越国界,其国际化趋势和特征亦日益明显。在全球化的浪潮中,海外华人以共同的血缘、地缘和文化为纽带,建立起互通有无、交换信息、保持联系、互惠互利的全球华商网络。伴随经济活动的全球化,海外华人的地缘、血缘、业缘、文缘等各类国际性社团组织相继出现,社团联合不断扩大,社团组织日趋全球化,全球性的恳亲或联谊大会频频举行。根据不完全统计,"到20世纪90年代,世界性的华人社团多达70余个,其中70%是80年代以后建立的,血缘占34%,地缘占28%,业缘占23%,综合或其他性质的占15%,这些组织除了小部分外,大都在其名称前面冠以世界或国际的字样"。② 随着华人经济活动和社团组织的全球化,随着人类共同利益的凸显,海外华人全球慈善意识也进一步增强,"当全球化把相互依存、人类共同利益、和平与发展的时代主题、国际机制的兴起与作用展现于当代社会生活时,人们的意识、观念、价值受到冲击,而新的意识、观念、价值则在人们的困惑中不断地被审视、批评,直到其合理性、先进性被社会理解、接受"。③ 他们从侨居国的国家公民扩展为世界公民,公民社会越过国界,在全世界不同文化背景的慈善观念与行为呈现交流、沟通和相互借鉴的趋向,海外乡亲的慈善行为从感性慈善向理性慈善转型。

二、海外乡亲从感性捐赠到理性捐赠转变的表现

海外乡亲慈善行为从感性慈善向理性慈善转型主要表现在慈善理念的

---

① 蔡拓:《全球化与中国政治发展》,中国政法大学出版社2008年版,第41页。
② 方雄普、许振礼:《海外侨团寻踪》,中国华侨出版社1995年版,第119页。
③ 蔡拓:《全球化与中国政治发展》,中国政法大学出版社2008年版,第49页。

嬗变、慈善行为的转变与慈善策略的转变等三个方面。

（一）从个体的道德义务到公共生活的道德责任：慈善理念的嬗变

海外乡亲的慈善最初体现在长辈对晚辈之间、朋友之间、宗亲之间、邻舍之间，守望相助成为他们最初的慈善理念，这样的慈善只是个体的道德义务。海外乡亲只有履行公共生活的道德责任，其慈善行为才能上升为公益慈善。康德认为只有出于责任的行为才具有道德价值，而这种责任的行为是出于善良的动机，即善良意志。善良意志"并不因它所促成的事物而善，也不因它善于达到预定的目标而善，而仅是由于意愿而善，它是自在的善"。① 学者沈朝霞也指出："慈善虽然发自人性的自然情感，但它却必然逐步发展成为社会化的人类行为，尤其在竞争社会中，人类的不平等和贫富差异之深刻的社会矛盾，是任何自发的个人的慈善情感所无法胜任调节的，这种善良情感只有上升为社会化的事业，才可能体现人类善良情感在不平等社会现实中的积极作用。"②在全球化的背景下，海外乡亲的"慈善"明显体现出公共生活的道德责任，体现出"爱人类"之意，他们把善良情感上升为社会化的事业，把促进整个人类的福祉作为慈善的目标。"在这里，'利他'并非仅仅指简单直接的经济救助，同时也包含了更为广阔的对于人类所共同面对如贫富差距拉大、全球环境恶化等全球性发展问题的关怀，这是一种更为广义上的慈善理念。"③

（二）从传统慈善到现代慈善：慈善行为的转型

1. 从救助性慈善到公益性慈善：行为宗旨的转变

从海外乡亲慈善捐赠行为的宗旨来看，在"爱人类"慈善理念影响下，海外乡亲慈善捐赠的领域从扶贫、济困、恤孤、赈灾、敬老和爱幼等传统慈善领域，延伸到教育、医疗、科技、文化、体育、旅游、治安、环境保护等事关社会发展和人类共同需要关注的问题，使救助性慈善向公益性慈善转变。慈善捐赠的功能从突出救助功能转向注重慈善教育功能，从一种对于贫困群体的治疗式帮助转向注重捐赠对象的自身能力的发展。慈善捐赠的对象日益扩大，从满足少数群体的基本需求转向满足社会所有群体的多方面包括更

---

① ［德］伊曼努尔·康德：《道德形而上学原理》，苗力田译，上海人民出版社1986年版，第43页。

② 沈朝霞：《慈善事业的人性基础与现实发展——论西方几个派别的慈善思想》，《社会科学》1998年第4期。

③ 文军、施文：《从帮困救济到人类福祉的追求：全球化背景下国际非政府组织的发展及其慈善理念的培育》，载上海市慈善基金会、上海慈善事业发展研究中心主编：《慈善理念与社会责任》，上海社会科学院出版社2008年版，第348页。

高层次的需求。

2. 从恻隐之心到公共责任:行为价值的跃迁

随着中国社会的转型,"慈善的价值诉求和文化形态出现了革命性转型,从'亲亲之爱'转向'路人之爱',从'恻隐之心'转向'公共责任',从宗教性转向世俗性,从传统的仁爱观、伦理观转向现代的权利精神和责任意识,逐渐成长为一套系统、成熟的公益文明,成为现代文明体系的重要组成部分。"①在中国社会转型和慈善转型的背景下,海外乡亲的慈善行为从个人的恻隐之心转变到群体的社会责任。改革开放前海外乡亲在侨乡的慈善行为大多表现为海外乡亲个人对侨属、侨眷、宗亲以及弱势群体等人的"道义性救助"和非制度性帮困,更多体现的是一种故土情结。改革开放后,海外乡亲在侨乡的慈善行为逐渐由个人的恻隐之心向整个群体对中国的社会责任转变,逐渐由故土情结向实现中华民族的伟大复兴的使命和责任转变,因此,他们的慈善捐赠大多表现为海外乡亲群体对侨乡、非侨乡乃至整个中国的"义务性救助"和制度性支持,它完全超越了"慈善是个人行为的观念",超越了传统"邻里互助"的关系边界,更多体现的是一种社会责任。在行动主体上,为了履行公共责任,海外乡亲往往把钱捐赠侨乡的公益民间组织,或者直接在侨乡设立基金会,通过公益民间组织的制度化与组织化的运作,探究侨乡乃至中国社会问题的根源,增进中国人民的福祉。于是,以基金会、慈善会等为代表的专业化慈善组织逐渐代替海外乡亲的个体、团体与企业,"它超越了我国传统的熟人慈善与一对一的个体慈善,以社会责任伦理和陌生人伦理作为价值支撑。"②

3. 从祖籍地到非祖籍地:行为领域的扩展

改革开放前,海外乡亲慈善捐赠的领域基本上局限在侨乡,局限在祖籍地。改革开放后,海外乡亲捐赠地区进一步扩展,从所在国扩展到中国,从祖籍地扩展到非祖籍地,从侨乡扩展到非侨乡,从城市扩展到农村,从经济发达地区扩展到贫困地区和边远山区,"爱有差等"逐步消除,"慈善无界"真正实现。"过去,主要局限于侨乡,与其家族亲友发生联系;现在,由于海外双方多种因素的变化,使'海外华人'对中华母体的联系影响发生四个转变:(1)由侨乡扩展到非侨乡;(2)由沿海延伸到内陆;(3)由边区深入到腹地;(4)由汉族区扩大到少数民族地区。"③

①　刘威:《解开中国慈善的道德枷锁——从"恻隐之心"到"公共责任"的价值跃迁》,《中州学刊》2013 年第 10 期。

②　朱力、龙永红:《我国现代慈善资源的动员机制》,《南京社会科学》2012 年第 1 期。

③　清风:《论中华母体与海外华侨华人的双向联系影响》,《八桂侨史》1992 年第 3 期。

　　4.从个体行动到组织化行动:行为方式的转变

　　改革开放前,海外乡亲大多通过个体把钱、物捐给侨乡政府或者直接捐给受助者。改革开放后,海外乡亲逐渐把善款捐给基金会、慈善会等公益民间组织,或者直接以个人或企业的名义成立公益基金会,通过这些公益民间组织来进行慈善活动。据统计,改革开放后,海外乡亲向广州侨乡各级慈善会、基金会等民间组织共捐赠项目数量为 84 项,捐赠金额为 60745.72 万元。① 通过海外基金会等公益民间组织进行捐赠的共 45 项,捐赠金额为 11110.99 万元。由此可见,基金会、慈善会等公益组织越来越成为海外乡亲善款的主要流向地。海外乡亲通过组织化的途径和制度化的运作,使其慈善捐赠具有规范性的活动,使其慈善捐赠建立在日益完善的公益制度的基础之上。

　　(三) 从科学慈善、战略慈善到慈善投资:慈善策略的转变

　　海外乡亲慈善策略经历科学慈善、战略慈善到慈善投资的演变,这一演变的过程紧跟国际上慈善事业的发展趋势。第二次世界大战后,尤其是中国改革开放后,第二代、第三代海外乡亲逐渐从他们的父辈手中接管了企业和家族事务,由于他们的财富是建立在知识的基础上,因而,他们更懂得慈善的安全感,慈善捐赠更为理性,更加注重发展问题。他们往往在侨乡捐资成立现代意义的基金会或者把钱捐给侨乡民间慈善组织,通过现代慈善组织加强对慈善的管理和运作,把关注和资助的项目投向教育、科研、环保、人才等领域,希冀产生深远的影响,促进侨乡可持续发展。“现代意义的基金会有较高层次的专业人员管理,他们目标远大,认识到财富的有限,对‘慈善’的认识也从感性上升为理性,即要对产生社会问题的根源发挥作用,称为‘科学的慈善’。”②因此,科学的慈善是一种感性慈善的升华,是一种理性慈善。20 世纪 80 年代后,战略性慈善捐赠在全球应运而生,“其核心特征是强调企业慈善捐赠行为与企业经营行为之间的联系,即行善可获回报,企业可以‘通过行善而做得更好’(Doing Better By Doing Good)”。③ 在战略性慈善的影响下,海外乡亲在侨乡的捐赠从 20 世纪 90 年代后参与捐赠的企业越来越多,大型的基金会、慈善会如广东省慈善总会、广州市慈善会、广州市教育基金会、广州市交通基金会等都得到了海外企业的捐赠。海外乡亲以企业的名义捐赠既做到了行善,又通过公益事业关联型营销活动扩大

① 资料来源:广东省华侨捐赠管理系统。
② 冯英、穆风龙、聂文倩:《外国的慈善组织》,中国社会出版社 2008 年版,第 66 页。
③ 陈宏辉:《战略性慈善捐赠探析》,《现代管理科学》2007 年第 2 期。

了企业的知名度,使行善得到回报,从而真正实现了捐助者和受助者双赢的局面。从 2006 年开始,一场新的慈善革命席卷全球,这场新的慈善革命又被称为"慈善资本主义"。新一代慈善家将以社会投资家的眼光将慈善进行投资,注重慈善效率,因此慈善资本主义称得上是一场慈善领域的生产率革命。"新一代慈善捐赠的主要特点是:(1)视慈善捐赠为社会投资,慈善事业为进行社会投资的社会市场。(2)以结果——慈善投资的回报为度量标准,促进对慈善投资行为的再选择,以求有效运用慈善资源。(3)为了有效运用慈善资源,建设慈善市场上的新形态机构,包括管理顾问公司、公益投资银行、慈善家网络等等。(4)多角化、多元化、多样化的慈善投入。动员及集成跨国的私人资源包括金钱、时间、社会资本、专业技术、媒体、行销人才以及政治关系等等所有可能动员的力量来改变世界。"[①]随着新的慈善革命的到来,海外乡亲慈善捐赠的战略将会发生进一步改变,他们会把侨乡作为这一战略的试验田。

第二节　21 世纪海外乡亲慈善捐赠事业在中国面临的发展机遇与前景展望

　　21 世纪,全球进入了慈善捐赠的黄金时代,我国慈善事业的春天已经到来,海外乡亲在我国的慈善事业的发展面临着历史性的发展机遇。

一、21 世纪海外乡亲慈善捐赠事业在中国面临的发展机遇

（一）新慈善革命时代的来临

　　19 世纪末 20 世纪初,一场发起于美国,后席卷全球,以现代基金会的兴起为标志的慈善革命产生,这场慈善革命"使相对零散的捐赠演变为合理化、组织化和职业化的公益事业,把探索社会问题的根源和辅助弱势群体更多地建立在科学的、理性的基础上而不是主要诉诸仁爱和利他主义。"[②]在这场慈善革命中建立的新观念、新制度、新结构至今仍然影响着整个世界。

　　进入 21 世纪,全世界兴起了大规模的慈善捐助运动,关爱公益已经成为一种全球价值理念。日益众多的全球性的领导者、富翁以及全球性的企

---

① 杨团:《一场新的慈善革命:"慈善资本主义"与公益伙伴关系》,《学习与实践》2007 年第 3 期。

② 资中筠:《财富的归宿——美国现代公益基金会述评》,上海世纪出版集团、上海人民出版社 2006 年版,第 21 页。

业以世界为舞台,以谋求人类的福祉为目标,投身公益,关爱他人,以实际行动诠释着慈善的真谛,向全世界表达了"利他"这一慈善理念的最核心价值观。在21世纪,"在国际舞台上,慈善组织致力于各种全球性问题的解决,积极参与国际决策,成为全球化时代国际治理的一支越来越重要的力量。"①世界富翁在21世纪也以实际行动推动着慈善事业的发展,2006年以世界富翁比尔·盖茨和沃伦·巴菲特的捐赠为标志,一场新的慈善革命产生。同年,亚洲慈善家之首的李嘉诚"在长江与和黄的中期报告的新闻发布会上,他宣布将不低于三分之一的财产捐给基金会"②,还声称"这个基金会就是他的第三个儿子"③。这场新的慈善革命"其中的基本口号,是寻求高效率使用慈善捐赠的'慈善资本主义',其中的领衔机构,是致力于将慈善家与社会企业家联盟为公益伙伴的新型基金会。"④可以说,"目前全球进入了慈善捐赠的黄金时代,未来20年慈善发展将面临巨大机遇"⑤。

尤其是2016年我国颁布的《中华人民共和国慈善法》专门以第五章规定慈善信托。"《慈善法》实施后,很多公益领域的参与者正开始了解慈善信托,并尝试慈善信托的各种模式,试图通过该机制撬动更多的社会资源,让这些资源发挥更大的慈善作用。在政策的推动鼓励下,截至2016年底,全国范围内已有21个成功备案的慈善信托,初始资金达到30.85亿元。开展备案的慈善信托地域分布均匀,东、中、西部地区均有设立,北京市民政局备案数量最多,共完成了6单慈善信托备案。"⑥可以说,慈善依托模式的出现为海外乡亲在中国的慈善捐赠事业提供了强有力的支撑。

（二）政策倡导的加强

改革开放以来,中国政府高度重视慈善事业的发展。1999年中国颁布了《中华人民共和国公益事业捐赠法》,2004年颁布实施的《基金会管理条例》明确规定允许境外基金会进入中国,2004年党的十六届四中全会发表

---

① 冯英、穆风龙、聂文倩:《外国的慈善组织》,中国社会出版社2008年版,第21页。

② 许知远:《李嘉诚的另一个世界》,2006年10月,见 http://www.lksf.org/gb/media/interview/200610b.shtml。

③ BRYAN WALSH. Learning the Art of Giving, 2006年9月4日,见 http://www.time.com/time/asia/magazine/article/0,13673,501060911-1531426,00.html。

④ 杨团:《一场新的慈善革命:"慈善资本主义"与公益伙伴关系》,《学习与实践》2007年第3期。

⑤ 杨团:《一场新的慈善革命:"慈善资本主义"与公益伙伴关系》,《学习与实践》2007年第3期。

⑥ 《行业政策完善引公益慈善新格局》,2017年5月2日,见 http://www.chinadevelopmentbrief.org.cn/news-19487.html。

的《中共中央关于加强党的执政能力建设的决定》明确指出，"健全社会保险、社会救助、社会福利和慈善事业相衔接的社会保障体系"，2005年温家宝总理在《政府工作报告》中明确提出"支持慈善事业的发展"，同年11月首届中华慈善大会发布了中国首部对慈善事业的规划文件——《中国慈善事业发展指导纲要（2006—2010）》，2006年3月，全国人大十届四次会议通过的《国民经济和社会发展第十一个五年规划纲要》明确把"鼓励开展社会慈善、社会捐赠、群众互助等社会扶助活动，支持志愿服务活动并实现制度化"列入政府规划，2006年10月党的十六届六中全会通过的《中共中央关于构建社会主义和谐社会若干重大问题的决定》明确提出"逐步建立社会保险、社会救助、社会福利、慈善事业相衔接的覆盖城乡居民的社会保障体系"，2007年胡锦涛同志在党的十七大上报告上提出"要以社会保险、社会救助、社会福利为基础，以基本养老、基本医疗、最低生活保障制度为重点，以慈善事业、商业保险为补充，加快完善社会保障体系"①，并明确表态"支持海外侨胞、归侨侨眷关心和参与祖国现代化建设与和平统一大业"。2012年胡锦涛同志在党的十八大报告上提出："完善社会救助体系，健全社会福利制度，支持发展慈善事业，做好优抚安置工作。"②2016年中国相继颁布了《中华人民共和国慈善法》《中华人民共和国境外非政府组织境内活动管理法》，2017年又颁布了《中华人民共和国民法总则》，中国"以法治善"的体制基本形成。2017年习近平总书记在党的十九大报告中提出："完善社会救助、社会福利、慈善事业、优抚安置等制度，健全农村留守儿童和妇女、老年人关爱服务体系。发展残疾人事业，加强残疾康复服务。"③为了打造共建共治共享的社会治理格局，提高社会治理水平，习近平总书记提出："加强社区治理体系建设，推动社会治理重心向基层下移，发挥社会组织作用，实现政府治理和社会调节、居民自治良性互动。"④慈善组织已成为中国社会治理体系的重要组成部分，发挥慈善组织作用是中国打造共建共治共享的社会治理格局的重要手段。

　　为了加大对慈善组织的支持，中国政府制定税收优惠政策，鼓励和推动

---

① 胡锦涛：《高举中国特色社会主义伟大旗帜　为夺取全面建设小康社会新胜利而奋斗——在中国共产党第十七次全国代表大会上的报告》，人民出版社2007年版。

② 胡锦涛：《坚定不移沿着中国特色社会主义道路前进　为全面建成小康社会而奋斗——在中国共产党第十八次全国代表大会上的报告》，人民出版社2012年版。

③ 习近平：《决胜全面建成小康社会　夺取新时代中国特色社会主义伟大胜利——在中国共产党第十九次全国代表大会上的报告》，人民出版社2017年版，第47页。

④ 习近平：《决胜全面建成小康社会　夺取新时代中国特色社会主义伟大胜利——在中国共产党第十九次全国代表大会上的报告》，人民出版社2017年版，第49页。

海外乡亲捐赠。2016 年我国施行的《中华人民共和国慈善法》第九章第七十九条规定："慈善组织及其取得的收入依法享受税收优惠。"第八十条规定："自然人、法人和其他组织捐赠财产用于慈善活动的，依法享受税收优惠。企业慈善捐赠支出超过法律规定的准予在计算企业所得税应纳税所得额时当年扣除的部分，允许结转以后三年内在计算应纳税所得额时扣除。"①慈善法的出台标志着我国对慈善组织、自然人、企业的财税支持政策取得重大突破。2016 年 4 月财政部、国家税务总局发布《关于公益股权捐赠企业所得税政策问题的通知》，通知指出："企业向公益性社会团体实施的股权捐赠，应按规定视同转让股权，股权转让收入额以企业所捐赠股权取得时的历史成本确定。企业实施股权捐赠后，以其股权历史成本为依据确定捐赠额，并依此按照企业所得税法有关规定在所得税前予以扣除。"②这表明捐赠企业无须就转让股权的增值部分缴纳所得税。因此，中国政府对慈善事业的重视与倡导为海外乡亲在中国慈善事业的发展提供了政治保障。

（三）　对海外侨胞作用的高度肯定

改革开放以来，中国政府不断完善侨务政策和侨务理论，党和国家领导人高度重视和肯定海外侨胞的作用。邓小平同志指出"海外关系是个好东西"，海外侨胞是中国的"独特机遇"。1993 年邓小平同志在与上海各界人士共迎新春佳节时指出："中国与世界各国不同，有着自己独特的机遇，比如我们有几千万爱国同胞在海外，他们对祖国做出了很多贡献。"③江泽民同志发展了邓小平同志的侨务思想，创造性地提出海外侨胞是我国现代化建设的独特优势和宝贵资源。江泽民同志指出"海外侨胞作为促进我国改革开放和现代化建设、促进祖国统一的积极力量，有着独特优势，在振兴中华的伟大事业中发挥着重要作用"。④ 他还进一步指出："分布于世界各地的广大华侨华人，是中华民族一个重要的人才资源宝库"。⑤ 胡锦涛同志提出了要充分发挥归侨侨眷和海外侨胞"四个重要作用"的科学论断，2008 年胡锦涛同志在看望致公党、中国侨联界全国政协委员并参加联组讨论时提

①　《中华人民共和国慈善法》，2016 年 3 月 19 日，见 http://www.gov.cn/zhengce/2016-03/19/content_5055467.htm。

②　《财政部国家税务总局关于公益股权捐赠企业所得税政策问题的通知》，2016 年 4 月 20 日，见 http://www.chinatax.gov.cn/n810341/n810755/c2132098/content.html。

③　国务院侨务办公室、中共中央文献研究室：《邓小平论侨务》，中央文献出版社 2000 年版。

④　《江泽民文选》第三卷，人民出版社 2006 年版，第 153 页。

⑤　《江泽民论侨务》，国务院侨务干部学校 2002 年编印。

出:"要按照凝聚侨心、汇集侨智、发挥侨力、维护侨益的要求,充分发挥归侨侨眷和海外侨胞在推动我国现代化建设方面的重要作用,在推进祖国和平统一大业方面的积极作用,在传播中华文化方面的独特作用,在增进中国人民同各国人民相互了解和友谊方面的桥梁作用,进一步汇聚起全民族为实现中华民族伟大复兴而共同奋斗的强大合力。"①

　　党的十八大以来,以习近平同志为核心的党中央明确并高度肯定了海外侨胞的地位作用,并对做好新形势下的侨务工作提出了一系列新理念新思想新战略。为了凝聚海外侨胞,做好新时代的侨务工作,习近平总书记高度概括了海外侨胞与祖(籍)国的关系。2014年习近平同志在时指出:"团结统一的中华民族是海内外中华儿女共同的根,博大精深的中华文化是海内外中华儿女共同的魂,实现中华民族伟大复兴是海内外中华儿女共同的梦。"②习近平总书记站在实现中华民族伟大复兴的中国梦的高度,高度肯定海外侨胞的作用,把海外侨胞看作是实现中国梦的重要力量。"当前,中国人民正在为实现'两个一百年'奋斗目标、实现中华民族伟大复兴的中国梦而奋斗。在这个伟大进程中,广大海外侨胞一定能够发挥不可替代的重要作用。中国梦是国家梦、民族梦,也是每个中华儿女的梦。广大海外侨胞有着赤诚的爱国情怀、雄厚的经济实力、丰富的智力资源、广泛的商业人脉,是实现中国梦的重要力量。只要海内外中华儿女紧密团结起来,有力出力,有智出智,团结一心奋斗,就一定能够汇聚起实现梦想的强大力量。"③习近平总书记还对海外侨胞提出了殷切期望,他希望海外侨胞积极关心和参与中国改革开放和现代化建设,弘扬中华文化,积极参与人类命运共同体的建设。

　　(四) 中国社会的转型

　　改革开放以来,随着经济的发展和社会结构的变迁,中国社会面临重大转型,主要表现在:一、政府职能发生转变。2000 年 4 月,民政部在广东省召开的全国社会福利社会化工作会议上提出了"社会福利社会化"口号,接着民政部等 11 部委在《关于加快实现社会福利社会化的意见》中明确提出推进社会福利社会化的总体要求。社会福利社会化要求政府从"全能政府"转变为"有限政府",要求政府在慈善领域实行"退出机制",从"政府慈善"转变为"民间慈善",以实现"小政府,大社会"的目标。这有利于海外乡

---

① 《胡锦涛看望全国政协委员并参加联组讨论》,2008 年 3 月 8 日,见 http://www.china.com. cn/v/news/china/2008-03/08/content_11939610.htm。

② 《习近平谈治国理政》,外文出版社 2014 年版,第 63 页。

③ 《习近平谈治国理政》,外文出版社 2014 年版,第 64 页。

亲对中国慈善事业的积极参与。二、中国慈善组织的发展壮大。改革开放以后尤其是 1992 年邓小平南方谈话以后,中国的改革向纵深发展,慈善组织如雨后春笋般地蓬勃发展。1993 年吉林省成立了全国第一个省级慈善组织——吉林省慈善会,1994 年成立了第一个全国性的联合性社团——中华慈善总会,此后,省级、地市级、县级慈善机构相继建立,"从 1993 年到2001 年的 8 年时间里,全国一共出现了 172 家慈善组织,从全国没有一家到平均每省 5 家以上,中国的慈善组织出现了 50 余年来空前繁荣的局面。"①至 2018 年,"全国性社会组织总数 2310 家,其中社会团体 1933 家,社会服务机构(民办非企业单位)105 家,基金会 207 家,国际性社团 37 家,外国商会 19 家,涉外基金会 9 家。地方各类社会组织总量约 78.7 万家,其中社会团体 36 万家,社会服务机构 41.3 万家,基金会 6296 家。"②此外,中国的慈善组织筹资能力进一步增强,草根层面的慈善组织异军突起,慈善组织的资源配置日趋合理,慈善组织的自身建设不断加强,志愿者队伍不断壮大,慈善组织逐步走向规范化、制度化和国际化。三、贫富差距的扩大与不幸群体的存在。改革开放以后,伴随着经济的发展和社会的转型,中国的贫富差距日益扩大,人口老龄化正在加速,社会弱势群体大量存在,贫困问题依然严重,据统计,"我国城乡共有 8300 多万残疾人,近 6000 万最低生活保障人口,每年至少还有 6000 多万因灾需要特别援助的人口,每年需要救助的人群均在 1.5 亿以上。这还没有计算农村地区数千万的相对贫困人口。"③不幸群体的存在为海外乡亲在中国的慈善事业提供了广阔的市场和舞台。综上所述,中国社会的转型为海外乡亲在中国慈善事业的发展提供了极佳的历史机遇和广阔的施展空间。

（五）物质基础的具备与舆论氛围的养成

当今中国,经过 40 多年的改革开放,发生了翻天覆地的变化,经济建设取得重大成就,社会取得巨大进步,中国在世界的影响力日益扩大,"40 年来,我们始终坚持以经济建设为中心,不断解放和发展社会生产力,我国国内生产总值由 3679 亿元增长到 2017 年的 82.7 万亿元,年均实际增长9.5%,远高于同期世界经济 2.9% 左右的年均增速。我国国内生产总值占世界生产总值的比重由改革开放之初的 1.8% 上升到 15.2%,多年来对世

---

①　刘云娜:《中国慈善组织募捐困境探析》,西北大学 2007 年硕士学位论文。

②　《2018 最新版社会组织慈善组织政策法规汇编》,2018 年 7 月 6 日,见 http://www.qing5.com/2018/0706/307434.shtml。

③　杨团、葛道顺:《中国慈善发展报告(2009)》,社会科学文献出版社 2009 年版,第 26 页。

界经济增长贡献率超过30%。"①这些都为海外乡亲在中国的慈善事业的发展奠定了坚实的物质基础。而且，人们对慈善事业的认识也在不断深入，慈善事业得到人们的认可和赞许，公民的慈善意识大大提高，慈善热情高涨，慈善舆论氛围日益养成。早在2000年的时候，中国民政部就委托广东和浙江慈善总会进行了问卷调查，"在2036份调查问卷中，有71.2%的公众认为目前社会的慈善氛围很好（19.7%）或比较好（51.5%），有27.4%的公众认为慈善氛围一般，只有3.2%的公众认为慈善氛围还不太好。"②中国社会慈善氛围的形成为海外乡亲在中国的慈善事业的发展提供了良好的社会基础。

二、21世纪海外乡亲慈善捐赠事业在中国的前景展望

21世纪，随着世界慈善革命的到来和中国慈善事业的迅猛发展，海外乡亲慈善捐赠事业在中国的前景将更为光明，捐赠的队伍会持续扩大，捐赠社会化的程度会提高，改善民生和促进中国的可持续发展将成为捐赠的重点，新一代慈善捐赠将大行其道。

（一）捐赠的队伍会持续扩大

根据陈碧笙先生对华侨历史的分期，华侨移民历史分为四个时期，第一个时期从12世纪初叶到16世纪后期，华侨移民人数估计当有15万人至20万人。第二个时期从16世纪下半叶到1840年鸦片战争爆发，华侨出国大量增加，此时华侨总数当在100万人以上。第三个时期从1840年鸦片战争开始到1949年中华人民共和国成立，华工大量出国，到第二次世界大战前夕华侨总数接近1000万人，第四个时期从1949年中华人民共和国成立，重新出现移民高潮。③可见后面的三个时期都是华侨移民的高潮，尤其是第四个时期中华人民共和国成立后，中国的国际地位空前提高，东南亚国家对华侨移民政策放松，华侨移民出现了新高潮。根据国务院侨办侨务干部学校编写、九州出版社2005年出版的《华侨华人概述》记载，到21世纪之交世界华侨华人总数达到了3975.8271万。在第四个时期，又可以分为两个阶段，从1949年到1978年改革开放是第一阶段，1978年到现在是第二阶段。第二阶段出现的移民通常称为新移民。根据中国政协办公厅1996年51号文件《改革开放以来我国公民移居海外情况的调查报告》，"所谓新移

①　习近平:《在庆祝改革开放40周年大会上的讲话》，人民出版社2018年版，第11—12页。
②　郑远长:《慈善事业的现状与展望——以广东、浙江经验为例》，《社会福利》2009年第10期。
③　陈碧笙:《世界华侨华人简史》，厦门大学出版社1991年版，第19—21页。

民,系指改革开放以后移居国外的我国公民"。这些新移民人数又有多少呢? 据统计,"20 世纪 70 年代以来,华人新移民的数量可能达 400 万人以上,其中移居发达国家的华人估计在 220 万—250 万人左右。"①21 世纪,随着我国改革开放程度的扩大和国际国内环境的宽松,新移民将以更快速度逐年增加,从而使海外华人社会的新华侨华人群体不断扩大。随着新华侨华人群体的不断扩大,随着中国特色社会主义的不断发展,捐赠者的人数会越来越多,捐赠的队伍会越来越繁大,捐赠者的热情会持续高涨,捐赠项目的数量和种类会增多,捐赠的钱物会持续增长。

（二）捐赠社会化的程度会提高

慈善事业的社会化是慈善事业的较高目标,也是 21 世纪海外乡亲捐赠程度的一种发展趋势。改革开放初期,到中国侨乡捐赠的华侨华人主要包括两部分:一是那些仍没有加入外国国籍的老华侨。这部分老华侨爱国爱乡的感情特别浓厚,他们希望叶落归根,他们力图光宗耀祖。因此,老华侨基本上是捐向自己的祖籍地,捐赠地域狭窄,只局限在本村、本镇、本县（区）。二是在中国出生的第二次世界大战前是华侨第二次世界大战后已加入当地国籍的所谓华人。"二次世界大战结束以来的半个世纪中,东南亚各国的华侨社会发生了具有历史意义的变化,即由原来以华侨为主体的中国侨民社会逐步转变为以华裔公民为主体的社会。"②由于华人加入了当地国籍,他们不再是中国公民,他们由叶落归根变成了落地生根,由报效祖国变成了报效侨居国,因而与中华民族的感情淡化,家乡的地域观念模糊,他们的捐赠逐渐打破地域界限,由本村、本镇、本区扩展到本市、本省、他省甚至全中国。正是由于老华侨华人的示范和带动,才促使海外侨胞的捐赠由个人的行为向群体的行为转变。随着时间的推移,在侨居地土生土长的第二代、第三代华人在前辈的影响下逐渐从他们的父辈和祖辈手中接过慈善的交接棒,21 世纪,以华侨华人新生代为代表的捐赠主体将展现在世人面前。华人的新生代与他们的先辈相比,故土情结更加淡化,他们在中国侨乡的捐赠虽然或多或少受到了先辈爱国爱乡思想的熏陶,但也是一种投资战略。他们的慈善投资是以全球为视野,以促进人类的福祉为目标,侨乡、中国只是他们全球慈善的一部分,因此,他们的捐赠不分地域、民族、国家、性别等区别,捐赠的社会化程度会明显提高。

（三）改善民生和促进中国的可持续发展将成为捐赠的重点

改革开放初期,海外乡亲在中国捐赠最主要的原因是希望改变祖国落

---

① 庄国土:《华侨华人与中国的关系》,广东高等教育出版社 2001 年版,第 352 页。

② 梁英明:《战后东南亚华人社会变化研究》,昆仑出版社 2001 年版,第 20 页。

后的面貌,因此捐赠以改善硬件设施为主,如捐建教学楼、医院、图书馆、体育馆、博物馆、敬老院、幼儿园、福利院等建筑物,捐赠仪器与设备。随着改革开放的深入,在海外乡亲的大力支持下,中国的硬件设施得到了极大的改善,中国由"落后"向"小康"迈进。21世纪中国面临新的问题和挑战,其中民生问题尤为突出。"民生问题,即国民的生计与生活问题,是贫困问题、就业问题、疾病医疗问题、劳动保护问题以及各种社会保障问题等等。"①因此,21世纪海外乡亲的捐赠将立足于改善中国民众的生活水平,如救灾、助学、助医、助业等关系民众的生计与生活问题。在助医方面,除了设立医学基金外,捐资为民众买社会保险将成为21世纪的一大亮点。

21世纪,世界经济一体化趋势明显加强,世界各国相互依赖的程度进一步加深,中国尤其需要加强国际合作与交流。因此,21世纪,海外乡亲将会加大资助中国学者、专家到国外进修、研讨、学习与交流,以促进中外交流与合作。

本 章 小 结

改革开放后海外乡亲在广州侨乡慈善捐赠的总体趋势是从感性到理性。晚清到第二次世界大战以前,海外乡亲在侨乡的捐赠以感性捐赠为主,传统捐赠行为、情感捐赠行为都是感性捐赠的重要体现,与目的理性捐赠行为相比,价值理性捐赠行为总是非理性的,是感性的。改革开放以后,目的理性捐赠行为在海外乡亲的慈善捐赠行为中占据支配地位,而传统捐赠行为、情感捐赠行为、价值理性捐赠行为却沦为附属地位,因而海外乡亲在侨乡的慈善捐赠行为从感情慈善向理性慈善转变。改革开放后海外乡亲慈善行为从感性慈善向理性慈善转型主要表现在慈善理念的嬗变、慈善行为的转变与慈善策略的转变。在慈善理念上,海外乡亲的"慈善"明显体现出"爱人类"之意,他们把促进整个人类的福祉作为慈善的目标。在慈善行为上,他们慈善捐赠的领域从扶贫、济困、恤孤、赈灾、敬老和爱幼等传统慈善领域,延伸到支持教育、医疗、科技、文化、体育、旅游、治安、环境保护等事关社会发展和人类共同需要关注的问题,使救助性慈善向公益性慈善转变;慈善捐赠的功能从突出救助功能转向注重慈善教育功能,从一种对于贫困群体的治疗式帮助转向注重捐赠对象的自身能力的发展;慈善捐赠的对象日益扩大,从满足少数群体的基本需求转向满足社会所有群体的多方面包括更高层次的需求;捐赠地区进一步扩展,从所在国扩展到中国,从祖籍地扩

---

① 郑功成:《关注民生——郑功成教授访谈录》,人民出版社2004年版,第8页。

展到非祖籍地,从侨乡扩展到非侨乡,从城市扩展到农村,从经济发达地区扩展到贫困地区和边远山区,"爱有差等"逐步消除,"慈善无界"真正实现;捐赠的渠道由单一走向多样。在慈善策略上,海外乡亲慈善策略经历科学慈善、战略慈善到慈善投资的演变,这一演变的过程紧跟国际上慈善事业的发展趋势。

　　经济发展是慈善事业发展的前提条件,政治清明是慈善事业发展的政治保障,人心向善是慈善事业发展的文化氛围。40多年的改革开放使中国发生了翻天覆地的变化,中国经济迅猛发展,综合国力不断增强,国际关系日益改善,政府对慈善事业重要性的认识日渐深入,全社会的慈善意识普遍提高,社会慈善文化氛围大大改善,这些都为海外乡亲在中国慈善事业的发展创造了最基本、最重要的条件。在此背景下,中国的慈善组织蓬勃发展,并逐步迈向规范化、制度化和国际化。中国社会的转型为海外乡亲在中国慈善事业的发展提供了极佳的历史机遇和广阔的施展舞台。与此同时,国际上新的"慈善革命"的到来,潜移默化地影响着中国的慈善事业,促使中国慈善事业不断变革和完善,为海外乡亲在中国慈善事业的发展创造了良好的外部环境。因此,21世纪,海外乡亲在中国的慈善事业的前景将更为光明。

参 考 文 献

一、中 文 书 目

(一)马列经典及党和国家领导人著作

中共中央马克思恩格斯列宁斯大林著作编译局:《马克思恩格斯选集》第 1 卷,人民出版社 1995 年版。

《毛泽东选集》全四卷,人民出版社 1991 年版。

《邓小平文选》第三卷,人民出版社 1993 年版。

国务院侨务办公室、中共中央文献研究室:《邓小平论侨务》,中央文献出版社 2000 年版。

《江泽民文选》全三卷,人民出版社 2006 年版。

《江泽民论侨务》,国务院侨务干部学校 2002 年编印。

《习近平谈治国理政》,外文出版社 2014 年版。

《习近平谈治国理政》第二卷,外文出版社 2017 年版。

《习近平谈治国理政》第三卷,外文出版社 2020 年版。

习近平:《决胜全面建成小康社会 夺取新时代中国特色社会主义伟大胜利——在中国共产党第十九次全国代表大会上的报告》,人民出版社 2017 年版。

习近平:《在庆祝改革开放 40 周年大会上的讲话(2018 年 12 月 18 日)》,人民出版社 2018 年版。

习近平:《在庆祝中华人民共和国成立 70 周年系列活动时的讲话》,人民出版社 2019 年版。

胡锦涛:《高举中国特色社会主义伟大旗帜 为夺取全面建设小康社会新胜利而奋斗——在中国共产党第十七次全国代表大会上的报告》,人民出版社 2007 年版。

胡锦涛:《坚定不移沿着中国特色社会主义道路前进 为全面建成小康社会而奋斗——在中国共产党第十八次全国代表大会上的报告》,人民出版社 2012 年版。

(二)工具书、古籍

《社会学词典》,上海辞书出版社 1992 年版。

《现代汉语词典》,商务印书馆 1983 年版。

张玉书等:《康熙字典》,生活·读书·新知三联书店 1985 年版。

夏征农:《辞海》下,上海辞书出版社 1979 年版。

董仲舒:《春秋繁露》,中华书局 2011 年版。

老子:《道德经》,黎重编著,中央编译出版社 2011 年版。

孔丘:《论语》,雅瑟主编,新世界出版社 2010 年版。

马欢:《瀛涯胜览》,中华书局 1985 年版。

孟轲:《孟子》,梁哲喜译注,黄山书社 2002 年版。

荀况:《荀子》,方勇、李波译注,中华书局 2011 年版。

汪大渊:《岛夷志略》,台湾商务印书馆 1969 年版。

张燮:《东西洋考》,中华书局 1985 年版。

赵汝括:《诸蕃志》,中华书局 1985 年版。

朱彧:《萍州可谈》卷二,中华书局 1985 年版。

子思:《中庸》,黎重编著,中央编译出版社 2011 年版。

曾参:《大学》,刘强编译,中国纺织出版社 2007 年版。

(三)理论等相关著作

[英]阿德金斯:《善因营销——推动企业和公益事业共赢》,中国财政经济出版社 2006 年版。

[美]阿德勒:《美国慈善法指南》,NPO 信息中心译,中国社会科学出版社 2002 年版。

[美]阿列克斯·英克尔斯、戴维·H.史密斯:《从传统人到现代人——六个发展中国家的个人变化》,顾昕译,中国人民大学出版社 1992 年版。

[英]安东尼·吉登斯:《社会学》,赵旭东、齐心、王兵、马戎、阎书昌等译,刘琛、张建忠校译,北京大学出版社 2003 年版。

[英]安东尼·吉登斯:《现代性与自我认同:现代晚期的自我与社会》,赵旭东、方文译,生活·读书·新知三联书店 1998 年版。

[英]安东尼·D.史密斯:《全球化时代的民族与民族主义》,龚维斌、良警宇译,中央编译出版社 2002 年版。

[美]本尼迪克特·安德森:《想象的共同体:民族主义的起源与散布》,吴叡人译,上海世纪出版集团 2003 年版。

[美]Betsy Buchalter Adler:《通行规则:美国慈善法指南》2007 年第二版,中国社会科学出版社 2007 年版。

[美]C.拉蒙特:《作为哲学的人道主义》,商务印书馆 1963 年版。

[加拿大]查尔斯·泰勒:《自我的根源:现代认同的形成》,韩震等译,译林出版社 2001 年版。

蔡拓:《全球化与中国政治发展》,中国政法大学出版社 2008 年版。

陈成文:《社会弱者论:体制转换时期社会弱者的生活状况和社会支持》,时事出版社 2000 年版。

陈津利:《中国慈善组织个案研究》,中国社会文献出版社 2008 年版。

陈庆云:《公共政策分析》,中国经济出版社 1996 年版。

陈武雄:《志愿服务的理念与实务》,志愿服务协会 2001 年版。

迟毓凯:《亲社会行为启动效应研究——慈善捐助的社会心理学探索》,广东省出版集团、广东人民出版社 2009 年版。

[美]戴维·埃伦费尔德:《人道主义的僭妄》,李云龙译,张妮妮校,国际文化出版公司 1988 年版。

[美]戴维·波普诺:《社会学》,李强等译,中国人民大学出版社 2007 年版。

邓国胜:《公益项目评估——以"幸福工程"为案例》,社会科学文献出版社 2003 年版。

丁元竹:《问责性、绩效与治理:中国非政府公共部门治理状况研究》,中国经济出版社 2005 年版。

丁元竹:《非政府公共部门与公共服务》,中国经济出版社 2005 年版。

杜丽燕:《爱的福音:中世纪基督教人道主义》,华夏出版社 2005 年版。

[英]厄内斯特·盖尔纳:《民族与民族主义》,韩红译,中央编译出版社 2002 年版。

范宝俊:《发展慈善事业已成为社会保障的重要补充》,载范宝俊、王爱平主编:《中华慈善年鉴·2001》,中国社会出版社 2001 年版。

[美]菲利普·科特勒:《非营利组织战略营销》,中国人民大学出版社 2003 年版。

[美]菲利普·科特勒、南希·李:《企业的社会责任:通过公益事业拓展更多的商业机会》,姜文波译,机械工业出版社 2006 年版。

费孝通:《中华民族多元一体格局》,中央民族学院出版社 1989 年版。

冯英、穆风龙、聂文情:《外国的慈善组织》,中国社会文献出版社 2008 年版。

[日]夫马进:《中国善会善堂史研究》,伍跃、杨文信、张学锋译,商务印书馆 2005 年版。

[法]弗朗索瓦·佩鲁:《新发展观》,张宁、丰子义译,华夏出版社 1987 年版。

顾明远:《关于教育现代化的若干问题》,载郝克明主编:《面向 21 世纪我的教育观》综合卷,广东教育出版社 1999 年版。

何增科:《公民社会与第三部门》,社会科学文献出版社 2000 年版。

何传启:《第二次现代化》,高等教育出版社 1999 年版。

[新加坡]洪德仁居士:《法海一滴》,南行学社 1947 年版。

洪谦:《西方现代资产阶级哲学论著选辑》,商务印书馆 1964 年版。

胡宁生:《现代公共政策研究》,中国社会科学出版社 2000 年版。

[法]加尔文:《基督教要义》上册,基督教辅侨出版社 1957 年版。

[美]加里·S.贝克尔:《人类行为的经济分析》,王业宇、陈琪译,上海三联书店、上海人民出版社 1995 年版。

孔庆榕、张磊:《中华民族凝聚力学》,中国社会科学出版社 2008 年版。

[美]丽莎·乔丹:《非政府组织问责:政治、原则与创新》,康晓光等译,中国人民大学出版社 2008 年版。

李惠斌、杨雪冬:《社会资本与社会发展》,社会科学文献出版社 2000 年版。

李迎生:《转型时期的社会政策问题与选择》,中国人民大学出版社 2007 年版。

李宗桂:《中国文化概论》,中山大学出版社 1988 年版。

李芳:《慈善性公益法人研究》,法律出版社 2008 年版。

梁启超:《梁启超全集》,北京出版社 1999 年版。

[美]林南:《社会资本:关于社会结构与行动的理论》,张磊译,上海人民出版社 2005 年版。

刘京:《2003—2007 中国慈善捐赠发展蓝皮书》,中国社会出版社 2008 年版。

刘京:《2008 中国慈善捐赠发展蓝皮书》,中国社会出版社 2009 年版。

刘少杰:《国外社会学理论》,高等教育出版社 2006 年版。

罗国杰:《人道主义思想论库》,华夏出版社 1993 年版。

罗红波:《移民与全球化》,中国社会科学出版社 2006 年版。

罗荣渠:《现代化新论》,北京大学出版社 1993 年版。

[美]罗伯特·西奥迪尼:《影响力》(Influence:The Psychology of Persuasion),陈叙译,中国人民大学出版社 2006 年版。

卢汉龙:《慈善:关爱与和谐》,上海社会科学院出版社 2004 年版。

[德]马克斯·韦伯:《社会学的基本概念》,胡景北译,上海人民出版社 2005 年版。

[德]马克斯·韦伯:《经济与社会》上卷,林荣远译,商务印书馆 2006 年版。

[美]马斯洛:《动机与人格》,许金声等译,华夏出版社 1997 年版。

马伊里、杨团:《公司与社会公益》,华夏出版社 2000 年版。

马尔科尼:《公益营销》,邱斐娟译,机械工业出版社 2005 年版。

孟令君:《中国慈善工作概论》,北京大学出版社 2008 年版。

[美]曼纽尔·卡斯特:《认同的力量》第 2 版,曹荣湘译,社会科学文献出版社 2006 年版。

莫泰基:《公民参与——社会政策的基石》,中华书局(香港)有限公司 1995 年版。

[美]乔·萨托利:《民主新论》,冯克利、阎克文译,东方出版社 1998 年版。

[美]乔治·H.米德:《心灵、自我与社会》,赵月瑟译,上海译文出版社 2005 年版。

[新加坡]邱新民:《新加坡宗教文化》,星洲日报南洋商报出版社 1982 年版。

秦晖:《政府与企业以外的现代化——中西公益事业史比较研究》,浙江人民出版社 1999 年版。

全球治理委员会:《我们的全球之家》,牛津大学出版社 1995 年版。

邵培樟:《慈善事业发展机制研究》,中国政法大学出版社 2018 年版。

[美]斯图尔特:《中国的文化与宗教》,文史出版社 1991 年版。

上海市慈善基金会、上海慈善事业发展研究中心:《转型慈善文化与社会救助》,上海社会科学院出版社 2006 年版。

上海市慈善基金会、上海慈善事业发展研究中心:《慈善理念与社会责任》,上海社会科学院出版社 2008 年版。

时正新:《中国社会福利与社会进步报告》(2000—2003),社会科学文献出版社 2000、2001、2002、2003 年版。

施昌奎:《北京慈善事业运营管理模式》,中国经济出版社 2008 年版。

宋希仁:《西方伦理思想史》,中国人民大学出版社 2004 年版。

孙立平:《动员与参与——第三部门募捐机制个案研究》,浙江人民出版社 1999 年版。

孙立平:《断裂:20 世纪 90 年代以来的中国社会》,社会科学文献出版社 2003 年版。

孙立平:《失衡:断裂社会的运作逻辑》,社会科学文献出版社 2004 年版。

孙立平:《转型与断裂:改革以来中国社会结构的变迁》,清华大学出版社 2004 年版。

孙立平:《博弈:断裂社会的利益冲突与和谐》,社会科学文献出版社 2006 年版。

孙中山:《中国革命史》,载胡汉民编:《总理全集》第 1 集下册,上海民智书局 1930 年版。

陶传进:《社会公益供给——NPO 公共部门与市场》,清华大学出版社 2005 年版。

田凯:《非协调约束与组织运作 中国慈善组织与政府关系的个案研究》,商务印书馆 2004 年版。

[美]托马斯·雅诺斯基:《公民与文明社会》,柯雄译,辽宁教育出版社 2000 年版。

[美]托马斯·奥戴:《宗教社会学》,宁夏人民出版社 1989 年版。

王卫平:《中国古代传统社会保障与慈善事业——以明清时为重点的考察》,群言出版社 2005 年版。

王卫平:《中国慈善史纲》,中国劳动社会保障出版社 2011 年版。

吴锦良:《政府改革与第三部门发展》,中国社会科学出版社 2001 年版。

吴鹏森、章友德:《城市社区建设与管理》,上海人民出版社 2007 年版。

[美]西里尔·E.布莱克:《比较现代化》,杨豫译,上海译文出版社 1996 年版。

[古罗马]西塞罗:《西塞罗三论》,商务印书馆 1999 年版。

谢立中:《西方社会学名著提要》,江西人民出版社 1998 年版。

谢志平:《关系、限度、制度转型中国的政府与慈善组织》,北京师范大学出版集团、北京师范大学出版社 2011 年版。

徐麟:《中国慈善事业发展研究》,中国社会出版社 2005 年版。

徐祥运、刘杰:《社会学概论》,东北财经大学出版社 2008 年版。

许光:《构建和谐社会的公益力量》,法律出版社 2007 年版。

徐卫华:《发展慈善事业的理论认知与行为方式》,中共中央党校出版社 2006 年版。

[美]约瑟夫·拉彼德:《文化和认同:国际关系回归理论》,金烨译,浙江人民出版社 2003 年版。

[英]亚当·斯密(Adam Smith):《道德情操论》,谢宗林译,中央编译出版社 2008 年版。

[古希腊]亚里士多德:《尼各马可伦理学》,王旭凤、陈晓旭译,中国社会科学出版社 2007 年版。

杨团、葛道顺:《公司与社会公益 Ⅱ》,社会科学文献出版社 2003 年版。

杨团、葛道顺:《和谐社会与慈善事业》,社会科学文献出版社 2007 年版。

杨团、葛道顺:《中国慈善发展报告(2009)》,社会科学文献出版社 2009 年版。

杨团:《社会福利社会化上海与香港社会福利体系比较研究》,华夏出版社 2001 年版。

杨光斌:《政治学导论》,中国人民大学出版社 2004 年版。

杨国枢、黄光国、杨中芳:《华人本土心理学》上册,重庆大学出版社 2008 年版。

杨庆堃:《中国社会中的宗教:宗教的现代社会功能及其历史因素之研究》,范丽珠译,上海人民出版社 2007 年版。

阎明复:《美国慈善事业一瞥》,中国社会出版社 2001 年版。

[德]伊曼努尔·康德:《道德形而上学原理》,苗力田译,上海人民出版社 2005 年版。

[英]约翰·穆勒:《功用主义》,商务印书馆 1957 年版。

游子安:《善与人同——明清以来的慈善与教化》,中华书局 2005 年版。

虞崇胜:《政治文明论》,武汉大学出版社 2003 年版。

俞可平:《中国公民社会的兴起与治理的变迁》,社会科学出版社 2002 年版。

俞可平:《权利政治与公益政治》,社会科学文献出版社 2003 年版。

詹小美:《民族文化认同论》,人民出版社 2014 年版。

张国庆:《现代公共政策导论》,北京大学出版社 2000 年版。

张禹东、刘素民:《宗教与社会》,社会科学文献出版社 2008 年版。

资中筠:《财富的归宿:美国现代公益基金会述评》,世纪出版集团、上海人民出版社 2008 年版。

郑功成:《论中国特色的社会保障道路》,武汉大学出版社 1997 年版。

郑功成、张奇林、许飞琼:《中华慈善事业》,广东经济出版社 1999 年版。

郑功成:《社会保障学——理念、制度、实践与思辨》,商务印书馆 2000 年版。

郑功成:《关注民生——郑功成教授访谈录》,人民出版社 2004 年版。

郑功成:《构建和谐社会——郑功成教授演讲录》,人民出版社 2005 年版。

郑功成:《科学发展与共享和谐——民生视角下的和谐社会》,人民出版社 2006 年版。

郑杭生:《中国社会发展研究报告 2002 弱势群体与社会支持》,中国人民大学出版社 2003 年版。

郑杭生:《社会互构论》,中国人民大学出版社 2010 年版。

中共中央关于加强党的执政能力建设的决定编写组:《中共中央关于加强党的执政能力建设的决定》,人民出版社 2004 年版。

中华慈善年鉴编委会:《中华慈善年鉴(2001—2005)》,中华慈善年鉴编辑部 2001—2005 年版。

《中华人民共和国公益事业捐赠法》,法律出版社 1999 年版。

《中华人民共和国慈善法》,中国法制出版社 2016 年版。

中国社会科学公共政策研究中心、香港城市大学公共管理及社会政策比较研究中心:《中国公共政策分析》,中国社会科学出版社 2001 年版。

钟宏武:《慈善捐赠与企业绩效》,经济管理出版社 2007 年版。

周辅成:《西方伦理学名著选辑》下卷,商务印书馆 1987 年版。

周秋光、曾桂林:《中国慈善简史》,人民出版社 2006 年版。

周良才:《中国社会福利》,北京大学出版社 2008 年版。

朱力等:《社会学原理》,社会科学文献出版社 2003 年版。

朱立芸、王旭东:《文化民生的当代解读——农家书屋工程研究》,甘肃敦煌文艺出版社 2009 年版。

朱世达:《美国市民社会研究》,中国社会科学出版社 2005 年版。

（四）海外华侨华人、港澳同胞与侨乡研究著作

2007 年海外华侨华人概述编委会:《2007 年海外华侨华人概述》,中国华侨出版社 2008 年版。

蔡德奇等:《华侨华人的新发展》,厦门大学出版社 2001 年版。

蔡北华:《海外华侨华人发展简史》,上海社会科学出版社 1992 年版。

蔡苏龙:《侨乡社会转型与华侨华人的推动——以泉州为中心的历史考察》,天津古籍出版社 2006 年版。

潮龙起:《桑梓情深:华侨华人与改革开放》,暨南大学出版社 2019 年版。

曹云华:《变异与保持——东南亚华人的文化适应》,中国华侨出版社 2001 年版。

陈碧笙:《世界华侨华人简史》,厦门大学出版社 1991 年版。

陈达:《南洋华侨与闽粤社会》,商务印书馆 1938 年版。

陈翰笙:《华工出国史料汇编》,中华书局 1981 年版。

陈衍俊:《华夏骄子李嘉诚》,天地图书有限公司 1993 年版。

陈文寿:《华侨华人的经济透视》,香港社会科学出版社 1999 年版。

陈文寿:《华侨华人新论》,中国华侨出版社 1997 年版。

陈志明等:《传统与变迁——华南的认同和文化》,文津出版社 2000 年版。

陈志明:《跨国网络与华南侨乡:文化认同和社会变迁》,香港中文大学香港亚太研究所 2006 年版。

陈志明:《迁徙家乡与认同——文化比较视野下的海外华人研究》,商务印书馆 2012 年版。

寸迎新:《关注侨乡妇女儿童》,社会科学文献出版社 2006 年版。

单纯:《海外华人经济研究》,海天出版社 1999 年版。

方雄普、许振礼:《海外侨团寻踪》,中国华侨出版社 1995 年版。

方雄普:《华侨华人百科全书》侨乡卷,中国华侨出版社 2001 年版。

福建省教育科学研究所课题组:《福建华侨华人捐资办学史》,福建教育出版社 2007 年版。

高伟浓、石沧金:《中国的华侨华人研究（1979—2000）——对若干华侨华人研究刊载文的摘评》,中国华侨出版社 2002 年版。

高伟浓:《清代华侨在东南亚:跨国迁移、经济开发、社团沿衍与文化传承新探》,暨南大学出版社 2014 年版。

龚伯洪:《广府华侨华人史》,广东高等教育出版社 2003 年版。

广东省人民政府侨务办公室:《赤子情怀》,岭南美术出版社 1999 年版。

广东省人民政府办公室:《侨务工作政策法规选编(1955—1996)》,1997 年。

广东省人民政府侨务办公室:《广东省人民政府侨务办公室华侨捐赠公益事业项目监督管理政策法规汇编》,2005 年。

广州市华侨历史学会,《广州侨史论坛》,香港日月星制作公司 2003 年版。

广州市人民政府侨务办公室:《广州侨务与侨界人物》,广州出版社 2000 年版。

郭梁:《东南亚华侨华人经济简史》,经济科学出版社 1998 年版。

郭梁:《战后海外华人变化》,中国华侨出版社 1990 年版。

郭瑞明:《厦门侨乡》,鹭江出版社 1998 年版。

国务院侨务办公室:《侨务工作研究》,侨务工作研究编辑部 2008 年版。

国务院侨务办公室:《侨务法规文件汇编》(1955—1999),1999 年。

何梦笔:《网络、文化与华人社会经济行为方式》,山西经济出版社 1996 年版。

侯志强等:《华侨华人与侨乡发展》,社会科学文献出版社 2018 年版。

黄昆章、张应龙:《华侨华人与中国侨乡的现代化》,中国华侨出版社 2003 年版。

黄松赞:《新加坡社会与华侨华人研究》,中国华侨出版社 2005 年版。

黄枝连:《东南中国和东南亚的关系》,上海社会科学院出版社 1992 年版。

黄滋生:《战后东南亚华人经济》,广东人民出版社 1999 年版。

暨南大学东南亚所:《战后东南亚国家的华侨华人政策》,暨南大学出版社 1989 年版。

暨南大学华侨华人研究所:《华侨华人研究》,暨南大学出版社 1995 年版。

贾益民、张禹东、庄国土:《华侨华人蓝皮书:华侨华人研究报告(2019)》,社会科学文献出版社 2020 年版。

江门市侨务办公室、江门市归国华侨联合会:《五邑侨乡》,五邑侨乡画册出版委员会 1990 年版。

孔庆榕、梁山:《新会侨乡凝聚力》,中山大学出版社 1994 年版。

柯丽莎、刘宏:《中国与东南亚:社会文化之互动及其变迁》,香港大学亚洲研究中心 2002 年版。

冷夏:《霍英东全传》,中国戏剧出版社 2005 年版。

梁英杰:《侨乡经济社会发展研究》,广东经济出版社 1998 年版。

梁英明:《战后东南亚华人社会变化研究》,昆仑出版社 2001 年版。

李安山:《中国华侨华人学——学科定位与研究展望》,北京大学出版社 2006 年版。

李安山:《非洲华人社会经济史》,江苏人民出版社 2019 年版。

李鸿阶:《华侨华人经济新论》,福建人民出版社 2002 年版。

李明欢:《当代海外华人社团研究》,厦门大学出版社 1995 年版。

李明欢:《福建侨乡调查的侨乡认同、侨乡网络与侨乡文化》,厦门大学出版社 2005 年版。

李明欢:《跨国化视角:华人移民如何实现梦想》,浙江大学出版社 2013 年版。

李明欢:《国际移民政策研究》,厦门大学出版社 2018 年版。

林金枝:《华侨华人与中国革命和建设》,福建人民出版社 1993 年版。

林圃、林耕:《华人财团大观港澳卷》,四川人民出版社 1998 年版。

廖赤阳、刘宏主编:《错综于市场、社会与国家之间:东亚口岸城市的华商与亚洲区域网络》,八方文化创作室 2008 年版。

廖赤阳主编:《跨越疆界:留学生与新华侨》,社会科学文献出版社 2015 年版。

廖小健:《战后各国华侨华人政策》,暨南大学出版社 1996 年版。

刘权:《广东华侨华人史》,广东人民出版社 2002 年版。

刘权:《念祖爱乡:海外广东人的情结》,广东人民出版社 2005 年版。

刘宏:《战后新加坡华人社会的嬗变:本土情怀·区域网络·全球视野》,厦门大学出版社 2003 年版。

刘宏:《跨界亚洲的理念与实践:中国模式·华人网络·国际关系》,南京大学出版社 2013 年版。

刘宏:《海外华侨华人与中国的公共外交:政策机制、实证分析、全球比较》,暨南大学出版社 2015 年版。

刘泽彭等:《华侨华人在国家软实力建设中的作用研究》,暨南大学出版社 2018 年版。

龙登高:《跨越市场的障碍:海外华商在国家、制度与文化之间》,科学出版社 2007 年版。

马至融、姜清波、裴艳:《海潮回流:海外华侨与广东改革开放》,暨南大学出版社 2008 年版。

梅伟强、张国雄:《五邑华侨华人史》,广东高等教育出版社 2001 年版。

[日]内田直作:《东南亚华侨社会和经济》,千仓书房出版 1982 年版。

丘立本:《从世界看华人——华人研究新探》,香港南岛出版社 2000 年版。

任贵祥:《海外华侨华人与中国改革开放》,中共党史出版社 2000 年版。

沈卫红:《侨乡模式与中国道路》,社会科学文献出版社 2009 年版。

石坚平、刁叔钧:《中国侨乡研究期刊论文提要索引》,中国社会科学出版社 2019 年版。

孙谦:《清代华侨与闽粤社会变迁》,厦门大学出版社 1999 年版。

台山县教育局华侨办学史编写组:《台山县华侨、港澳同胞对教育事业的贡献》,1982 年。

唐礼智:《东南亚华人企业集团对外直接投资研究》,厦门大学出版社 2004 年版。

谭中、凌焕铭:《海外华人与中国梦》,中央编译出版社 2015 年版。

王本尊:《海外华侨华人与潮汕侨乡的发展》,中国华侨出版社 2000 年版。

王福民、张世远、陈庆超:《华侨华人与中华民族精神》,社会科学文献出版社 2018年版。

王赓武:《东南亚与华人》,中国友谊出版公司 1987 年版。

王赓武:《中国和海外华人》,香港商务印书馆 1994 年版。

王赓武:《王赓武自选集》,上海教育出版社 2002 年版。

王晓萍:《侨务课题研究论文集》上、下,国务院侨务办公室政研司 2001 年版。

王望波:《改革开放以来东南亚华商对中国大陆的投资研究》,厦门大学出版社 2004 年版。

吴凤斌:《东南亚华侨通史》,福建人民出版社 1993 年版。

萧效钦、李定国:《世界华侨华人经济研究》,汕头大学出版社 1996 年版。

徐华炳:《温州海外移民与侨乡慈善公益》,中国社会科学出版社 2016 年版。

许培源、陈乘风:《华侨华人与"一带一路"》,社会科学文献出版社 2020 年版。

杨国祯:《明清中国沿海社会与海外移民》,高等教育出版社 1997 年版。

杨学凌主编:《改革开放与福建华侨华人》,厦门大学出版社 1999 年版。

杨群熙、陈骅:《海外潮人慈善业绩》,花城出版社 1999 年版。

叶奇思:《赤子丹心》,中国华侨出版社 1998 年版。

游俊豪:《广东与离散华人:侨乡景观的嬗变》,世界图书出版公司 2016 年版。

俞云平、王付兵:《福建侨乡的社会变迁》,湖南人民出版社 2002 年版。

袁丁:《跨国移民与近代广东侨乡》,中华书局 2019 年版。

张小欣:《海外华侨华人与广东改革开放 40 年》,中山大学出版社 2018 年版。

张禹东、刘素民等:《宗教与社会》,社会科学文献出版社 2008 年版。

曾少聪:《漂泊与根植:当代东南亚华人族群关系研究》,中国社会科学出版社 2004 年版。

郑民等:《海外赤子——华侨》,人民出版社 1985 年版。

郑一省:《多重网络的渗透与扩张——海外华侨华人与闽粤侨乡互动关系研究》,世界知识出版社 2006 年版。

郑一省、吴小玲:《互动与网络——多维视野下的海外华人与中国侨乡关系研究》,世界图书出版公司 2016 年版。

钟汉波:《广东侨史论丛》第一辑,香港荣誉出版有限公司 1999 年版。

周大鸣、柯群英:《侨乡移民与地方社会》,民族出版社 2003 年版。

周敏:《美国华人社会的变迁》,上海三联书店 2000 年版。

周南京:《华侨华人百科全书》总论卷,中国华侨出版社 2002 年版。

庄国土:《中国封建政府的华侨政策》,厦门大学出版社 1989 年版。

庄国土:《世纪之交的海外华人》,福建人民出版社 1998 年版。

庄国土:《中国侨乡研究》,厦门大学出版社 2000 年版。

庄国土:《华侨华人与中国的关系》,广东高等教育出版社 2001 年版。

庄国土、刘文正:《东亚华人社会的形成和发展:华商网络、移民与一体化趋势》,厦门大学出版社 2009 年版。

朱东芹等：《多元视角下的海外华人社会发展》，社会科学文献出版社 2018 年版。

朱健刚、武洹宇：《华人慈善：历史与文化》，中国社会科学出版社 2020 年版。

朱杰勤：《东南亚华侨史》，高等教育出版社 1993 年版。

二、外文著作及论文

AihwaOng, *Flexible Citizenship：The Cultural Logics of Transnationality*, Duke University Press, 1999.

B.Martin, *A Sociology of Contemporary Cultural Change*, Oxford：Blackwell, 1981.

Burchardt, T., Le Grand, J.&Piachaud, D., "Social exclusion in Britain 1991−1995", *Social Policy&Administration*, Vol.33, No.3, 1999, pp.227−245.

Charles King−Wai Kwok, *The Chinese churches in theUnited States of America*, UMI Number：9977618, 2000, p.71.

Cookson, Clive, "Only businesslike visionaries need apply, FinancialTimes", *London (UK)*, Jul 9, 2002, p.16.

Dawes, R. M. and Thaler, R. H., "Anomalies：Cooperation", J*ournal of Economic Perspectives* 2, 1988, pp.187−197.

Giddens, A., Sociology, Cambridge：Polity Press&Blackwell Publish Compang, 2001, pp.323−325.

Gordon, D.et al., *Poverty and social exclusion in Britain*.York：Joseph Rowntree Foundation, 2000, p.84.

Gordon White, "Civil Society, Democratization and Development", *Democratization*, No.3, Autumn1994, pp.375−390.

Lau Kak En, *Singapore Census of Population* 1990, Singapore：SNP Publishers Pte Ltd, 1994, pp.2−6.

Linda Basch, Nina Glick Schiller, Cristina Szanton Blanc, *Nation Unbound：Transnational Projects, Postcolonial Predicaments and Deteritorialized Nation−States*, Langhorne, PA：Gordon and Breach, 1994.

M.Hudson, *Managing without Profit：The Art of ManagingThird Sector Organization*, Penguin Group, 1995, p.120.

M.Wulfson, "The Ethics of Corporate Responsibility and Philanthropic Ventures" *Journal of Business Ethics* Vol.29, 2001, pp.135−145.

Steven Harrell, "Why Do the Chinese Work So Hard? Reflections on an Entrepreneurial Ethic", *Modern China*, No.2(1985), pp.203−226.

Thomas Faist, *The Volume and Dynamic of International Migration and Transnational Social Spaces*, Oxford University Press, 2000.

Yang, C.K., *Chinese Communist Society：The Family and The Village*, Massachusetts：The

M.I.T.Press，1965，p.97.

Wang Gungwu，*China and the Chinese Overseas*，Time Academic Press，Singapore，1992.

WarrenWeaver，eta. l，U. S. *Philanthropic Foundations*：*TheirHistory*，*Structure*，*Management*，*and Record*，New York：Harper& Row，Publishers，1967，p.19.

Weber，M.，*The Theory of Social and Economic organization*，New York：Free Press，1947，p.117.

三、论　文

（一）理论性论文

鲍柏焕：《福利社会化背景下养老机构发展研究——以浙江民办养老机构为例》，浙江大学 2007 年硕士学位论文。

柴玲：《论海外华人的中国认同》，《国际社会科学杂志》中文版 2010 年第 1 期。

陈贝：《影响广州养老机构发展的三大问题》，《中国国情国力》2014 年第 9 期。

陈宏辉：《战略性慈善捐赠探析》，《现代管理科学》2007 年第 2 期。

陈金芳、万作芳：《教育治理体系与治理能力现代化的几点思考》，《教育研究》2016 年第 10 期。

陈兰枝：《教育领域第三种力量探究》，华中师范大学 2004 年硕士学位论文。

崔贵强：《新马华人国家认同的若干观察（1945—1959 年）》，《南洋问题研究》1989 年第 2 期。

邓晓雷：《广州现代化水平评估》，《广东经济月刊》2003 年第 8 期。

范可：《"社会创伤"、华人认同、华人跨国主义》，《读书》2005 年第 1 期。

高功敬：《中国慈善捐赠机制的发展趋势分析》，《社会科学》2009 年第 12 期。

高灵芝：《论慈善事业的社区化与社会化》，《社会科学研究》2004 年第 3 期。

高圆圆、王武林：《中国政府在慈善事业中的角色定位》，《贵州大学学报》（社会科学版）2010 年第 1 期。

高永久、朱军：《论多民族国家中的民族认同与国家认同》，《民族研究》2010 年第 2 期。

关晓丽、刘威：《从"崇公抑私"到"尚公重私"——中国公私观转型视界中的公民精神培育》，《道德与文明》2009 年第 2 期。

葛道顺：《我国慈善事业的现状和发展对策》，《新华文摘》2005 年第 10 期。

韩震：《全球化时代的华侨华人文化认同问题研究》，《华侨大学学报》2007 年第 3 期。

何国卿、龙登高、刘齐平：《利他主义、社会偏好与经济分析》，《社会科学文摘》2016 年第 11 期。

何传启：《知识经济与第二次现代化》，《科技导报》1998 年第 6 期。

贺金瑞、燕继荣：《论从民族认同到国家认同》，《中央民族大学学报》（哲学社会科学版）2008 年第 3 期。

黄家瑶:《中西方慈善文化的渊源比较及启示》,《天府新论》2008 年第 3 期。

胡小武:《当代中国慈善文化重构》,《社会与公益》2010 年第 9 期。

季孝明:《美国的慈善机构如何筹款和服务于社会》,《社区》2004 年第 10 期。

梁元生:《慈惠与市政:清末上海的"堂"》,《史林》2000 年第 2 期。

李宝梁:《我国慈善事业社区化发展探析》,《学术交流》2007 年第 3 期。

李斌:《政治动员及其历史嬗变:权力技术的视角》,《南京社会科学》2009 年第 11 期。

李东富、于英川:《现代化概念的阐释》,《商场现代化》2005 年第 15 期。

李朋来:《论个体的公益参与》,上海交通大学 2007 年硕士学位论文。

李芹:《试论民间组织的非营利性及与政府的关系》,《山东大学学报》(哲学社会科学版)2005 年第 3 期。

李韬:《慈善基金会缘何兴盛于美国》,《美国研究》2005 年第 3 期。

[美]林南:《社会资本:争鸣的范式和实证的检验》,《香港社会学学报》2001 年第 2 期。

刘继同:《慈善、公益、保障、福利事业与国家职能角色的战略定位》,《南京社会科学》2010 年第 1 期。

刘杰、袁泉:《转型期我国慈善事业发展的困境及路径选择》,《江海学刊》2014 年第 3 期。

刘军、黄梅:《美国高等教育募款机制对我国高等教育投入多元化的启示》,《比较教育研究》1994 年第 4 期。

刘云娜:《中国慈善组织募捐困境探析》,西北大学 2007 年硕士学位论文。

刘威:《慈善资源动员与权力边界意识:国家的视角》,《东南学术》2010 年第 4 期。

刘威:《解开中国慈善的道德枷锁——从"恻隐之心"到"公共责任"的价值跃迁》,《中州学刊》2013 年第 10 期。

刘威:《冲突与和解——中国慈善事业转型的历史文化逻辑》,《学术论坛》2014 年第 2 期。

罗公利:《社会捐赠与高教成本分担》,《青岛科技大学学报》(社会科学版)2003 年第 4 期。

罗文恩、周延风:《中国慈善组织市场化研究——背景、模式与路径》,《管理世界》2010 年第 12 期。

蒙长江:《中国传统慈善文化的历史沿革及现实挑战》,《西南民族大学学报》2005 年第 1 期。

焦亚波:《社会福利社会化背景下的上海养老机构发展研究》,华东师范大学 2009 年博士学位论文。

欧春荣:《美国基金会:历史与作用》,吉林大学 2004 年硕士学位论文。

庞朴:《中国文化的人文精神》,《光明日报》1986 年 1 月 6 日。

彭华民:《福利三角:一个社会政策分析的范式》,《社会学研究》2006 年第 4 期。

戚小村:《公益伦理略论》,湖南师范大学 2006 年博士学位论文。

任剑涛:《道德理想组织力量与志愿行动——简论志愿者行动的动力机制》,《开放时代》2011 年第 1 期。

商志晓:《中华传统文化创造性转化创新性发展的哲学审思》,《光明日报》2017 年 1 月 9 日

沈朝霞:《慈善事业的人性基础与现实发展——论西方几个派别的慈善思想》,《社会科学》1998 年第 4 期。

唐娟:《公民公益行为的理论分析》,《河南大学学报》(社会科学版)2004 年第 5 期。

王赓武:《东南亚华人认同问题的研究》,《南洋资料译丛》1986 年第 4 期。

王赓武:《中国情结:华化、同化与异化》,《北京大学学报》哲学社会科学版 2011 年第 5 期。

王焕之:《教育现代化的微观层面探析》,《北京教育》2002 年第 8 期。

王思斌:《社会转型中的弱势群体》,《中国党政干部论坛》2002 年第 3 期。

王卫平:《论中国古代慈善事业的思想基础》,《江苏社会科学》1999 年第 2 期。

王卓君、何华玲:《全球化时代的国家认同:危机与重构》,《中国社会科学》2013 年第 9 期。

魏乐博(Robert P.Weller):《中国社会的宗教和公益》,《北京大学学报》(哲学社会科学版)2009 年第 4 期。

武晓峰:《情感、理性、责任:个人慈善行为的伦理动因》,《道德与文明》2011 年第 2 期。

吴汉军:《美国公司基金会对中国的启示》,《武汉科技大学学报》(社会科学版)2004 年第 2 期。

吴玉韶:《全面推进社会福利社会化》,《民政论坛》1999 年第 4 期。

徐丽敏:《关于我国慈善事业社区化发展的几点思考》,《前沿》2007 年第 1 期。

闫磊:《社会变迁经典理论简述及再认识》,《赤峰学院学报》(汉文哲学社会科学版)2010 年第 4 期。

杨国枢:《中国人的性格与行为:形成及蜕变》,《中华心理学刊》1981 年第 1 期。

杨敏、郑杭生:《社会互构论:全貌概要和精义探微》,《社会科学研究》2010 年第 4 期。

杨敏、高霖宇:《社会互构论视野下的民间力量与社会和谐》,《天津社会科学》2011 年第 2 期。

杨团:《美国的非营利组织与基金会》,《21 世纪》1995 年第 6 期。

杨团:《中国慈善机构一瞥》,《中国社会工作》1998 年第 1 期。

杨团:《中国的社区化社会保障与非营利组织》,《管理世界》2000 年第 1 期。

杨团:《一场新的慈善革命:"慈善资本主义"与公益伙伴关系》,《学习与实践》2007 年第 3 期。

姚俭建、Janet Collins:《美国慈善事业的现状分析:一种比较视角》,《上海交通大学

学报》(哲学社会科学版)2003 年第 1 期。

虞崇胜:《浅析政治文明建设》,《武汉大学学报》(社会科学版)2000 年第 3 期。

俞可平:《中国公民社会:概念、分类与制度环境》,《中国社会科学》2006 年第 10 期。

袁媛、薛德升、许学强:《转型期广州大都市区户籍贫困人口特征和空间分布》,《热带地理》2006 年第 3 期。

张昭:《公共品自愿供给中的捐赠行为分析》,江西财经大学 2006 年硕士学位论文。

张益萍、罗艳珠:《社会福利社会化的政策反思》,《中国民政》2006 年第 7 期。

赵克荣:《论人的社会化与人的现代化》,《社会科学研究》2001 年第 1 期。

郑功成:《论慈善事业的本质规律》,《中国社会报》1996 年 9 月 26 日。

郑功成:《残疾人社会保障:现状及发展思路》,《中国人民大学学报》2008 年第 1 期。

郑杭生、杨敏:《社会互构论的提出——对社会学学术传统的审视和快速转型期经验现实的反思》,《中国人民大学学报》2003 年第 4 期。

郑杭生:《现代性过程中的传统和现代》,《学术研究》2007 年第 11 期。

郑杭生、杨敏:《社会与国家关系在当代中国的互构——社会建设的一种新视野》,《南京社会科学》2010 年第 1 期。

郑杭生:《论"传统"的现代性变迁——一种社会学视野》,《学习与实践》2012 年第 1 期。

郑远长:《慈善事业的现状与展望——以广东、浙江经验为例》,《社会福利》2009 年第 10 期。

周秋光、曾桂林:《儒家文化中的慈善思想》,《道德与文明》2005 年第 1 期。

周秋光、曾桂林:《中国慈善思想渊源探析》,《湖南师范大学社会科学学报》2007 年第 3 期。

周秋光、曾桂林:《慈善事业与近代中国的民族精神》,《湖南师范大学社会科学学报》2009 年第 3 期。

周秋光:《当代中国慈善发展转型中若干问题辨析》,《齐鲁学刊》2013 年第 1 期。

朱力:《起步中的中国慈善事业》,《南京社会科学》2000 年第 12 期。

朱力、龙永红:《我国现代慈善资源的动员机制》,《南京社会科学》2012 年第 1 期。

朱小梅:《简析海外侨胞教育捐赠的道德心理》,《学海》2003 年第 5 期。

朱勇、朱红:《福利社会化春天来了》,《中国民政》2000 年第 1 期。

祝建华、刘云:《社会福利研究中的社会排斥理论》,《社会福利》2008 年第 7 期。

(二)有关侨捐论文

白云区政府侨务办公室:《关于白云区侨捐项目的公示》,《穗郊侨讯》2007 年第 4 期。

伯纳德·福莫索:《泰国华人的寺庙和慈善团体》,黄艳霞译,《八桂侨史》1997 年第 2 期。

潮龙起:《"非典"时华侨华人对中国捐赠之分析》,《东南亚研究》2004 年第 5 期。

潮龙起:《美国华人认同的历史演变》,《史学理论研究》2014 年第 2 期。

陈柄:《略论解放前华侨对广州的投资及其作用》,《侨史学报》1986 年第 1 期。

陈柄:《华侨在广州科技兴市的作用》,《华侨与华人》1991 年第 2 期。

陈炳等:《华侨华人是花县侨乡经济建设的一支重要力量》,《世界华侨华人经济国际学术研讨会论文集》,1996 年。

陈柄:《2001 年的广州侨务》,《广州华声》2002 年第 65 期。

陈德巧:《晋江华侨捐资办学情况调查》,《华侨史》1983 年第二辑。

陈德珍:《晋江县华侨办学情况调查》,《华侨史研究论文集》1985 年第一辑。

陈杰、黎相宜:《道义传统、社会地位补偿与文化馈赠——以广东五邑侨乡坎镇移民的跨国实践为例》,《开放时代》2014 年第 3 期。

陈锦添.:《捐资办学育才携手合作兴国——关于广州市华侨、港澳同胞捐资办学情况调查》,《教育导刊》1990 年第 25 期。

陈敏:《捐资办学爱国爱乡》,《瞭望》1986 第 39 期。

陈蕊:《关于侨乡优势的思考　广东潮州大吴村旅外乡亲捐资公益事业调研报告》,《华侨华人历史研究》2005 年第 4 期。

陈伟胜:《霍英东与体育》,《广州日报》2006 年 11 月 30 日。

陈奕平、尹昭伊:《70 年来中美关系的变迁对美国华侨华人的影响》,《华侨华人历史研究》2019 年第 3 期。

陈志明:《华裔族群:语言、国籍与认同》,《广西民族学院学报》(哲学社会科学版)1999 年第 4 期。

陈志明:《人类学与华人研究视野下的公益慈善》,《中山大学学报》(社会科学版)2013 年第 4 期。

陈志明、孟庆波:《善堂——中国、新加坡和马来西亚的慈善寺堂》,《华侨华人历史研究》2014 年第 2 期。

陈志明:《博物馆、文化遗产与华侨华人研究》,《西北民族研究》2016 年第 2 期。

陈志明:《一带一路、中亚与海外华人研究》,《青海民族研究》2018 年第 1 期。

崔淑玲、李浦荣:《弘扬炎黄文化的艺术殿堂——记广州艺术博物院》,《华声》2000 年第 12 期。

邓向端、陈国壮:《万众一心襄善举 点点滴滴献爱心——广州市侨联开展"侨心工程"巡礼》,《海内与海外》2002 年第 10 期。

杜桂芳:《抗战前后潮汕华侨老师回国办学概况》,《汕头侨史》1987 年第 2 期。

杜淳、曾少聪:《东南亚华侨华人宗教信仰研究 40 年——基于改革开放以来中国学者的分析》,《华侨华人历史研究》2018 年第 4 期。

段颖:《跨国网络、公益传统与侨乡社会——以梅州松口德村为例》,《中山大学学报》(社会科学版)2013 年第 4 期。

尔东升:《永远在心海涌动——记广州市荣誉市民赵泰来先生》,《荣誉》2000 年第

10 期。

　　潘嘉伟:《广东华侨、港澳同胞捐资办学现状浅析》,《华南师范大学学报》(社会科学版)1986 年第 4 期。

　　潘一宁等:《广东番禺侨乡调查》,《侨史学报》1995 年第 1 期。

　　方宝璋:《略论海外华侨华人四缘组织》,《福建师范大学学报》(哲学社会科学版)1999 年第 3 期。

　　方觉:《南安华侨兴学史略》,《南安文史资料》1983 年第四辑。

　　方文真:《华侨、港澳同胞与广东图书馆事业》,《图书馆论坛》1990 年第 1 期。

　　方忠英:《侨胞对广州文化事业的贡献》,《广东史志》1998 年第 1 期。

　　冯洋:《福建侨办教育发展初探》,《华侨历史论丛》1986 年第三辑。

　　甘观仕:《海外华侨华人和港澳同胞对广东建设事业的巨大贡献》,《世界华侨华人经济国际学术研讨会论文集》,1996 年。

　　高桂彪、张耀荣:《华侨港澳同胞为广东高教事业捐资赠物》,《中国高教研究》1989 年第 3 期。

　　高崇:《都市化进程中华南宗族的演变动态:以南景村为例》,《浙江大学学报》(人文社会科学版)2005 年第 3 期。

　　耿凡:《华侨文化与广州》,《广州华声》2005 年第 1 期。

　　广州培英中学:《广州培英中学办学历程的回顾》,《教育导刊》1993 年第 1 期。

　　郭永能等:《改革开放以来晋江旅外乡亲对家乡建设的贡献》,《南洋问题研究》1999 年第 3 期。

　　郭蓓蓓:《海外华裔文化认同变化的影响因素初探》,《华侨华人历史研究》2018 年 3 期。

　　韩小林:《论清代华侨政策的演变》,《嘉应大学学报》1995 年第 3 期。

　　何兰娟:《清末民国年间(1900—1949)广州的基督教慈善事业》,暨南大学 2005 年硕士学位论文。

　　洪卜仁:《一所华侨办的航空学校》,《华侨史话选编》1984 年第一辑。

　　洪伟东:《泉州市侨捐工作拓新路》,《华侨华人与侨务》1995 年第 4 期。

　　洪志勇:《龙舟竞渡多伦多》,《华人时刊》2002 年第 6 期。

　　黄碧琴:《华侨与近代广州对外贸易》,《东南亚研究》1991 年第 3 期。

　　黄朝晖:《经济发展与社会变迁:新时的珠江三角洲农村侨乡》,《华人华侨历史研究》1999 年第 4 期。

　　黄朝晖:《内地劳动力与海外华人资本的结合——珠江三角洲侨乡研究》,《华人华侨历史研究》2001 年第 2 期。

　　黄皇宗:《广州华侨补校侨生教育的回顾与前瞻》,《华侨教育》1983 年第 2 期。

　　黄静:《潮汕与中国传统侨乡——一个关于移民经验的类型学分析》,《华侨华人历史研究》2003 年第 1 期。

　　黄昆章:《早雅加达华侨捐建的中华医院》,《侨史资料》1989 年第 8 期。

黄绿清等:《梅州华侨与中国的近代建设》,《客家研究辑刊》1997 年第 1 期。

黄嵩渠:《论华侨华人与侨乡的关系及其新变化》,《华侨与华人》1994 年第 1 期。

黄小坚:《广东澄海侨情变化与思考》,《华侨华人历史研究》2001 年第 4 期。

黄新民、陈荣发:《充分发挥侨乡优势,大力发展教育事业》,《五邑大学学报》(社会科学版)1991 年第 5 期。

黄艳:《试论广州善堂的发展(1871—1937)》,暨南大学 2001 年硕士学位论文。

黄银英:《从广州侨界人物看华侨文化的影响》,《华侨华人》2005 年第 2 期。

黄玉钊:《华侨、华人与梅州文化教育》,《嘉应侨史》1988 年第 2 期。

黄泽凡:《台山华侨对家乡教育事业的贡献》,《台山侨史学报》1990 年第 2 期。

黄振鹏:《全球化背景下海外华人传统体育的文化乡愁》,《广州体育学院学报》2008 年第 6 期。

贾俊英、龙登高、张姣:《华人国际社团组织力的拓展——基于"世界福清同乡联谊会"的考察与解释》,《东南学术》2020 年第 2 期。

蒋刚等:《冯平山与新会教育》,《华侨华人历史国际研讨会论文集》,1985 年。

蒋楠:《从慈善事业看近代华侨精英与侨乡公共事务——以泉州花桥善举公所为例》,《华侨华人历史研究》2008 年第 3 期。

景燕春:《华人移民慈善的动力机制:以广东侨乡顺德为例》,《华侨华人历史研究》2018 年第 4 期。

赖宝林:《略谈晋江县的华侨兴学史》,《晋江文史资料》1983 年第四辑。

李云:《从社会资本视角看海外慈善资源的获取与利用——以广州祠堂文化的复兴为例》,《广西社会主义学院学报》2014 年第 2 期。

黎相宜:《海外华侨华人、侨乡社会与跨国宗族实践——以广东五邑侨乡薛氏为例》,《华侨华人历史研究》2016 年第 1 期。

廖赤阳:《福建侨办教育历史的回顾与前瞻》,《华侨史研究论文集》1988 年第二辑。

廖赤阳:《建国前福建侨办教育简论》,《华侨华人历史研究》1988 年第 2 期。

廖小健:《海外华侨华人、港澳同胞与鹤山市社会经济发展》,《侨史学报》1995 年第 1 期。

廖小健:《战后各国华侨、华人政策比较研究》,《史学月刊》2004 年第 3 期。

廖小健、黄剑洪:《新时代开展华侨华人工作的路径探析》,《中央社会主义学院学报》2019 年第 4 期。

李安山:《国际移民框架下的华侨华人——身份认同与双重国籍之辨析》,《中国国际战略评论》,2016 年。

李安山:《非洲华人社团的传承与演变(1950—2016)》,《世界民族》2017 年第 5 期。

李安山:《丝绸之路与华侨华人:以非洲为例》,《中央社会主义学院学报》2019 年第 4 期。

李鸿阶:《海外安溪人对家乡建设的贡献》,《八桂侨史》1997 年第 3 期。

栗明祥:《广州华工出国的过程——英法联军占领广州时华工出国问题研究之

一》,《东南亚研究》1990 年第 3 期。

李明欢:《海外华人移民的现代篇》,《读书》2009 年第 8 期。

李明欢:《21 世纪初欧洲华人社团发展新趋势》,《华侨华人历史研究》2015 年第 4 期。

李明欢:《探索"中国方案"的"侨务篇"》,《五邑大学学报》(社会科学版)2017 年第 3 期。

李明欢:《弘义融利:华侨华人与侨乡关系若干思考》,《八桂侨刊》2018 年第 2 期。

李明欢:《国际移民与人类命运共同体构建:以华侨华人为视角的思考》,《华侨华人历史研究》2018 年第 1 期。

李萍:《实施〈广东省华侨捐赠兴办公益事业管理条例〉之我见》,《华侨与华人》1997 年第 2 期。

李巧萍:《爱国爱乡 捐资兴教——香港实业家利国伟》,《广东教育》1999 年第 9 期。

李树桥:《1949—1978 年华侨华人对中国经济与社会发展的贡献》,《华侨华人历史研究》2000 年第 3 期。

李天锡:《爱国兴学的光辉典范》,《华侨史研究论文集》1985 年第一辑。

李天赐:《石狮市华侨华人办教育发展史略》,《华侨华人与侨务》1997 年第 1 期。

李一平等:《1978 年以来晋江海外乡亲与晋江社会经济的发展》,《华侨华人历史研究》1999 年第 2 期。

李一平:《海外华侨华人在福建捐赠及其权益保护政策的思考》,《侨务课题研究论文集(2002—2003 年度)》,2005 年。

李志贤:《慈善事业、宗教仪式、社群认同:新加坡潮人善堂信仰的三元互动模式》,《第六届潮学国际研讨会论文集》,2005 年。

李子雄:《浅谈广州市华侨众多优势的潜力》,《开放时代》1984 年第 4 期。

林金枝:《论近代华侨在广州的投资》,《侨史学报》1987 年第 1 期。

林金枝:《改革开放以来华侨华人与港澳台胞在中国大陆的捐赠》,《华侨华人历史研究》1996 年第 4 期。

林俊聪:《海外潮人对故乡善堂事业的贡献》,《第六届潮学国际研讨会论文集》,2005 年。

林琳:《发挥地缘人缘优势,促进广东慈善事业发展》,《华侨与华人》2005 年第 2 期。

林其锬:《"五缘"文化与亚洲的未来》,《上海社会科学院学术季刊》1990 年第 2 期。

林其锬:《"五缘"文化与华商经济网络》,《福建学刊》1994 年第 6 期。

林旭娜、林亚茗:《450 亿侨捐管理考验广东智慧》,《南方日报》2010 年 11 月 5 日。

刘宏:《海外华人与崛起的中国:历史性、国家与国际关系》,《开放时代》2010 年第 8 期。

刘宏:《中国崛起时代的东南亚华侨华人社会:变迁与挑战》,《东南亚研究》2012 年第 6 期。

　　刘宏:《华侨华人与"中国梦"》,《公共外交季刊》2013 年第 2 期。

　　刘宏:《跨国华人社会场域的动力与变迁:新加坡的个案分析》,《东南亚研究》2013 年第 4 期。

　　刘宏等:《东南亚跨界华商组织与"一带一路"战略的建构和实施》,《南洋问题研究》2016 年第 4 期。

　　刘惠珍:《老华侨情牵故里》,《荔乡情》2002 年第 2 期。

　　刘权:《海外华侨华人和港澳同胞与广东侨乡体育事业的发展》,《华侨华人研究》1995 年第三辑。

　　刘权:《海外侨胞对广东侨乡社会公益事业的贡献》,《广东侨史论丛》1999 年第一辑。

　　刘权:《美国华人教会的社会功能初探》,《华侨华人历史研究》2006 年第 2 期。

　　林心淦:《改革开放以来华侨华人在福清侨乡捐赠行为的文化解读》,《八桂侨刊》2013 年第 4 期。

　　龙登高:《闽粤侨乡的经济变迁——来自海外社会资源的影响》,《华侨华人历史研究》1999 年第 3 期。

　　龙登高:《闽粤侨乡先行改革的社会成本分析》,《华侨华人历史研究》2001 年第 3 期。

　　龙登高、李一苇:《海外华商投资中国 40 年:发展脉络、作用与趋势》,《华侨华人历史研究》2018 年第 4 期。

　　卢大海:《改革开放以来广东侨捐项目监管研究》,暨南大学 2008 年硕士学位论文。

　　罗海丰、黄家泉:《对海外侨胞捐助高等教育的思考》,《八桂侨刊》2004 年第 1 期。

　　罗海丰、黄家泉:《华侨华人、港澳同胞与广东高等教育》,《五邑大学学报》(社科版)2004 年第 2 期。

　　罗俊翀:《华侨华人对中国体育进步和竞技理念传播的贡献》,《八桂侨刊》2004 年第 4 期。

　　罗太良:《侨乡教育谱新篇——花山镇创建教育强镇纪实》,《花都乡音》2005 年第 4 期。

　　罗文运:《发挥华侨优势办学,促进开放型教育发展》,《教育导刊》1989 年第 1 期。

　　罗英祥:《华侨与东山中学》,《侨史资料》1988 年第 4 期。

　　马明达、耿之矗:《体坛功臣——霍英东》,《体育文化导刊》2007 年第 2 期。

　　马宁:《新时广东海外乡亲教育捐赠活动的特点》,《华侨与华人》2007 年第 1 期。

　　马宁:《改革开放以来海外乡亲对广东教育事业捐赠活动研究》,暨南大学 2007 年硕士学位论文。

　　马兴中:《爱国爱乡 兴学育才的典范——暨南大学董事会》,《暨南高教研究》2009 年第 1 期。

　　茚芳:《宁波市侨胞捐赠情况概述》,《浙江师范大学学报》(社会科学版)1993 年第

5 期。

梅伟强:《"台山第一侨乡"端芬镇的调查》,《侨史学报》1995 年第 1 期。

梅伟强:《新世纪广东侨刊乡讯发展前景之我见——以五邑侨乡为例》,《华侨与华人》2007 年第 1 期。

乔印伟:《华侨华人与侨乡教育:晋江侨乡的个案研究》,厦门大学 1998 年硕士学位论文。

乔印伟:《侨办教育的新高潮——改革开放以来的晋江侨办教育(1979—1997)》,《南洋问题研究》1999 年第 1 期。

清风:《论中华母体与海外华侨华人的双向联系影响》,《八桂侨史》1992 年第 3 期。

任贵祥:《海外华侨华人的中华文化情结——以改革开放以来海外华侨华人祭祀黄帝陵为视角》,《长白学刊》2016 年第 2 期。

任贵祥:《习近平关于侨务问题的重要论述及丰富内涵》,《中国浦东干部学院学报》2018 年 2 期。

任娜、刘宏:《本土化与跨国性——新加坡华人新移民企业家的双重嵌入》,《世界民族》2016 年第 2 期。

任娜、刘宏:《归国科技企业家的"跨国文化资本"结构、特征与作用》,《华侨华人历史研究》2019 年第 4 期。

如捷:《旅外乡亲热心兴学》,《今日中国》(中文版)1988 年第 1 期。

[日]山岸猛:《对外开放后侨乡的经济变化与海外华侨华人(下)——以改革开放后至 20 世纪 90 年代初的人口移动为中心》,《南洋资料译丛》2008 年第 4 期。

沈玉冰:《热爱家乡教育事业的泉州华侨》,《华侨历史论丛》1986 年第三辑。

声生:《福州最早的侨办学校》,《华侨史话选编》1984 年第一辑。

施文芳:《晋江侨捐心态、投向特征及其管理对策浅探》,《南洋问题研究》1998 年第 1 期。

苏洪梅:《侨捐项目监管体系研究——以泉州市为例》,华侨大学 2014 年硕士学位论文。

苏文纪:《近代港澳与海外潮汕人对潮汕教育事业的贡献》,《汕头大学学报》(人文社会科学版)1996 年第 5 期。

穗郊侨讯编辑部:《爱国港商颜同珍先生逝世》,《穗郊侨讯》2006 年第 1 期。

童家洲:《试论"五缘"文化及其与海外华侨华人社会》,《华侨华人历史研究》1997 年第 1 期。

王本尊:《海外华侨华人与潮汕地区侨乡教育事业的发展》,《广东侨史论丛》1999 年第一辑。

王本尊:《华侨华人与潮汕侨乡的精神文明建设》,《华侨华人研究》1999 年第四辑。

王付兵:《侨汇与捐赠在晋江社会经济发展中的地位与作用》,厦门大学 1998 年硕士学位论文。

王付兵:《改革开放以来捐赠在晋江社会经济发展中的地位与作用》,《南洋问题研究》1999 年第 1 期。

王付兵：《改革开放以来华人华侨对福清的捐赠及其作用》，《华侨华人历史研究》2000 年第 3 期。

王国梁：《潮汕慈善文化和海外华侨的善举》，《广东史志》2003 年第 3 期。

王继远、纪晓虹：《五邑华侨慈善教育捐赠现状、问题与对策——以五邑大学接受捐赠为例》，《五邑大学学报》（社会科学版）2015 年第 2 期。

王坚辉：《爱乡情切为培才——白云区华侨捐资办学史话》，《白云文史》1989 年第 4 期。

王祖敬：《闽侯县华侨与教育事业》，《华侨华人与侨务》1995 年第 3 期。

温广益：《梅州华侨与桑梓建设》，《嘉应侨史》1989 年第 4 期。

温广益：《海外客家人对梅州侨乡建设的贡献》，《华侨华人历史研究》1990 年第 1 期。

温喜祥：《番禺之最（公路·桥梁）》，《番禺侨讯》2003 年第 4 期。

吴榕青：《潮侨捐资与"八二"风灾后韩师的重建——潮汕华侨在本土教育捐资的个案研究》，《韩山师范学院学报》2001 年第 4 期。

吴榕青等：《1949 年以前海外潮人在本土捐资兴学概述》，《汕头大学学报》（哲学社会科学版）2003 年第 3 期。

吴榕青等：《1979 年以来海外潮人在本土捐资兴学的调查与分析——以韩山师范学院海外校友为中心》，《韩山师范学院学报》2003 年第 3 期。

吴同永：《福建华侨与体育事业》，《华侨华人与侨力》1994 年第 1 期。

吴文华：《东南亚华人和宗教》，《华侨华人历史研究》1988 年第 4 期。

吴行赐：《当代江门市五邑侨乡社会经济发展的特点》，《华侨华人历史研究》1994 年第 1 期。

吴树波：《联侨入股——发展侨属企业的新形式》，《华侨与华人》1993 年第 2 期。

吴智棠：《港澳台资、华人侨资与广东经济起飞》，《港澳经济》1994 年第 1 期。

吴智棠：《侨资华资、港澳台资促进广东经济起飞的回顾与前瞻》，《世界华侨华人经济国际学术研讨会论文集》，1996 年。

肖爱民：《侨乡花山重体育出英才》，《花都乡音》2000 年第 4 期。

肖惠：《高励节等向番禺博物馆捐赠书画精品》，《荣誉》1997 年第 4 期。

肖效钦等：《潮汕华侨、华人捐资兴学的调查研究》，《汕头大学学报》（人文社会科学版）1991 年第 3 期。

谢美华：《论海外华人的"乡缘"纽带——以福建省南安县后坑村籍海外乡亲的捐赠为例》，《八桂侨刊》2002 年第 1 期。

谢汉升：《家乡的好女儿——谢丽嫦》，《花都乡音》2005 年第 4 期。

夏雨、张赛群：《华侨、华人捐助新中国公益事业的影响因素》，《党史博览》2020 年第 5 期。

邢菁华、张洵君：《华侨华人、港澳同胞现代慈善事业探究与展望》，《八桂侨刊》

2019 年第 2 期。

　　许广汉等:《试析华侨文化与广州文化的交融》,《华侨与华人》1997 年第 2 期。

　　许肇琳等:《粤籍华侨对侨乡教育事业的贡献》,《华侨华人历史国际研讨会论文集》,1985 年。

　　许肇琳等:《广东华侨与侨乡教育》,《学术研究》1987 年第 4 期。

　　薛永芳:《台山海外乡亲捐赠活动的原因及作用》,《华侨与华人》2006 年第 1 期。

　　薛永芳:《改革开放后台山海外乡亲捐赠活动研究》,暨南大学 2006 年硕士学位论文。

　　杨凤岗:《北美华人宗教》,《中国宗教》2001 年第 1 期。

　　杨山:《改革侨汇和捐赠政策的探讨》,《华侨与华人》1988 年第 2 期。

　　杨山:《华侨港澳同胞捐款救灾活动的启示》,《华侨与华人》1991 年第 2 期。

　　叶凤红:《谈谈广东和福建的侨乡建设》,《八桂侨刊》1988 年第 2 期。

　　叶少凤:《同为异乡病人献爱心》,《番禺侨讯》1998 年第 31 期。

　　叶泉鹏:《华侨华人与近现代闽南侨乡教育事业——以泉州百年侨校培元中学为例》,福建师范大学 2007 年硕士学位论文。

　　尤加林:《开创广州市针织业的爱国华侨》,《广州市华侨历史学会会讯》1985 年第 1/2 期。

　　游景如:《江门五邑教育事业的发展和特点》,《五邑大学学报》(社会科学版)1999 年第 3 期。

　　游梦华:《爱心写春秋——记镇泰集团名誉董事长、慈善基金会主席李治元》,《穗郊侨讯》2001 年第 2 期。

　　俞云平:《五缘文化与泰国华侨华人社会》,《八桂侨刊》1998 年第 3 期。

　　俞云平:《国际侨乡研究的新特点》,《八桂侨刊》2000 年第 2 期。

　　俞云平:《从"祖籍认同"到"祖籍记忆"——马来西亚华人祖籍地(国)认同的演变》,《互动与创新:多维视野下的华侨华人》研究会议论文集,2009 年。

　　俞云平:《泰国华侨华人社会的血缘地缘纽带》,《谱牒研究与华侨华人》研讨会论文集,2005 年。

　　雨晴:《邓禹先生献珍藏》,《荔乡情》1993 年第 3 期。

　　袁丁:《新时侨乡海外投资与捐赠》,《华侨与华人》2007 年第 1 期。

　　粤侨:《广东华侨港澳同胞捐赠事业 50 年回眸》,《华侨与华人》1999 年第 2 期。

　　云讯:《白云区侨界为"绿色白云"踊跃捐款》,《穗郊侨讯》2002 年第 3 期。

　　曾少聪:《美国华人新移民与华人社会》,《世界民族》2005 年第 6 期。

　　曾少聪、李善龙:《跨国活动、海外移民与侨乡社会发展——以闽东侨乡福村为例》,《世界民族》2016 年第 6 期。

　　曾少聪、闫萌萌:《海外新移民的回流研究——以闽西北新兴侨乡归县为例》,《世界民族》2019 年第 2 期。

　　张楚琨:《一面爱国兴学的光辉旗帜——纪念陈嘉庚创办集美学校 70 周年》,《华侨史话选编》1984 年第一辑。

张春旺：《习近平总书记关于侨务工作的重要论述之实践与理论渊源探析》，《华侨华人历史研究》2019 年第 3 期。

张红、刘书含：《别让侨捐学校闲置伤了侨胞心》，《人民日报》(海外版)2016 年 6 月 1 日。

张红华：《华人华侨对我国体育发展的贡献》，《体育文化导刊》2009 年第 8 期。

张慧婧：《日本中国新移民研究的新视角："文化象征社区"理论探析》，《华侨华人历史研究》2017 年第 3 期。

张康：《离散华人族群与祖(籍)国关系变迁述论》，《华侨华人历史研究》2017 年第 2 期。

张泉林：《爱国爱乡，捐资兴学》，《华侨教育》1983 年第 1 期。

张泉林：《侨乡兴学的调查报告》，《广东华侨历史学会通讯》1983 年第 3 期。

张小绿：《华侨华人慈善捐赠和侨乡发展——对瑞安市桂峰乡华侨华人的调查和分析》，《温州大学学报》(社会科学版)2008 年第 4 期。

张兴汉：《爱国华侨陈学忠先生兴学事迹》，《华侨教育》1983 年第 1 期。

张兴汉：《客家侨胞与梅州教育》，《华侨华人历史研究》1991 年第 2 期。

张兴汉：《华侨捐资办学是侨乡教育发展的重要力量——新时期客家侨胞与梅州教育》，《嘉应大学学报》1999 年第 1 期。

张秀明：《改革开放以来侨务政策的演变及华侨华人与中国的互动》，《华侨华人历史研究》2008 年第 3 期。

张秀明：《改革开放以来华侨华人对中国慈善事业的贡献探析》，《华侨华人历史研究》2018 年第 4 期。

张秀明：《华侨华人参与"一带一路"建设的优势与路径》，《中央社会主义学院学报》2019 年第 4 期。

张应龙：《都市侨乡：侨乡研究新命题》，《华侨华人历史研究》2005 年第 3 期。

张应龙：《都市侨乡和海外联系——以广州市荔湾区归侨侨眷港澳眷属群体为例》，《八桂侨刊》2005 年第 4 期。

张应龙：《浅论侨务公共外交的若干问题》，《"华侨华人与中国周边公共外交"研讨会发言材料汇编察哈尔学会会议论文集》，2014 年 5 月。

张云：《华化、离散与治理："华人穆斯林"与"一带一路"的前现代关联》，《南洋问题研究》2019 年第 4 期。

张禹东：《华侨华人传统宗教及其现代转化》，《华侨大学学报》(人文社科版)2001 第 4 期。

张钟鑫：《华侨华人与侨乡公益事业——泉州市鲤城区浮桥镇华侨捐建公益事业调查》，《福建论坛·经济社会版》2002 年第 10 期。

赵春晨：《晚清民国时期广州城市近代化略论》，《广东社会科学》2004 年第 2 期。

甄国良：《台山华侨、港澳同胞与台山教育》，《五邑侨史》1990 年第 9 期。

郑柄山:《改革开放以来海外侨亲对泉州经济的贡献》,《华侨历史论丛》2004 年第九辑。

郑甫弘:《文革时期中国的海外华侨政策》,《南洋问题研究》1996 年第 2 期。

郑一省:《海外潮人与潮汕地区的经济发展》,《八桂侨史》1997 年第 1 期。

郑一省等:《东南亚华侨华人港澳同胞与侨乡建设——梅州市个案研究》,《华侨华人历史研究》2001 年第 2 期。

郑一省:《华侨华人、港澳同胞与侨乡社会公益事业——梅州市个案研究》,《八桂侨刊》2001 年第 4 期。

郑振满:《国际化与地方化:近代闽南侨乡的社会文化变迁》,《近代史研究》2010 年第 2 期。

钟集均、辛利:《珠江三角洲富裕乡镇体育发展新特点及其模式》,《广州体育学院学报》1996 年第 2 期。

周敏、刘宏:《美国华人移民家庭的代际关系与跨文化冲突》,《华侨华人历史研究》2006 年第 4 期。

周敏、刘宏:《海外华人跨国主义实践的模式及其差异——基于美国与新加坡的比较分析》,《华侨华人历史研究》2013 年第 1 期。

朱定波:《陈喜庚与晋江地区华侨办学》,《华侨教育》1984 年第 2 期。

朱江、张康庄:《广东华侨港澳同胞捐赠财产管理存在的问题及解决建议》,《岭南学刊》2007 年第 5 期。

朱凌峰:《慈母身:牵系海外儿女——世界各地华侨华人积极为我抗击"非典"贡献力量综述》,《侨务工作研究》2003 年第 4 期。

庄国土:《新时期中国政府对海外华侨华人的政策》,《南洋问题研究》1996 年第 2 期。

庄国土:《论清末华侨认同的变化和民族主义形成的原因》,《中山大学学报》(社会科学版)1997 年第 2 期。

庄国土:《晋江侨乡海外联系研究课题的目的、进程与意义》,《华侨华人历史研究》1999 年第 1 期。

庄国土:《全球化时代中国海外移民的新特点》,《人民论坛》2015 年第 8 期。

庄国土:《21 世纪前期海外华侨华人社团发展的特点评析》,《南洋问题研究》2020 年第 1 期。

后　记

　　本书是在我的博士论文《海外乡亲慈善捐赠的理念、实践与政策研究——以改革开放后的广州侨乡为例》基础上修改和补充而成的。

　　我硕士研究生毕业后开始进入广州高校工作，通过几年来的所见、所闻和所读，本人深刻感受到海外乡亲的慈善捐赠对广州经济社会发展所带来的贡献。众多的海外乡亲是侨乡的独特优势，如何发挥这一独特优势，促进海外乡亲的慈善事业在侨乡乃至整个中国健康、快速地发展，是高校理论研究工作者义不容辞的责任，也是我选题的初衷所在。本书从准备到完稿，历经十余年，我和课题组成员多次深入广东省侨务办、广州市侨务办、广州市各区侨务办以及重点侨乡进行田野调查，获取宝贵的第一手资料和数据，广泛搜集广东省志、广东年鉴、广东统计年鉴、广州市志、广州年鉴、广州统计年鉴、广州经济年鉴、广州市各区志、广州市各区年鉴、广州文史等地方文献资料和统计资料，系统搜集和阅读相关理论著作和论文，如有关伦理学理论、宗教学和文化学理论、社会学理论（主要包括社会行为理论、慈善事业理论、社会福利社会化理论、现代化理论、社会排斥理论、社会变迁理论）、公共政策理论等方面的著作和论文，以便对海外乡亲的慈善事业进行理论分析。我对博士论文的修改、补充和完善分为两个阶段，第一阶段是提交博士论文后至国家社科基金后期资助项目立项前，第二阶段是国家社科基金后期资助项目立项后至项目结项前。我修改和完善了成果名称和内容摘要；调整和优化了成果结构，使成果结构更加完整；增加了一些新理论，加强了理论分析，完善了研究内容，使理论分析与实际案例结合更紧密；纠正和完善了部分研究观点，使观点表述更科学；此外，还对参考文献、注释、图表等进行了细致的修改、补充和完善，使成果精益求精。然而，海外乡亲在侨乡的慈善捐赠研究是一项涉及多学科的综合性研究课题，尽管我努力使本课题研究更加完美，但是不可能面面俱到，因此，我竭力为海外乡亲在侨乡慈善事业的研究提供一个新的研究视角，以推进中国慈善文化和慈善事业研究，为侨捐政策提供可操作性建议，更好地引导和推动海外乡亲在中国慈善事业的发展。

　　我要深深感谢我的导师高伟浓教授。高先生是一位研究华侨华人的知名专家，他知识渊博，治学严谨，为人正直。我论文的选题、定题，资料的收集、筛选以及论文的写作、修改都得益于他的悉心指导。暨南大学纪宗安教授、周聿娥教授、鞠玉华教授、廖小健教授、陈奕平教授、张应龙教授、石沧金教授以及华南师范大学的陈金龙教授、左双文教授对我博士论文的写作、修改和完善给予了指导和支持，暨南大学李明博士、张磊博士、张小欣博士、雷春玲老师以及莫光木、汪鲸师弟等对我论文的写作提供了无私的帮助。在此，我对他们表示衷心的感谢。

　　我要感谢我的爱人李云，她不仅在生活上给予我大力支持，还积极参与本课题研究，在研究上我们共同学习交流和探讨，碰撞思想火花。此外，还要感谢我的母亲，她勤于家务和照顾小孩，免去了我从事学术研究的后顾之忧。正是由于她们的大力支持，我才有时间和精力安心研究。

　　我还要感谢所有对我田野调查协助过的单位和个人，正是由于他们的支持和帮助，我的博士论文侨捐原始资料才丰富和完整。

　　人民出版社的领导对本书的出版给予了大力支持，责任编辑赵圣涛为本书的出版付出了辛勤劳动，在此表示衷心的感谢。

陈世柏

2020 年 8 月 9 日于广东金融学院

责任编辑：赵圣涛
责任校对：吕　飞
封面设计：毛　淳　徐　晖

图书在版编目（CIP）数据

海外乡亲慈善捐赠研究：以改革开放后的广州为例/陈世柏，李云 著.—
　北京：人民出版社，2020.8
（国家社科基金后期资助项目）
ISBN 978－7－01－022599－9

Ⅰ.①海…　Ⅱ.①陈…　②李…　Ⅲ.①慈善事业-研究-广州-现代
　Ⅳ.①D632.1

中国版本图书馆 CIP 数据核字（2020）第 214829 号

海外乡亲慈善捐赠研究
HAIWAI XIANGQIN CISHAN JUANZENG YANJIU
——以改革开放后的广州为例

陈世柏　李　云 著

人民出版社 出版发行
（100706　北京市东城区隆福寺街 99 号）

北京汇林印务有限公司印刷　新华书店经销

2020 年 8 月第 1 版　2020 年 8 月北京第 1 次印刷
开本：710 毫米×1000 毫米 1/16　印张：15.5
字数：260 千字

ISBN 978－7－01－022599－9　定价：59.00 元

邮购地址 100706　北京市东城区隆福寺街 99 号
人民东方图书销售中心　电话（010）65250042　65289539